教育部人文社会科学研究青年基金项目"基于退役士兵生源的高职'1+X'技术技能人才培养体系与机制研究"（项目批准号：20YJC880028）研究成果

本书获金华职业技术学院科研经费资助

本书获金华职业技术学院专著出版基金资助

Research on the Training of Higher Vocational College Technical
and Skilled Talents from the Perspective of "1+X" Certificate System
——Taking Retired Soldiers as the Source of Students

"1+X"证书制度视角下的
高职技术技能人才培养研究

——以退役士兵为生源

何应林　著

ZHEJIANG UNIVERSITY PRESS
浙江大学出版社
·杭州·

图书在版编目（CIP）数据

"1+X"证书制度视角下的高职技术技能人才培养研
究：以退役士兵为生源 / 何应林著. -- 杭州：浙江大
学出版社，2024.5
ISBN 978-7-308-25001-6

Ⅰ．①1… Ⅱ．①何… Ⅲ．①高等职业教育－退役－
士兵－人才培养－研究－中国 Ⅳ．①G718.5

中国国家版本馆CIP数据核字（2024）第100266号

"1+X"证书制度视角下的高职技术技能人才培养研究
——以退役士兵为生源

"1+X" ZHENGSHU ZHIDU SHIJIAO XIA DE GAOZHI JISHU JINENG RENCAI PEIYANG YANJIU
——YI TUIYI SHIBING WEI SHENGYUAN

何应林　著

责任编辑	杨利军
责任校对	汪淑芳
封面设计	春天书装
出版发行	浙江大学出版社
	（杭州市天目山路148号　　邮政编码　310007）
	（网址：http://www.zjupress.com）
排　　版	杭州林智广告有限公司
印　　刷	杭州高腾印务有限公司
开　　本	710mm×1000mm　1/16
印　　张	18.5
字　　数	300千
版 印 次	2024年5月第1版　2024年5月第1次印刷
书　　号	ISBN 978-7-308-25001-6
定　　价	72.00元

前　言

　　"1+X"证书制度是当前及今后一个时期内我国职业教育发展中的一项重要的基础性制度。本书试图从"1+X"证书制度的视角探寻基于退役士兵生源的高职技术技能人才培养的基本规律，对"1+X"证书制度的实践发展与理论要点进行分析，对美国、德国、英国、法国、俄罗斯、加拿大、澳大利亚、荷兰、瑞典和罗马尼亚等国家开展退役军人职业教育与技能培训的经验进行梳理，对高职"1+X"技术技能人才培养实践中退役士兵学生存在的价值与带来的挑战进行分析，并对基于退役士兵生源的高职"1+X"技术技能人才培养现状进行调研。在此基础上，本书构建了基于退役士兵生源的高职"1+X"技术技能人才培养体系，并对基于退役士兵生源的高职"1+X"技术技能人才培养机制进行阐述。

　　基于上述研究思路，本书分为十个部分。

　　绪论包括选题陈述与研究意义、文献综述、核心概念界定、研究思路与研究内容，以及研究方法。本研究的三个核心概念为"1+X"证书制度、技术技能人才和退役士兵。在基于退役士兵生源的高职"1+X"技术技能人才培养中，"1+X"证书制度是在学历证书基础上，及时将行业企业的新技术、新工艺、新规范、新要求融入人才培养全过程，发挥培训评价组织在人才培养和质量评价中的作用，实现各种学习成果的认定、积累和相互转化，从而促进学历证书与职业技能等级证书衔接融合的一种制度；技术技能人才是指具有一定的理论知识、较丰富的实践经验、较强的动手操作能力、良好的职业道德和一定的创新能力，能够应用专业知识与技能解决生产、建设、服务、管理等一线岗位各种复杂问题的人；退役士兵是指退出现役的义务兵、初级士官以及服现役未满12年的中级士官。本研究运用文献研究法、调查研究法和个案研究法等三种研究方法开展研究。在研究过程中，既对相关文献进行了系统的梳理与分析，又对高职院校师生的相关观念进行了调查，还通过从个案研究中获得的事实资料对调查结果进行了检验与补充。

第一章为"'1+X'证书制度的实践发展与理论要点"。该部分对"1+X"证书制度产生的背景进行了介绍，对"1+X"证书制度的实践发展情况进行了分析，并对"1+X"证书制度的理论要点进行了梳理。"1+X"证书制度的产生具有迫切性、必然性和探索性等三个特点。"1+X"证书制度试点工作启动之后，国务院、教育部等多个相关单位在短期内出台了大量相关文件，对"1+X"证书制度试点做出了全面、具体的安排，全国31个省级行政区在有关单位的组织领导下积极开展试点工作，参与试点的院校和专业的数量不断增加，相关工作也越来越完善。因此，当前无论是参与试点的院校数、学生数、培训评价组织数、参加职业技能等级证书考核的学生数和获得相关证书的学生数，还是认可职业技能等级证书的企业数，都将达到一个较高的数值。当然，试点工作也存在相关主体准备不足、X证书与相关资源衔接不好、X证书获取方式培训化和X证书认可度不高等问题。"1+X"证书制度试点启动以来，围绕该制度形成了一些理论观点，其中"1+X"证书制度的内涵、职业技能等级证书以及书证融通等三个方面的观点最为关键，这些内容初步构建起了"1+X"证书制度。

第二章为"国外退役军人职业教育与技能培训的经验借鉴"。该部分对美国、德国、英国、法国、俄罗斯、加拿大、澳大利亚、荷兰、瑞典和罗马尼亚等国家退役军人职业教育与技能培训的特点与经验进行了梳理，并指出了它们对我国基于退役士兵生源的高职"1+X"技术技能人才培养的启示。美国、德国、英国、法国、俄罗斯、加拿大、澳大利亚、荷兰、瑞典和罗马尼亚等国家的退役军人职业教育与技能培训具有以下特点与经验：一是退役军人职业教育与技能培训的系统性、科学性和规范化程度高；二是为退役军人提供个性化的培训；三是为退役军人提供职业过渡培训；四是通过法律的形式固化退役军人接受职业教育与技能培训的权利；五是运用"高校+企业"模式对退役军人学生进行培养；六是重视军地相通内容的培训；七是运用现代技术为退役军人提供在线服务；八是为退役军人提供恢复性课程。对我国基于退役士兵生源的高职"1+X"技术技能人才培养具有以下几个方面的启示：一是增强退役士兵学生培养的系统性、科学性和规范化程度；二是制定完善退役军人接受职业教育与技能培训相关法律；三是加强退役士兵学生培养中的校企合作；四是为退役士兵学生免费提供恢复性课程；五是利用现代技术手段为退役士兵学生完成学业提供方便。

第三章为"退役士兵学生对高职'1+X'技术技能人才培养的价值与挑战"。该部分分析了退役士兵学生对高职"1+X"技术技能人才培养的价值，并指出了退役士兵学生对高职"1+X"技术技能人才培养的挑战。与传统生源高职学生相比，退役士兵学生具有成长为复合型技术技能人才的独特优势。例如，身体素质好，纪律意识强，有丰富的实践经验和较好的技能基础，吃苦耐劳，这对于其自身成长为复合型技术技能人才以及带动传统生源学生成长为复合型技术技能人才都具有重要价值。但是，他们可能承受经济、学习和就业等三个方面的压力，可能具有文化基础差、学习能力不强、急于就业和性格急躁等负面特点，这对高职"1+X"技术技能人才培养中的教育教学与管理活动会形成一定的挑战。

第四章为"基于退役士兵生源的高职'1+X'技术技能人才培养现状调研一——以退役士兵学生为对象"。该部分介绍了综合性问卷《基于退役士兵生源的高职"1+X"技术技能人才培养情况调查问卷（高职退役士兵学生）》的编制过程，以及运用调查问卷对494名高职院校退役士兵学生进行调查的过程、结果与结论。

第五章为"基于退役士兵生源的高职'1+X'技术技能人才培养现状调研二——以传统生源学生为对象"。该部分介绍了综合性问卷《基于退役士兵生源的高职"1+X"技术技能人才培养情况调查问卷（高职传统生源学生）》的编制过程，以及运用调查问卷对1929名高职传统生源学生进行调查的过程、结果与结论。

第六章为"基于退役士兵生源的高职'1+X'技术技能人才培养现状调研三——以高职教师为对象"。该部分介绍了综合型问卷《基于退役士兵生源的高职"1+X"技术技能人才培养情况调查问卷（高职教师）》的编制过程，以及运用调查问卷对614名高职院校教师进行调查的过程、结果与结论。

第七章为"基于退役士兵生源的高职'1+X'技术技能人才培养现状调研四——个案分析"。该部分首先阐述了选取三所学校作为个案高职院校的缘由，然后分别介绍了三所学校基于退役士兵生源培养技术技能人才的做法，并指出了个案高职院校基于退役士兵生源培养技术技能人才做法的四个特点——积极响应有关需求、充分考虑自身条件、认真遵循培养规律和努力提供相关保障，最后分析了个案高职院校基于退役士兵生源培养技术技能人才做法存在的两个问题——相关人才培养活动的稳定性不强和相关人才培养活动的科学性不强。

第八章为"基于退役士兵生源的高职'1+X'技术技能人才培养体系构建与机制探索"。该部分在上述问卷调查和个案研究工作的基础上，指出了基于退役士兵生源的高职"1+X"技术技能人才培养的现状，并提出可以通过构建基于退役士兵生源的高职"1+X"技术技能人才培养体系和完善基于退役士兵生源的高职"1+X"技术技能人才培养机制来加以改进。

调研发现，当前基于退役士兵生源的高职"1+X"技术技能人才培养已具有较好的基础，部分高职院校对退役士兵学生培养已有一定的认识并采取了相应的措施，接受调查的高职院校教师、高职传统生源学生和高职退役士兵学生对退役士兵学生培养都具有一定的认识并对其持支持的态度，退役士兵学生可能会对高职传统生源学生成长为复合型技术技能人才产生积极影响。但是，当前基于退役士兵生源的高职"1+X"技术技能人才培养也存在相关人才培养活动的稳定性不强和相关人才培养活动的科学性不强两个问题。

基于退役士兵生源的高职"1+X"技术技能人才培养体系包含培养目标、培养条件、培养活动和培养评价等四个要素。在基于退役士兵生源的高职"1+X"技术技能人才培养活动中，培养目标是将退役士兵学生培养成面向生产、建设、服务和管理等一线岗位的复合型技术技能人才；培养条件包括课程、教材、师资、实训基地和信息管理服务平台，为了实现培养目标，应该将课程、教材、师资、实训基地和信息管理服务平台等培养条件从"实然"状态向"应然"状态方向改造；培养活动的核心是书证融通，应规范培养培训过程，促进书证融通，并结合退役士兵学生的学习基础与能力特点开展分层教学；培养评价是高职"1+X"技术技能人才培养的重要环节，应该统筹安排专业课程考试与相关职业技能等级考核，并根据退役士兵学生的个体特点开展分层评价。在基于退役士兵生源的高职"1+X"技术技能人才培养体系的实施中，需要注意三个问题：一是正确认识"1+X"证书制度；二是正确对待退役士兵学生；三是正确认识复合型技术技能人才培养中的"分"与"合"。

　　基于退役士兵生源的高职"1+X"技术技能人才培养机制是指在人才培养过程中，用人单位、高职院校、教师、退役士兵学生、传统生源学生以及社会因素等主体之间相互作用的过程和方式。本研究对基于退役士兵生源的高职"1+X"技术技能人才培养机制涉及的用人单位、高职院校、教师、退役士兵学生、传统生源学生和社会因素等主体的职能进行了分析，对动力机制、运行机制和保障机制等三种机制进行了阐释，并提出在人才培养过程中，应该通过强化动力机制、健全运行机制和完善保障机制等方式不断优化人才培养机制。

　　最后为结束语。该部分指出了基于退役士兵生源的高职"1+X"技术技能人才培养的现状、体系与机制三个方面的研究结论，并对基于退役士兵生源的高职"1+X"技术技能人才培养提出了四点建议：一是增进师生对"1+X"证书制度的认识；二是不断完善课程、教材、师资、实训基地和信息管理服务平台等培养条件，努力实现书证融通，形成复合型技术技能人才培养的合力；三是为退役士兵学生免费提供恢复性课程；四是根据退役士兵学生的特点开展分层教学和分层评价。

目　录

绪 论

国家从 2019 年开始实施"高职扩招三年行动",共扩招 300 万人,当年发布的《国家职业教育改革实施方案》提出要在职业院校进行"1+X"证书制度试点。"1+X"证书制度是智能化时代复合型技术技能人才培养对职业教育人才培养模式改革的内在要求[①],是当前及今后一个时期内我国职业教育发展中的一项重要的基础性制度。在"1+X"证书制度全面推行后,高职技术技能人才培养该如何实施,才能实现高素质复合型技术技能人才培养目标,更好地满足经济社会发展对技术技能人才的需要?本研究以高职扩招对象之一的退役士兵为例,探索构建高职"1+X"技术技能人才培养体系,并阐述其运行机制,希望对高职复合型技术技能人才培养活动的开展和培养质量的提高有所助益。

一、选题陈述与研究意义

(一)选题陈述

2019 年 1 月发布的《国家职业教育改革实施方案》提出要在职业院校进行"1+X"证书制度试点,3 月发布的《政府工作报告》提出,高职院校当年扩招 100 万人,并鼓励退役军人等四类人报考。为实现高职"质量型扩招",教育部提出要针对不同生源特点,分类编制专业人才培养方案,积极开展教学改革。对基于退役士兵生源的高职"1+X"技术技能人才培养体系与机制进行研究,是对"高职扩招"和"'1+X'证书制度试点"的积极回应,是融合"退役士兵职业教育与技能培训"与"'1+X'证书制度"的创新探索,有利于实现退役士兵

---

① 徐国庆,伏梦瑶."1+X"是智能化时代职业教育人才培养模式的重要创新[J].教育发展研究,2019(7):21.

安置和高职复合型技术技能人才培养的有机融合。

1.高职扩招为高职技术技能人才培养提供退役士兵学生

高等职业教育是普通高等教育的重要组成部分，是高等教育框架下的职业教育，是高等教育发展中的一个新类型[①]。它正式产生于20世纪80年代初，经过40余年的发展，规模得到了较大的扩张，早已占据普通高等教育的"半壁江山"。在职业教育被视为一种与普通教育同等重要的教育类型的背景下，作为我国现代职业教育体系重要组成部分的高等职业教育理应受到"热捧"。然而，由于受到适龄期人口下降、普通本科院校招生和出国留学"分流"、学生及家长对职业教育的认同度不高等因素的影响，部分高职院校却陷入了"传统生源"[②]困境：一是数量困境，即高职院校能够招收到的"传统生源"学生数量越来越少，这会导致高职院校的办学资源利用率下降、办学收入减少，对于高职院校的生存与可持续发展会形成较大的挑战；二是质量困境，即高职院校能够招收到的"传统生源"学生，但其文化理论基础、技能素养和行为习惯等与预期存在较大的差距，这对技术技能人才的培养形成了较大的挑战[③]。因此，"高职百万扩招"（简称"高职扩招"）行动的实施，恰逢其时，对于纾解我国高职院校的"传统生源"困境具有积极的意义。

从2019年开始，时任国务院总理李克强连续两年在《政府工作报告》中提出"高职扩招"——2019年3月，他提出高职院校当年扩招100万人。2020年5月，他又提出高职院校2020年、2021年两年扩招200万人。至此，一个跨度三年、总数300万人的"高职扩招"计划就诞生了。"高职扩招"提出之初，有不少高职教育界人士担心：高职院校本来就存在"生源困境"，百万扩招目标如何实现？然而，李克强总理在2022年《政府工作报告》中指出，已经超额完成了"高职扩招三年行动"目标。从已经公布的数据来看，高职三年共扩招413万多

---

① 马树超，郭扬，等.中国高等职业教育：历史的抉择[M].北京：高等教育出版社，2009：23.

② 高职院校"传统生源"既包括普通高中毕业生，也包括普通初中毕业生（"五年一贯制"高职招收对象）和对口招生的职业高中、技工学校和中等专业学校毕业生。参见：王丽娜，何应林，陈丹.高职院校的"传统生源"困境及其疏解：退役军人扩招视角[J].职教论坛，2021（3）：154.

③ 王丽娜，何应林，陈丹.高职院校的"传统生源"困境及其疏解：退役军人扩招视角[J].职教论坛，2021（3）：154-155.

人，其中，2019年和2020年分别扩招116.4万人和157.4万人①。如果按照每年扩招100万人来计算，连续三年都完成了扩招任务，而且超过的幅度还比较大。

李克强总理在2019年的《政府工作报告》中提出："鼓励更多应届高中毕业生和退役军人、下岗职工、农民工等报考，今年大规模扩招100万人。"教育部、国家发展和改革委员会、财政部、人力资源和社会保障部、农业农村部和退役军人事务部等六部门于2019年5月联合印发《高职扩招专项工作实施方案》，正式启动面向退役军人等群体的高职扩招。可见，"退役军人"是高职扩招的重要目标群体之一。据报道，在2019年的高职扩招中，山东省高职院校招收退役军人4.31万人，安徽省在6月首轮扩招报名截止时，人数就达到16.8万，其中退役军人8.8万人，超过报名总人数的一半②。在"高职扩招三年行动"共招收的413万多人中，社会生源学生占比达到28%（即115.64万人）左右，其中有一部分就是退役军人③。本书所说的"退役士兵"是指退出现役的义务兵、初级士官以及服现役未满12年的中级士官等退伍军人，他们是退役军人的一部分，高职扩招为高职院校的技术技能人才培养提供了大量的退役士兵学生。

2. "1+X"证书制度改革带来高职技术技能人才培养模式改革

2019年1月，国务院在《国家职业教育改革实施方案》中提出，从2019年开始，在职业院校、应用型本科高校启动"学历证书+若干职业技能等级证书"制度（简称"'1+X'证书制度"）试点。同年4月，教育部、国家发展和改革委员会、财政部和市场监管总局等四部门联合印发了《关于在院校实施"学历证书+若干职业技能等级证书"制度试点方案》（教职成〔2019〕6号），正式启动"1+X"证书制度试点工作。"1+X"证书制度是体现职业教育类型特征的基本制度设计，是学历证书与职业技能等级证书相互融通的职业教育制度，是完善职业教育教学标准体系的制度，是实现人才培养的统一性要求与个体差异性要求融合的制度，其目的是创新技术技能人才培养模式、评价模式和教育教学管理

---

① 杨洁，樊未晨，叶雨婷.职教驶入高速路 青年插上技能翅膀[N].中国青年报，2021-04-12（1）；中华人民共和国教育部.中国职业教育发展报告（2012—2022）[R].天津：世界职业技术教育发展大会，2022：38.

② 高靓.为经济发展蓄力 为改善民生赋能：高职百万扩招实施一周年纪实[N].中国教育报，2020-05-19（1）.

③ 中华人民共和国教育部.中国职业教育发展报告（2012—2022）[R].天津：世界职业技术教育发展大会，2022：38.

模式，增强职业教育适应性①。

在试点"1+X"证书制度之前，我国高职院校实施的是"学历证书+职业资格证书"制度（简称"双证书制度"）。"双证书制度"从20世纪90年代开始实施。该制度中的"职业资格证书"是由20世纪50年代企业内部工人技能考核证书转变而来的，到20世纪90年代逐步确立，之后不断发展。21世纪前后，各地政府部门、行业协会等纷纷设立与之相关的职业资格证书，至2013年，国务院和地方部门分别设立的职业资格证书达到618项和1875项。由于大量含金量低的证书严重阻碍了双证书制度的健康发展，国家开始清理职业资格证书，分步取消水平评价类技能人员职业资格，推行社会化职业技能等级认定②。

"1+X"证书制度和双证书制度都包含两类证书：一类是学历证书，它由教育部设置，授权院校发放；另一类是职业证书，这也是两种证书制度的重要区别所在。在"1+X"证书制度中，职业证书是指职业技能等级证书，它是反映劳动者达到符合某一级别岗位技能水平的证明，由教育部遴选的培训评价组织设置与发放；在"双证书制度"中，职业证书是指职业资格证书，它是劳动者具有从事某一职业所必备的知识和技能的证明，由人力资源和社会保障部门设置与发放③。职业技能等级证书是劳动者"实然"水平的证明，职业资格证书是劳动者"应然"水平的证明。高职院校实施的证书制度从"双证书制度"转变为"1+X"证书制度，体现出高职教育要培养出的不是为未来工作"做准备"的高素质技术技能人才，而是一毕业就能够胜任工作的高素质技术技能人才。高职院校实施的证书制度由"双证书制度"向"1+X"证书制度转变，带来了高职技术技能人才培养模式的改革，也只有人才培养模式进行了改革，才能支持"1+X"证书制度在高职教育中的运行④。

3.退役士兵学生与"1+X"证书制度结合，培养复合型技术技能人才

"1+X"证书制度可以从三个方面提升职业教育人才培养的选择性，为复合

① 唐以志.健全1+X证书制度 增强职业教育适应性[J].中国职业技术教育，2021（12）：109-112.
② 高婷婷，沈勤.制度逻辑视域下双证书制度和1+X证书制度的比较分析[J].中国职业技术教育，2021（17）：42.
③ 高婷婷，沈勤.制度逻辑视域下双证书制度和1+X证书制度的比较分析[J].中国职业技术教育，2021（17）：42-45.
④ 徐国庆，伏梦瑶."1+X"是智能化时代职业教育人才培养模式的重要创新[J].教育发展研究，2019（7）：21.

型技术技能人才培养提供制度支撑[①]：第一，"1+X"证书制度鼓励学生在现有学历教育基础上取得更多职业技能等级证书，为扩大职业教育的选择性甚至跨越职业学历教育的范围提供制度保障，因而可以为职业院校复合型技术技能人才培养提供更强的选择灵活性。第二，在"1+X"证书制度中，X的课程内容可以是横向上跨越现有专业课程内容的选择，也可以是纵向上对现有专业课程内容的进一步深化，甚至可以在不削减原有学历教育内容的前提下把上一级学历教育的部分内容以技能等级证书的形式下移供学生选择。另外，"1+X"可以把一些新兴行业、企业所开发的技能等级证书复合到现有学历教育中，使职业教育人才培养更好地反映产业发展的新需求。因此，"1+X"证书制度可以为职业院校复合型技术技能人才培养提供更大的课程组合空间。第三，"1+X"证书制度可以通过与学分互认制度结合，增强职业教育学制的弹性，使学制更加多样化，较好地满足复合型技术技能人才培养对学制多样化的需求。正因为如此，"1+X"证书制度可以说是一种专门为复合型技术技能人才培养而设计的证书制度。

与高职院校传统生源学生相比，退役士兵学生具有成长为复合型技术技能人才的独特优势，如身体素质好，纪律意识强，有比较丰富的实践经验和较好的技能基础，以及吃苦耐劳等，这对于其自身成长为复合型技术技能人才具有重要价值。因此，退役士兵学生与"1+X"证书制度结合，将成为一种培养复合型技术技能人才的强劲组合，这对于复合型技术技能人才培养和退役士兵安置都极为有利。

（二）研究意义

本研究对以退役士兵为培养对象的高职"1+X"技术技能人才的培养问题进行研究，构建人才培养的体系，阐述人才培养的机制，这既具有重要的理论意义，又具有较强的实践意义。

1.理论意义

首先，构建以退役士兵为培养对象、融入了"1+X"证书制度的高职"1+X"技术技能人才培养体系，并对这一人才培养活动的机制进行分析，成果有助于完善技术技能人才培养理论。其次，对退役士兵接受高职"1+X"教育进

---

① 徐国庆，伏梦瑶."1+X"是智能化时代职业教育人才培养模式的重要创新[J].教育发展研究，2019（7）：24.

行系统分析,成果有助于完善退役士兵职业教育与技能培训理论。最后,对基于退役士兵生源的高职"1+X"技术技能人才培养体系与机制进行研究,成果有助于发展中国特色"1+X"证书制度理论。

2.实践意义

首先,对基于退役士兵生源的高职"1+X"技术技能人才培养现状进行调查与分析,成果有助于推进"1+X"证书制度实施。其次,构建基于退役士兵生源的高职"1+X"技术技能人才培养体系,成果有助于推进退役士兵职业教育与技能培训工作。最后,对基于退役士兵生源的高职"1+X"技术技能人才培养体系与机制进行研究,成果有助于提高高职技术技能人才培养质量。

二、文献综述

目前,国内外相关研究可以归纳为关于"1+X"证书制度的研究和关于退役军人职业教育与技能培训的研究两个方面。

(一)关于"1+X"证书制度的研究

1."1+X"证书制度的推行目的

"1+X"证书制度是国务院2019年初在《国家职业教育改革实施方案》中提出的一种职业教育证书制度。关于其推行目的,研究者从不同角度提出了自己的观点。

有研究者认为,推行"1+X"证书制度的目的是通过职业技能等级的考评与认证,引导职业院校改革教育教学体系,改善学生的学习过程和学习方式,提升学生的就业创业能力[①]。

有研究者指出,实施"1+X"证书制度可以为职业院校复合型人才培养提供更大的选择灵活性,可以为职业院校复合型人才培养提供更大的组合空间,可以为职业院校复合型人才培养提供更为丰富的学制形态,其根本意义在于培养复合型技术技能人才[②]。

---

① 黄晓云.1+X,职业教育"加"什么:访北京大学中国职业研究所副所长陈李翔[N].中国劳动保障报,2019-03-30(3).
② 徐国庆,伏梦瑶."1+X"是智能化时代职业教育人才培养模式的重要创新[J].教育发展研究,2019(7):24.

有研究者认为，"1+X"证书制度是一种将职业技能等级证书与学历证书相互融通、推进人才培养模式和评价模式改革的制度设计，其设计的初衷是增强职业教育适应性①。

有研究者认为，"1+X"证书本质是一个促进学生多项职业选择和技能培训的制度框架，旨在促进学生技能流动和终身学习②。

2."1+X"证书制度的内涵与特点

对于一项新设计的职业教育制度，正确认识其内涵与特点，对于其试点与全面推行具有重要的帮助。关于"1+X"证书制度的内涵与特点，研究者进行了深入阐述。

有研究者认为，在"1+X"证书制度中，"1"是学历证书，指学习者在学制系统内实施学历教育的学校或者其他教育机构中完成了学制系统内一定教育阶段学习任务后获得的文凭，"X"为若干职业技能等级证书，所谓"职业技能等级证书"是学习者在完成针对某一职业岗位关键工作领域的典型工作任务所需要的相关知识、技能和能力的学习任务后获得的反映其职业能力水平的凭证；"1+X"证书制度是深化职业教育教学改革的助推器，其特征是书证相互衔接和融通③。

有研究者认为，"1+X"证书制度是学历证书与职业技能等级证书相结合的证书制度，其基础是学分认定制度，关键是明晰1和X的关系，核心是人才培养模式；"1+X"作为证书制度只是表象，其背后所蕴含的是人才培养模式改革，即通过作为基础的核心内容与可选择的单项技能相结合的学习模式，培养具备核心职业能力的复合型技术技能人才④。

有研究者认为，"1+X"证书制度是一个促进学生多项职业选择和技能培训的制度框架，其中，学历证书是本位，职业技能等级证书是职业教育教学理念的有效载体，是职业院校增强产业适应能力的产物，也是学历证书的有效衔接

---

① 唐以志.1+X证书制度：新时代职业教育制度设计的创新[J].中国职业技术教育，2019（16）：5；唐以志.健全1+X证书制度 增强职业教育适应性[J].中国职业技术教育，2021（12）：109-110.
② 潘海生，李阳.职业教育1+X证书的外在表征与本质解构：基于15份职业技能等级标准的文本分析[J].中国职业技术教育，2020（6）：9.
③ 唐以志.1+X证书制度：新时代职业教育制度设计的创新[J].中国职业技术教育，2019（16）：5-11.
④ 徐国庆，伏梦瑶."1+X"是智能化时代职业教育人才培养模式的重要创新[J].教育发展研究，2019（7）：22-23.

与补充;"1+X"证书制度的特色在于"1"与"X"之间的协同配合,既包括组织、资源、时空、制度等宏观和中观层面的整合,也包括课程与教学这一微观层面的整合①。

3. "1+X"证书制度与"双证书制度"的关系

"双证书制度"是在"1+X"证书制度试点之前在职业院校实施了十多年的一种证书制度,了解清楚二者之间的关系,对于正确认识"1+X"证书制度、推进"1+X"证书制度的试点与实施具有积极意义。

有研究者指出,"双证书制度"为"1+X"证书制度提供了实践基础,但后者不是前者的延续和升级,它在概念、定位、X证书开发建设主体、运行机制、管理模式等方面都发生了根本变化,更重要的是"1+X"作为一个整体成为学校职业教育的制度基础,"1"与"X"教育培训对象相同、内容互补、目标同向,相比双证书制度中两种证书之间的关系有了质的区别②。

有研究者认为,"1+X"证书制度与"双证书制度"的区别表现在两个方面:一是二者涉及的教育内容的范围不一样。前者是学生在完成扎实的学历教育内容基础上进一步延伸对技能等级证书的学习,后者通常仍然只是原有学历教育内容范围内的人才培养模式改革,总体教育内容没有因为职业资格证书的引入而延伸。二是二者所依据的教育制度不同。前者是基于新的学习成果认定、积累和转换制度所构建的一种人才培养模式,后者则是基于现有学历教育与学制体系的一种朴素的改革,即在原有的学历教育基础上叠加考证内容,因此,不能简单地把"1+X"视为"双证书制度"的再表达③。

4. "1+X"证书制度发展的国际经验

"1+X"证书制度是在借鉴国际职业教育培训有关经验基础上设计出来的一种证书制度,国际上有一些相关经验可以为其发展提供参考。研究者介绍了法国职业资格证书发展的成功经验,英国学徒资格"元治理"的正反经验,以及美国、加拿大等国家的教育机构运用课程选修指导体系指导学生选课的经验,

① 潘海生,李阳.职业教育1+X证书的外在表征与本质解构:基于15份职业技能等级标准的文本分析[J].中国职业技术教育,2020(6):5-12.
② 孙善学.对1+X证书制度的几点认识[J].中国职业技术教育,2019(7):73.
③ 徐国庆,伏梦瑶."1+X"是智能化时代职业教育人才培养模式的重要创新[J].教育发展研究,2019(7):22.

并指出了它们对我国"1+X"证书制度发展的启示。

有研究者指出，法国职业资格证书体系在法国终身教育的发展历程中起着关键性促进作用，其成功经验可以归纳为五点：一是证书管理体系统筹高效；二是职业资格证书设立科学合理；三是注重引导职业教育更加关注学生能力；四是调动社会各界力量，确保职业资格证书价值；五是对接欧盟，促进职业教育国际化。法国职业资格证书体系发展的成功经验对我国"1+X"证书制度的发展具有重要的借鉴意义，有利于促进我国国家职业资格框架体系的建立[①]。

有研究者指出，英国学徒资格制度出现过"数量繁多，选择困难""内容重叠，结果不清""费用高昂，良莠不齐"等问题，雇主没有主导学徒资格开发和不充分的资格市场是导致以上问题的主要原因；英国发挥政府在学徒资格体系内的"元治理"功能，通过规则和标准等工具明确学徒资格体系目标，发挥政府"掌舵"功能，通过战略发布明确学徒制局的学徒标准的前进方向；英国学徒资格制度实施的正反经验对明确我国"1+X"证书制度试点中的"X"开发者、"X"内涵及政府在试点中的治理提供了启示[②]。

有研究者指出，在美国、加拿大等国家的教育机构，通常都有非常成熟、专业水准的课程选修指导体系，指导学生更加合理地进行选课，这对于我国在"1+X"证书制度实施中构建专业水平的X选择指导体系具有重要的借鉴意义[③]。

5."1+X"证书制度实施需要解决的关键问题

"1+X"证书制度是在新的时代背景下为了增强职业教育适应性而设计的一种新的证书制度，是未来指导职业教育活动的基础性制度[④]。准确把握该制度实施需要解决的关键问题，对于其试点与全面推行具有重要意义。为此，在"1+X"证书制度试点启动后，人们纷纷展开了研究。

有研究者认为，"1+X"证书制度中的"1"指向学历证书，其发证主体、

① 李静，周世兵.1+X证书角色与功能定位研究[J].职教论坛，2019（7）：153-154.
② 刘育锋.英国学徒资格"元治理"及对我国1+X试点的借鉴意义[J].中国职业技术教育，2019（22）：12-20.
③ 徐国庆，伏梦瑶."1+X"是智能化时代职业教育人才培养模式的重要创新[J].教育发展研究，2019（7）：26.
④ 孙善学.对1+X证书制度的几点认识[J].中国职业技术教育，2019（7）：72.

证书级别和专业内涵要求都已非常明确,需要重点突破的是"X"证书,因而"X"证书发放面临的谁是发证主体、证书级别如何确定以及学历证书与职业技能等级证书如何对接这三个问题就是"1+X"证书制度亟待解决的问题①。

有研究者认为,有效构建和应用"1+X"证书制度的关键要素包括两个基础(统一的国家资历框架和学分银行)、一个架构(纵向递进、横向衔接的多模块体系)、五个主体(职业教育培训评价组织、政府、企业、行业和职业学校)和一个保障体系(有效的质量监督和评价制度)②。

有研究者指出,"1+X"证书制度的实施是一个较为复杂的系统工程,需要着力解决完善技能等级证书体系、重构学历职业教育的内容、创新职业教育办学形态、构建专业水平的X选择指导体系和构建相应的教育管理制度等关键问题③。

6. "1+X"证书制度的实施策略

"1+X"证书制度实施时应该采取怎样的策略?这是一个实践者会比较感兴趣的话题。在该制度尚未全面推行的时候,已有研究者对此进行了研究。

有研究者指出,要实现职业教育"1+X"证书制度的落地,需要采取"以资历框架建设为抓手,建成纵向能级清晰的职业技能标准体系""以行业企业为主导,设计横向边界清晰的职业技能内容体系""以学校为主体,将职业技能证书标准融入人才培养工作全过程""以学分银行为载体,实现证书与课程的沟通,促进校内外资源的合理流动"以及"借助第三方评估,实现职业技能证书的进入与退出机制"等策略④。

有研究者认为,"1+X"证书制度在试点中面临综合能力的呈现及评价难度大、企业主体作用未能充分发挥、国家学分银行和资历框架还不健全以及书证融通的专业建设和课程开发能力不足等各种挑战,为了给其实施创造条件,可以采取以下策略:一是以职业活动为载体,反映综合能力,建构课程内容,检

① 杜怡萍,李海东,詹斌.从"课证共生共长"谈1+X证书制度设计[J].中国职业技术教育,2019(4):12.
② 王兴,王丹霞.1+X证书制度的若干关键问题研究[J].职业技术教育,2019(12):7-12.
③ 徐国庆,伏梦瑶."1+X"是智能化时代职业教育人才培养模式的重要创新[J].教育发展研究,2019(7):24-26.
④ 蒋代波.职业教育1+X证书制度:时代背景、制度功能与落地策略[J].职业技术教育,2019(12):16-17.

测能力的达成度，确保证书的"含金量"；二是以标准体系建设为核心，规范证书的开发、培训、考核及学分管理全过程，保证考证的质量；三是建立市场化的管理机制，重遴选、强监管，推动"1+X"证书制度的健康发展①。

（二）关于退役军人职业教育与技能培训的研究

1.国外退役军人职业教育与技能培训研究

国外退役军人职业教育与技能培训工作开始较早，其政策设计已较为科学，已有研究主要包括法律法规、政策目标、管理结构、经费筹措、培训内容和培训方式等方面的问题②。

有研究者对美国、德国、英国、法国、俄罗斯、比利时、荷兰、罗马尼亚、韩国、以色列和印度等11个国家的退役军人职业教育与技能培训情况进行了研究，认为它们具有六个方面的特点：一是重视程度高，管理层次高，机制较为顺畅；二是培训的系统性、科学性、规范化程度高，培训大多贯穿服役和退役的整个过程；三是相关的法律政策较为完备，保障了培训的稳定性和连续性；四是培训资源整合程度高；五是培训内容的全面性与适应性较高；六是注重终身学习、自主学习理念的培养与塑造，切实提高军人的学习能力③。有研究者对外国退役军人教育培训进行了研究，认为它已经形成了一套严格周密、相对固定的程序，并具有四个基本特征：一是注重社会认可的"专业融入"理念；二是培训法规完备规范；三是培训机制协调互补；四是培训内容方式灵活多样④。

有研究者对美国、俄罗斯、德国、英国、法国和澳大利亚等国家有关退役军人教育培训的法律进行了研究，认为明确退役军人教育培训的法律地位是各

① 杜怡萍.1+X证书制度实施的要件、挑战及策略[J].教育学术月刊，2020（4）：38-41.
② OLSON K W. The G. I. Bill, the Veterans, and the College [M]. Kentucky：The University Press of Kentucky, 1972; 刘妍.国外退役军人职业教育的政策目标和工具[J].军事经济研究，2013（4）：10-13; CLARK D A. "The Two Joes Meet —— Joe College, Joe Veteran"：The G.I. Bill, College Education, and Postwar American Culture [J]. History of Education Quarterly, 1998, 38（2）：165-189; JUSTICE T G. What Happens to the Veteran in College? [J]. The Journal of Higher Education, 1946, 17（7）：185-188, 224-225; MICHELLE T. Adult College Completion Tool Kit [R]. Office of Vocational and Adult Education of Us Department of Education, 2012; 蔡雪芹.美国退役军人职业培训制度探析[J].军队政工理论研究，2016（3）：130-131.
③ 晁玉方.中国退役士兵职业教育与技能培训发展研究[M].北京：中国社会科学出版社，2016：97-99.
④ 黄丹.外国退役军人培训的基本特征分析[J].军队政工理论研究，2016（4）：132-135.

国的共同做法[①]。

有研究者认为，各国退役军人职业培训的政策目标是通过职业培训谋求退役军人的专业性，继而使其获得在劳动力市场上的合法性，为了实现这一政策目标，在合法化的过程中使用了权威、激励和能力建设三种基本的政策工具[②]。

有研究者指出，美国、德国、意大利、俄罗斯和匈牙利等国退役军人教育培训的管理结构都是中央政府（联邦政府）主导、地方政府配合、社会团体（民间力量）监督和支持的三元管理结构，不过具体到各国，三者的重要性及发挥作用的机制略有不同[③]。有研究者对美国的退役军人职业培训制度进行了研究，认为三元管理结构有助于优化资源，促进退役军人职业教育与培训[④]。

有研究者对国外退役军人教育培训的经费问题进行了研究，发现各国的培训经费大部分或者全部由政府负责，但也有一些国家为了提高培训质量，以培训资金作为激励手段来激励被培训者更好地完成培训任务[⑤]。另有研究者对美国退役军人教育资助政策在1944年后60多年间的形成与变迁过程进行了较为系统的研究，认为美国退役军人教育资助政策的实质就是以向退役军人提供高等教育这种方式，发挥大学在"专业主义"社会中职业认证、社会认可的功能，以一种社会认可的路径和方式，帮助退役军人实现二次专业化，重新融入社会生活[⑥]。

有研究者对国外退役军人教育培训的内容和方式进行了研究，认为国外退役军人教育培训的主要内容是社会适应性培训和职业技能培训，前者的重点是退役军人心态和社会角色的转化，后者的重点则在于帮助退役军人获得社会认可的职业技能证书，以便与实际劳动力市场接轨；国外退役军人的教育培训在自愿的前提下，根据服役年限和所立军功的不同，分层、分类进行[⑦]。有研究者介绍了日本军官退役制度中的培训问题，他指出，日本根据军官的具体情况，

① 于京天，郭静.加强部际协同 系统开展退役军人教育培训：国际经验与本土思考[J].中国职业技术教育，2018（22）：40.
② 刘妍.国外退役军人职业教育的政策目标和工具[J].军事经济研究，2013（4）：10-13.
③ 刘妍.聚焦外国退役军人职业培训[J].转业军官，2012（7）：32.
④ 蔡雪芹.美国退役军人职业培训制度探析[J].军队政工理论研究，2016（3）：130.
⑤ 刘妍.聚焦外国退役军人职业培训[J].转业军官，2012（7）：34.
⑥ 王书峰.美国退役军人教育资助政策形成与变迁研究[D].北京：北京大学，2007.
⑦ 刘妍.聚焦外国退役军人职业培训[J].转业军官，2012（7）：34.

在可能退役的前两年，就开始在军内进行3个月的民用技术训练和6个月的军外公共职业训练，对一年后要退役的军官，一般要进行5周的管理业务培训，而且还在离队前的3～6个月举办就业指导讲座[1]。还有研究者对乌克兰退役军人职业培训的形式进行了研究，指出乌克兰的退役军人职业培训以全日制、非全日制、远程和外部培训等多种形式进行，参训者根据个人课程情况，确定是否脱产学习[2]。

随着国外退役军人职业教育与技能培训工作的继续推进，相关工作进一步细化、完善。虽然不同国家的退役军人管理以及职业教育与技能培训工作存在一定的差异，但国外退役军人职业教育与技能培训工作的丰富经验与成熟做法可以为我国相关工作的开展提供一定的借鉴。

2.我国退役军人职业教育与技能培训研究

民国时期，"国民政府"在给无职业技能的退役军官分派工作前，会为他们举办职业培训班，帮助他们掌握一到两种职业技能[3]。

新世纪以来，党中央、国务院和中央军委陆续出台了《国务院关于进一步做好城镇退役士兵安置工作的通知》（国发〔2005〕23号）、《国务院、中央军委关于加强退役士兵职业教育和技能培训工作的通知》（国发〔2010〕42号）和《民政部、财政部、总参谋部关于加强和改进退役士兵教育培训工作的通知》（民发〔2014〕11号）等相关文件，强调教育培训在退役士兵安置中的重要性与作用，经过多年的努力，我国退役士兵职业教育与技能培训实现了由城乡有别、安排工作为主向城乡一体、以扶持就业为主的重大转变，实现了由"授人以鱼"向"授人以渔"的转变，实现了由重视工作岗位向重视人的全面发展的转变[4]。

在相关政策落实过程中，各地纷纷推进退役军人职业教育与技能培训实践，相关研究也不断涌现。

有研究者介绍了退役士兵教育培训规范化、集约化的江苏探索[5]：培训类型方面，"实行成人高等学历教育免试入学""建立普通高等学校单独招生制

① 白虎虎.日本军官退役制度概览[J].转业军官，2012（2）：35.
② 王赫.乌克兰退役军人工作情况初探[J].中国退役军人，2020（9）.
③ 徐虎.我国古代军官退役制度简述[J].转业军官，2011（3）：55.
④ 晁玉方.中国退役士兵职业教育与技能培训发展研究[M].北京：中国社会科学出版社，2016：3-4.
⑤ 罗新文.退役士兵教育培训规范化、集约化的江苏探索[J].中国民政，2016（9）：44-45.

度""放宽大学生士兵教育培训优惠政策"和"实施退役士兵'村官'培养工程"并驾齐驱;培训方式方面,"实行分层培训""推进升级培训"和"探索跨区培训"错落有致;培训管理方面,"推进政府购买服务""建立督查年检制度""创新资金管理模式"和"创新监管手段"集约规范。

有研究者对江苏省盐城市退役军人再就业培训中存在的问题及其原因进行了分析,并构建了再就业培训工作落实路径:法规制度规范层面,通过健全配套法规体制、提高经费保障力度、整合社会培训资源和强化监督考评机制等方面来强化国家的行政干预;退役军人个体层面,充分考虑退役军人自身实际,区分年龄结构、知识层次、现有技能和个人意愿,分专业、分阶段展开再就业培训,提高组织再就业培训的成效;就业市场需求层面,着眼就业市场的现实需求,立足现有条件,科学开设培训科目,推进再就业培训工作有序展开;人力资源开发层面,着眼个人、现实、市场和国家需要,因材施教,科学部署,抓好教育管理和培养规划①。

有研究者在对黑龙江省退役士兵安置工作进行调研的基础上,提出"应尽快建立退役士兵培养机构",认为进行职前培训有助于退役士兵胜任新的岗位需要,能够有效促进其就业,各地安置部门要依靠当地政府积极组织和动员社会各方面力量,为退役士兵的就业技能、资格培训和学历教育等提供帮助②。

有研究者以黑龙江省为例对退役军人安置问题进行了实证研究,认为通过接受职业教育提升学历,有助于退役士兵找到更适合自己、薪酬更高的职业,建议继续加强对现役士兵的文化知识教育和职业技术技能的培训,成立统一的退役军人职业培训管理机构,并为退役士兵精心设置专业课程③。

有研究者以北京政法职业学院退役士兵班为例,探讨了消防专业退役士兵人才培养方案的修订问题。他们在市场调研的基础上,结合退役士兵群体的特点分析了人才培养方案中的内容,对其中不适应市场需求和退役士兵特点的内

① 朱虎.退役军人再就业培训中存在的问题及对策研究[D].咸阳:西北农林科技大学,2016:16-32.
② 马喜军.如何深化退伍安置制度改革:对黑龙江省退役士兵安置工作的调查[J].中国民政,2001(2):26-27.
③ 樊华,付光美,谢东颖.我国退役军人安置问题的实证分析:以黑龙江省为例[J].经济视角(上),2013(9):7-10.

容进行了调整和删减，使人才培养方案和培养目标更加适应退役士兵学生的特点和消防行业、企业的需求，以进一步提高学生的就业竞争力和发展潜力，让行业、企业和退役士兵都满意①。

有研究者介绍了广东省引导退役士兵就业的四个"高招"，其中之一就是通过举办培训班等形式加强教育，引导退役士兵转变择业观念②。

有研究者对内蒙古退役军人转移安置中的教育培训问题进行了研究，他们认为，内蒙古退役军人的教育培训以学校培训、机构培训和远程开放教育三种方式开展，存在培训配套体制不够健全、退役军人对培训的认识及重视程度不够、"培训形式较为单一，缺乏对退役军人差异化培训"以及培训内容与就业方向缺乏契合度等问题，可以从五个方面着手加以改进：一是加强教育培训的宣传力度，提高军人对教育培训的重视；二是以退役军人事务局为主导，协调各方力量参与教育培训；三是抓好学历教育，全日制学历教育与成人学历教育并举；四是着力开展基于就业的技能培训；五是推行订单式培训，实现入学即就业③。

有研究者介绍了云南退役士兵安置工作的实践与探索，认为应努力构建包含货币安置、教育安置、政策安置和保障安置等要素的多层次退役士兵安置体系，加强学历教育、技能培训和就业指导等社会服务机构和工作机制的建设，促进安置职能的社会转移④。

有研究者对军事人力资源的再社会化问题进行了研究，认为可以采取五个方面的措施促进军事人力资源的再社会化：一是成立浙江退役军人教育培训联盟；二是创建退役军人终身学习在线培训平台；三是成立退役军人就业创业导师团；四是举办浙江退役军人就业创业分享会；五是举办浙江退役军人就业创业成果展；六是聘任优秀退役军人作为学院兼职辅导员与警事训练教官⑤。

① 吕金涛，薛婷婷.消防专业退役士兵人才培养方案的研究：以北京政法职业学院退役士兵班为例[J].今日消防，2019（1）：15-16.
② 骆招群.广东引导退役士兵就业有高招[J].民政论坛，1999（1）：14-15.
③ 程连，张锐锋，苏雪婷，等.内蒙古退役军人转移安置中的教育培训[J].内蒙古电大学刊，2020（4）：102-105.
④ 蒋昆生.云南退役士兵安置工作的实践与探索[J].中国民政，2005（3）：29-30.
⑤ 孙仕祺.军事人力资源再社会化对策研究：浙江退役军人教育培训联盟建设构想[J].中国军转民，2019（9）：78-80.

由于我国各地的退役军人职业教育与技能培训实践都是以国家有关政策为依据展开的，相关研究的观点具有一定的相似性。当然，我国幅员辽阔，各地差异比较大，因而关于不同区域退役军人职业教育与技能培训实践的研究成果，其观点也各具特色。近年来，由于退役军人安置工作受到高度重视，退役军人职业教育与技能培训实践在我国更大范围内展开，相关理论研究成果也将大量出现。

3.我国高职院校退役士兵职业教育研究

资助退役士兵接受全日制高等教育，是退役士兵教育资助工作的发展方向[①]。

高职院校招收退役士兵具有六个方面的优势：一是高职教育的培养目标特色、专业特色、教学特色和就业特色更适合退役士兵；二是高职教育职业性与学科性相结合、稳定性与灵活性相结合、普遍性与多样性相结合、适应性与针对性相结合的特点更适合退役士兵；三是高职教育毕业后就业的前景更适合退役士兵；四是高职教育的教学方法更适合退役士兵；五是高职教育的学制短、成本低更适合退役士兵；六是高职教育的低门槛更适合退役士兵[②]。正因为如此，有不少士兵退役后选择到高职院校学习，特别是"高职扩招三年行动"实施之后，有很多退役士兵进入高职院校学习，他们借此提高自己的学历和职业技能水平，以便找到一份好的工作。研究者们结合部分高职院校开展退役士兵职业教育的实践，对退役士兵学生的培养模式、学习基础、教学方法、学习激励、生涯规划和心理辅导等进行了研究。

有研究者对高职退役士兵学生培养中的现代学徒制培养模式进行了研究，认为对于学历相对低、社会阅历浅、就业期望与就业能力不匹配的高职退役士兵学生来说，现代学徒制人才培养模式具有解决其生活困难和技能欠缺难题、提升其学习积极性和缩短其工作磨合期等方面的优势，高职院校可以与退役军人事务部门、企业深度合作，设置退役士兵现代学徒班，联合开展思想教育、教学、考评和就业指导，将退役士兵培养为高素质技能型人才[③]。

---

① 曹瑞林.退役士兵教育资助的成功"样板"[N].解放军报，2011-12-01（3）.
② 李少虹.谈高职院校招收退伍兵入学的优势[J].长沙民政职业技术学院学报，2006（4）：64-67.
③ 莫华伟.高职扩招背景下退役士兵现代学徒制的培养模式研究[J].广西科技师范学院学报，2021（1）：82-87.

有研究者对退役士兵学生的学习情况进行了调查，认为学习基础差是导致退役士兵学生学习成绩差的主要原因，建议采取两种措施增强退役士兵学生的学习基础：一种是政府组织高职院校对同专业大类的退役士兵学生统一做专业基础知识培训，另一种是在各专业内部推行"一帮一"活动，鼓励专业成绩较好的普通学生与退役士兵学生组建"结对子互助小组"①。

有研究者对分层教学法在退役士兵职业技能培训中的应用进行了研究，她认为，分层教学法在具体实施过程中要考虑三个方面的"分层"：学员分层方面，可在学员入学后根据摸底测试、阅读学员档案和与班主任沟通等途径了解学员学习基础，将其分为高、中、低三个层次，每两周根据学员学习本门课程情况调整分层；教学目标分层方面，根据教学大纲的要求和学员学习情况，综合考虑深度、进度和拓展情况，将教学目标分为高、中、低三个层次；教学实施分层方面，要分层进行备课、上课、作业、课后辅导和考核②。

有研究者对高职院校退伍复学学生学习激励机制进行了研究，认为影响退伍复学学生学习状况的因素有角色适应、心理调适、人际关系建立和学业基础恢复等，可以采取情感激励、目标激励和政策激励等方法激励其认真学习③。

有研究者对退役士兵学员的学业规划和职业生涯规划问题进行了探索，认为承训院校可以采取引导学员正确认识"两业"规划的意义、把握职业生涯规划时机、"精心设计学业规划，全程关注学员成长进步"、分类指导和"充分利用课堂教学资源，帮助学员制定并落实'两业'规划"等措施，指导退役士兵学员做好"两业"规划，帮助学员找到人生坐标、主动完成学业④。

有研究者对高职退役士兵大学生的适应性心理及其辅导问题进行了研究，认为高职退役士兵大学生的适应性心理问题主要表现在学业基础薄弱、人际交往不良和自我管理偏差三个方面，可以针对这些问题设计团体辅导方案，以提高退役士兵对大学生活的适应性，缓解或是解决相应的适应性问题⑤。

① 宋良杰.高职院校退役士兵教育培训现状分析[J].继续教育研究，2012（3）：51-54.
② 陈晓玲.分层教学法在退役士兵职业技能培训中的应用[J].职业，2009（15）：44-45.
③ 卞禹臣，张应天，朱亚囡.新形势下高职院校退伍复学学生学习激励机制研究[J].黑龙江教育•理论与实践，2017（4）：43-45.
④ 毛斌.退役士兵学员学业规划和职业生涯规划教育探索[J].泰州职业技术学院学报，2009（5）：35-37.
⑤ 郭利.高职退役士兵大学生适应性心理团辅方案设计浅析[J].智库时代，2018（46）：145，147.

可见，高职院校的退役士兵学生培养与传统生源学生培养具有较大的不同。在此类学生数量不多的情况下，高职院校可以通过安排部分教师提供个性化的培养服务来保证人才培养质量；在较大数量的退役士兵通过"高职扩招三年行动"等途径进入高职院校学习后，高职院校就需要结合最新的职业教育政策来对退役士兵学生的培养进行系统设计与安排了。

（三）文献综述的发现与启示

通过上述分析，可以得到以下几点启示：

第一，"1+X"证书制度虽然提出时间较短，但是研究者们已经基于相关政策文件、文献和初步实践经验对该制度做了一些有深度、有重要参考价值的分析，有的研究者还借鉴国外相关研究成果对该制度的发展与完善提出了建议。尽管该制度在试点过程中存在一些问题，未来将如何发展我们也不得而知，但是整体来看，它应该是比较符合我国职业教育发展需要的。本研究将借鉴国内外相关理论研究成果和国内有关实践经验，对基于退役士兵生源的高职"1+X"技术技能人才培养的体系、机制等问题进行探讨，以推动相关人才培养活动的开展，满足国家经济社会发展对复合型技术技能人才的需要。

第二，国内外关于"退役军人职业教育与技能培训"的研究已取得一定成果，这为后续研究奠定了良好的基础。但是，这些研究也存在不足之处：一是在研究内容方面，偏重经验介绍与现状调查，对理论进行探讨得较少；二是在研究方法方面，偏重调查研究法，综合运用多种方法开展的研究较少；三是在研究深度方面，不少研究基于实践经验或现状调查提出对策建议，没有对体系、机制等重要问题进行深入探讨。本研究将充分借鉴国内外已有研究成果，特别是关于我国高职院校退役士兵职业教育研究的成果，对在高职院校开展以退役士兵为生源的"1+X"技术技能人才培养的体系与机制问题进行探索，为高职院校退役士兵职业教育工作的完善提供参考。

第三，"退役军人职业教育与技能培训"与"1+X"证书制度通过高职院校而结缘，虽然二者的结合是一种新的探索，但是有我国高职院校开展退役士兵职业教育的成熟经验、退役士兵的良好素质以及高职院校开展技术技能人才培养的丰富实践经验作为基础，以退役士兵为生源开展高职"1+X"技术技能人才培养也有可能获得很好的效果，培养出高素质的复合型技术技能人才。本研究将结合国内外的理论研究成果和一手调研资料对相关问题进行深入探讨，为这一目标的实现提供一定的助力。

三、核心概念界定

概念是思维的起点，是人们进行判断和推理的基本要素①，在对科学问题进行系统、深入的研究之前，研究者往往会对相关概念进行界定。本研究涉及"1+X"证书制度、技术技能人才和退役士兵三个重要概念，对它们进行界定，可以为后续研究工作的开展打下良好的基础。

（一）"1+X"证书制度

2019年1月，国务院印发《国家职业教育改革实施方案》，提出"从2019年开始，在职业院校、应用型本科高校启动'学历证书+若干职业技能等级证书'制度试点工作"；同年4月，教育部、国家发展改革委、财政部和市场监管总局等四部门印发《关于在院校实施"学历证书+若干职业技能等级证书"制度试点方案》，正式启动"学历证书+若干职业技能等级证书"制度试点。

"1+X"证书制度是"学历证书+若干职业技能等级证书"制度的简称。在"1+X"制度中，"1"即"学历证书"，是指学习者在学制系统内实施学历教育的学校或者其他教育机构中完成了一定教育阶段学习任务后获得的资历证明，它是学生可持续发展的基础，"X"即若干"职业技能等级证书"，是个体职业技能水平的凭证，反映职业活动和个人职业生涯发展所需要的综合能力，它是对"1"的补充和赋能；这一制度在学历证书基础上，通过招募遴选以企业为主体的职业教育培训评价组织开发职业技能等级证书及其职业技能等级标准，及时将行业企业的新技术、新工艺、新规范、新要求融入人才培养全过程，发挥培训评价组织在人才培养活动实施和质量评价中的作用，实现各种学习成果的认定、积累和相互转化，从而促进学历证书与职业技能等级证书衔接融合②。"1+X"证书制度是新时期根据我国经济社会发展需要和职业教育实践需要而推出的一

① 中国人民大学哲学系逻辑教研室.逻辑学[M].北京：中国人民大学出版社，1996：9-11.
② 唐以志.健全1+X证书制度 增强职业教育适应性[J].中国职业技术教育，2021（12）：109-110.

种新的职业教育制度，其实施对于推进高职教育人才培养模式改革、实现复合型技术技能人才培养目标具有重要意义。

（二）技术技能人才

在我国高职教育发展过程中，其人才培养目标不断调整，先后出现了技术型人才（1980—1993年）、实用型人才（1994—1998年）、应用型人才（1999—2002年）、高技能人才（2003—2011年）和技术技能人才（2012至今）等多个表述[1]。到目前为止，"技术技能人才"虽然不是这些表述中提出时间最早的，却是存在时间最长且至今仍然在使用的。在《国务院关于印发国家职业教育改革实施方案的通知》《关于推动现代职业教育高质量发展的意见》《关于深化现代职业教育体系建设改革的意见》等三个近年发布的关于职业教育改革与发展的重要文件中，使用的也都是"技术技能人才"这一表述。可见，"技术技能人才"概念得到了比较广泛的认同。

职业教育培养出来的人才究竟是技术型人才还是技能型人才？似乎都有，而且有的人才既可以算作技术型人才也可以算作技能型人才。所以，用"技术型人才"或"技能型人才"都不能准确描述职业教育的人才培养目标，作为技术型人才和技能型人才统称的"技术技能人才"似乎比较适合用来描述职业教育的人才培养目标。根据技术技能人才培养和工作实际，并结合相关研究成果[2]，笔者认为"技术技能人才"是指具有一定的理论知识、比较丰富的实践经验、较强的动手操作能力、良好的职业道德和一定的创新能力，能够应用专业知识与技能解决生产、建设、服务、管理等一线岗位各种复杂问题的人。可以根据个体所拥有素质的水平对其进行区分，例如，高素质技术技能人才；也可以根据个体所拥有素质的融合程度对其进行区分，例如，复合型技术技能人才。本研究所要讨论的基于退役士兵生源、实施"1+X"证书制度培养的高职技术技能人才，就是一种高素质的、复合型的技术技能人才。

---

[1] 朱厚望，龚添妙.高职教育人才培养目标的历史演变与再定位[J].中国职业技术教育，2020（7）：66-67；周建松，唐林伟.高职教育人才培养目标的历史演变与科学定位：兼论培养高适应性职业化专业人才[J].中国高教研究，2013（2）：94-96.

[2] 何应林.高职院校技能人才有效培养研究[M].西安：西安电子科技大学出版社，2016：31；张弛.技术技能人才职业能力形成机理分析：兼论职业能力对职业发展的作用域[J].职业技术教育，2015（13）：8.

（三）退役士兵

在2019年的《政府工作报告》中，李克强总理提出"鼓励更多应届高中毕业生和退役军人、下岗职工、农民工等报考，今年大规模扩招100万人"，拉开了"高职扩招三年行动"的序幕。在我国，军人是指在中国人民解放军服现役的人员，包括士兵和军官两类[①]。所谓退役军人，是指退出现役的军人，包括退伍军人、转业军人和复员军人。复员军人特指"1954年10月31日之前入伍的经部队批准复员的军人"，因而现在一般提到的"退役军人"主要是指退伍军人和转业军人。根据《中国人民解放军现役士兵服役条例》的有关规定，义务兵服现役的期限为2年，初级士官服现役的期限最多为6年，中级士官服现役的期限最多为8年，高级士官服现役的期限可以达到14年以上。《退役士兵安置条例》（自2011年11月1日起施行）规定，义务兵和服现役不满12年的士官退出现役的，由人民政府扶持自主就业；士官服现役满12年退出现役的，由人民政府安排工作。退伍军人是指义务兵、初级士官以及服现役未满12年的中级士官，他们退出现役后由人民政府扶持自主就业，部队会向他们发放服兵役的证明。转业军人是指退出现役的军官、文职干部和服现役期满12年的中高级士官，他们退出现役后可以由人民政府扶持自主就业，也可以选择由人民政府安排工作。转业军人一般都能获得不错的工作，这一类退役军人很少有人会放弃政府安排的工作来读高职，所以高职院校招收的"退役军人"主要是退伍军人。本书所研究的"退役士兵"指的就是退伍军人，包括退出现役的义务兵、初级士官以及服现役未满12年的中级士官，与《退役士兵安置条例》所说的"退役士兵"——"依照《中国人民解放军现役士兵服役条例》的规定退出现役的义务兵和士官"——有所不同，区别在于不包括"服现役期满12年的中高级士官"。

四、研究思路与研究内容

（一）研究思路

首先，通过理论研究，深入认识"1+X"证书制度，并且明晰退役士兵学生对高职"1+X"技术技能人才培养的价值与挑战。然后，通过问卷调查和个案研

---

① 王书峰.美国退役军人教育资助政策形成与变迁研究[D].北京：北京大学，2007：14.

究，把握基于退役士兵生源的高职"1+X"技术技能人才培养存在的问题。在此基础上，借鉴国外退役军人职业教育与技能培训经验，构建并分析基于退役士兵生源的高职"1+X"技术技能人才培养体系。最后，结合对培养体系各要素的分析，个案研究的结果，以及国外退役军人职业教育与技能培训的经验，提出并阐释基于退役士兵生源的高职"1+X"技术技能人才培养机制。基本研究思路见图0-1。

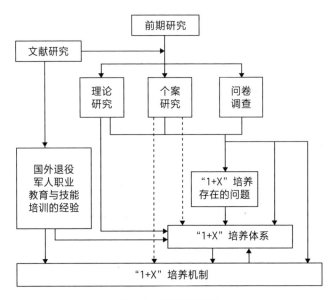

图0-1 基本研究思路

（二）研究内容

根据上述研究思路，本研究的主要内容如下：

一是"1+X"证书制度的实践发展与理论要点。介绍"1+X"证书制度产生的背景，试点以来取得的成绩和存在的问题，以及当前关于"1+X"证书制度的主要理论观点。

二是国外退役军人职业教育与技能培训的经验借鉴。介绍美国、德国等国家退役军人职业教育与技能培训的特点与经验。结合高职技术技能人才培养实践，分析这些特点与经验对我国基于退役士兵生源的高职"1+X"技术技能人才培养的启示。

三是退役士兵学生对高职"1+X"技术技能人才培养的价值与挑战研究。与高职传统生源学生相比，退役士兵学生具有成长为复合型技术技能人才的独特优势，但是他们携带的压力和负面特点对高职"1+X"技术技能人才培养的教育教学与管理活动也会形成一定挑战。

四是基于退役士兵生源的高职"1+X"技术技能人才培养现状调研。（1）问卷调查。运用自编问卷，分别对高职退役士兵学生、高职传统生源学生和高职教师进行问卷调查，了解基于退役士兵生源的高职"1+X"技术技能人才培养存在的问题。（2）个案研究。以三所公办高职学院为个案，通过搜集、分析相关文献资料等方式，了解高职院校在基于退役士兵生源学生开展技术技能人才培养时存在的问题，并对通过问卷调查获得的资料进行检验与补充。在上述工作的基础上，指出基于退役士兵生源的高职"1+X"技术技能人才培养的现状，并提出改进建议。

五是基于退役士兵生源的高职"1+X"技术技能人才培养体系构建与机制探索。（1）基于退役士兵生源的高职"1+X"技术技能人才培养的体系构建。分析构建基于退役士兵生源的高职"1+X"技术技能人才培养体系的必要性；对基于退役士兵生源的高职"1+X"技术技能人才培养体系的培养目标、培养条件、培养活动和培养评价等四个要素进行分析；对基于退役士兵生源的高职"1+X"技术技能人才培养体系实施中的几个问题进行分析。（2）基于退役士兵生源的高职"1+X"技术技能人才培养的机制探索。对基于退役士兵生源的高职"1+X"技术技能人才培养机制涉及的用人单位、高职院校、教师、退役士兵学生、传统生源学生和社会因素等六个主体的职能和作用进行分析；对基于退役士兵生源的高职"1+X"技术技能人才培养机制中的动力机制、运行机制和保障机制及其优化策略进行分析。

六是研究结论与建议。在上述研究的基础上，得出本研究的研究结论，并对基于退役士兵生源的高职"1+X"技术技能人才培养提出建议。

五、研究方法

根据上述分析框架，本研究运用文献研究法、调查研究法和个案研究法这三种方法开展研究。

（一）文献研究法

文献研究法是一种通过对搜集、鉴别、整理好的相关文献进行研究，形成对事实的科学认识，从而了解事实、探索教育现象的研究方法[①]。本研究通过搜集、鉴别、整理和分析国内外相关文献，了解学界在基于退役士兵生源的高职"1+X"技术技能人才培养研究上所取得的成绩、存在的问题以及研究的发展趋势，从而为思路确立、内容设计、方法选择、工具编制和观点论证等提供依据与支撑材料。

（二）调查研究法

调查研究法一般包括问卷调查法和访谈法，本研究主要运用问卷调查法开展研究。问卷调查法是一种通过向较大人群样本提问的方式获取数据资料，从而对所关心问题的现状进行统计性的描述、评价、解释和预测的研究方法[②]。本研究运用自编的3份调查问卷《基于退役士兵生源的高职"1+X"技术技能人才培养情况调查问卷（高职退役士兵学生）》《基于退役士兵生源的高职"1+X"技术技能人才培养情况调查问卷（高职传统生源学生[③]）》和《基于退役士兵生源的高职"1+X"技术技能人才培养情况调查问卷（高职教师）》，分别对494名高职退役士兵学生、1929名高职传统生源学生和614名高职教师进行调查，了解基于退役士兵生源的高职"1+X"技术技能人才培养存在的问题，为高职"1+X"技术技能人才培养的体系构建与机制探索提供依据。

（三）个案研究法

个案研究法是指运用多样的技术与手段搜集关于某一个有界限的系统的完整资料，以做出深入翔实的描述、阐述与分析，呈现出该系统的真实面貌与丰富背景，从而在此基础上做出判断、评价与预测的研究方法[④]。本研究以3所公办高职学院为个案，通过搜集、分析相关文献资料，了解基于退役士兵生源的高

① 陶保平，黄河清.教育调查[M].上海：华东师范大学出版社，2005：239-240.

② 张红霞.教育科学研究方法[M].北京：教育科学出版社，2009：229.

③ 高职传统生源学生是指以普通高中毕业生、普通初中毕业生（"五年一贯制"高职招收对象）以及职业高中、技工学校和中等专业学校毕业生（高职对口招生对象）为生源招收的学生。参见：王丽娜，何应林，陈丹.高职院校的"传统生源"困境及其疏解：退役军人扩招视角[J].职教论坛，2021（3）：154.

④ 和学新，徐文斌.教育研究方法[M].北京：北京师范大学出版社，2015：167.

职"1+X"技术技能人才培养存在的问题，并对通过问卷调查获得的资料进行检验与补充，以更好地掌握基于退役士兵生源的高职"1+X"技术技能人才培养的现实状况，为高职"1+X"技术技能人才培养的培养体系构建与分析、培养机制提出与阐释提供依据。

第一章

"1+X" 证书制度的实践发展与理论要点

"1+X" 证书制度是新时期为了解决我国职业教育发展中原有证书制度存在的问题、满足产业转型升级对技术技能人才提出的新要求、推进国家资格框架构建而提出的一项基本的职业教育制度,是一项中国特色的职业教育证书制度。尽管提出的时间还比较短,但是各地相关院校和单位在教育行政等部门的推动下,纷纷参与 "1+X" 证书制度试点,研究者也基于政策文件、相关文献和初步实践经验对该制度做了一些有深度、有重要参考价值的分析。本章将对 "1+X" 证书制度产生的背景进行分析,对该制度的实践发展情况进行梳理,并对其理论要点进行提炼,以期为 "1+X" 证书制度的进一步完善提供一定的参考。

第一节 "1+X" 证书制度产生的背景

作为国家职业教育的一项基本制度,"1+X" 证书制度的产生具有三个特点:一是迫切性,即职业教育原有证书制度的深入实施存在困难,迫切需要对其进行改进;二是必然性,即原有职业教育人才培养与评价制度不适应产业转型升级对复合型技术技能人才的要求,必然需要对职业教育的人才培养与评价制度进行调整;三是探索性,即 "1+X" 证书制度的提出既是为了解决职业教育人才培养现有的问题,也是为了深入推进职业教育改革与发展——构建国家资格框架,需要在实践中摸索前进。这三个特点对应的职业教育原有证书制度的深入实施存在困难、产业转型升级对技术技能人才提出新要求以及实施"1+X"证书制度有利于国家资格框架构建，也正是"1+X"证书制度产生的背景。

一、职业教育原有证书制度的深入实施存在困难

（一）职业教育原有证书制度及其作用

职业教育原有证书制度即双证书制度，也就是"学历文凭+职业资格证书"制度。尽管有的文献从这一证书制度实施过程中需要将两类证书进行"融合互通"的角度出发将其称为"双证融通"制度，但其实质还是学历文凭和职业资格两种证书并重的"双证书制度"。

双证书制度最早是在1993年颁布的《中共中央关于建立社会主义市场经济体制若干问题的决定》中正式提出的。此后，各地积极制定政策落实这一制度，职业院校纷纷引入职业资格证书制度，并积极完善实训基地等配套条件建设。2005年，教育部高教司对全国26个省、自治区、直辖市的教育厅以及361所独立设置的高职院校进行了一次较为深入的调研。结果显示，已在部分专业或全部专业引入职业资格证书、实施双证书制度的高职院校有335所，占被调查院校的92.8%；在已经实行双证书制度的376个专业中，职业资格证书的种类比较丰富[①]。在2005年召开的第六次全国职业教育工作会议上，时任国务院总理温家宝在讲话中指出，"职业院校毕业生在取得学历毕业证书的同时，应能获得相应的职业资格证书"。此后，职业院校进一步推进双证书制度，积极从内容和标准两个方面推动两种证书的沟通、衔接与互认[②]。到2019年"1+X"证书制度提出为止，双证书制度已在职业院校中实施了20多年，尽管也存在一些有待解决的问题，但它确实在转变职业院校办学指导思想、促进职业院校管理体制与办学体制改革、促进职业院校办学条件改善、促进职业院校教育教学改革以及提高职业院校毕业生就业率等方面发挥了重要的作用[③]。

---

① 郭扬，黄芳.高职院校实施"双证书"制度的初步分析[J].职教论坛，2006（23）：17-18.
② 孙诚.我国双证书制度研究[J].河北大学成人教育学院学报，2009（1）：61-62.
③ 潘望远，张炳耀，费重阳.职业技术院校实行职业资格证书制度的现状与展望[J].教育与职业，2005（13）：24.

（二）职业教育双证书制度深入实施存在的困难

在引进职业资格证书制度、探索实施双证书制度的过程中，职业院校发现这种制度存在一些亟待克服的困难，它们严重制约着双证书制度的深入实施。这些困难主要可以归纳为以下三个方面：

第一，职业资格证书开发难以满足人才培养需要。科技革命对传统产业体系和社会分工体系产生了巨大的影响，职业资格证书的开发速度跟不上形势发展变化，而且开发出来的证书对学校职业教育的特点与需求考虑不够，因而难以满足产业发展对复合型技术技能人才的数量与质量的需求[①]。

第二，职业资格证书的管理比较混乱。职业资格证书发放相关工作本来是应该由人力资源和社会保障部门单独实施与管理的，但是在实施过程中，不少机构出于经济利益的考虑，纷纷利用自己掌握的各种"权力"强行参与到职业资格证书的培训、考核和发证工作中来，结果导致职业资格证书"证出多门"、管理混乱，劳动者和用人单位无所适从[②]。这大大削弱了职业资格证书的权威性，也对其认可度产生了很大的负面影响。

第三，"双证融通"难以实现。"双证融通"是指通过做好学历证书与职业资格证书在内容与评价等方面的衔接，实现学历教育与职业资格培训之间的融会贯通。由于两种证书在获取途径、评价导向和学习内容等方面存在不同之处，且两种证书在融合过程中存在一个专业对应多个职业资格证书、"课证融合"远远没有达到等问题，"双证融通"难以真正地实现[③]。

二、产业转型升级对技术技能人才提出新要求

（一）产业转型升级呼唤复合型技术技能人才

随着经济社会的不断发展，生产技术不断进步，消费者的需求水平也不断提高，传统的产业发展模式越来越难以满足经济社会发展需要。为了更好地促进经济社会发展，传统产业必须进行转型升级。产业转型升级会使技术技能人

---

① 钟伟.1+X证书制度试点如何行稳致远[N].中国教育报，2021-06-08（5）.

② 孙诚.我国双证书制度研究[J].河北大学成人教育学院学报，2009（1）：62-63.

③ 李政.职业教育1+X证书制度：背景、定位与试点策略——《国家职业教育改革实施方案》解读[J].职教通讯，2019（3）：31.

才的培养产生一些新的问题。例如，大规模集群式的产业转型升级，会对技术技能人才的数量产生很大的需求；产业转型升级会促进产业结构调整，这会对职业院校专业结构的优化提出要求；产业转型升级会推进自主创新升级，这需要提升人才培养质量①。在产业转型升级引发的问题中，"提升人才培养质量"尤其引人关注。特别是在智能化技术迅速推广的背景下，复合型技术技能人才成为产业发展的普遍需求，也成了职业院校技术技能人才培养的新方向。

（二）实施"1+X"证书制度有利于复合型技术技能人才的培养

如前所述，在职业院校原有的双证书制度中，"双证融通"难以实现，因而其技术技能人才培养容易出现理论和实践操作"两张皮"的现象，难以培养出"集宽厚扎实的理论基础、专业深入的技术技能和灵活自如的岗位迁移能力于一身的，具有较强适应性的，可持续发展的"复合型技术技能人才②。而在"1+X"证书制度中，X不仅仅意味着职业技术等级证书的数量可以更多，还意味着技术技能人才培养的学制可以更加丰富、课程内容及其组合可以更加多样③，这有利于技术技能人才掌握"宽厚扎实的理论基础""专业深入的技术技能"和"灵活自如的岗位迁移能力"，成为具有较强适应性的、能够可持续发展的复合型技术技能人才。

三、实施"1+X"证书制度有利于国家资格框架构建

（一）我国国家资格框架的构建还需要进一步探索

国家资格框架（National Qualifications Framework，NQF）是一种基于学习结果指标对各级各类资格进行等级划分的工具，是国家人力资源开发和配置的制度体系，其构建目的在于建成完整的国家资格体系，保障与就业市场和公民社会有关的各类资格的透明度、融通性、等值性和可获取性，沟通教育系统和劳

---

① 曹小其.浙江省产业转型升级与高技能人才培养的需求分析[J].当代职业教育，2009（1）：56.
② 关怀庆.职业院校复合型技术技能人才能力分析与培育策略[J].南方职业教育学刊，2021（4）：96.
③ 徐国庆，伏梦瑶."1+X"是智能化时代职业教育人才培养模式的重要创新[J].教育发展研究，2019（7）：24.

动力市场①。由于国家资格框架在促进教育和劳动力市场发展、满足经济社会发展对人才的需求上具有重要作用，英国、澳大利亚、印度、南非等很多国家已经在长期探索的基础上建立起了符合自己发展需要的资格框架体系。我国从20世纪90年代就开始尝试建立国家职业资格制度，虽然也取得了一些成绩，但是建设结果离"完整的国家资格体系"还有较大的差距，为此，国家在"十三五"规划中提出"制定国家资历框架"，探索国家资格框架的构建。目前，我国国家资格框架的构建尚未完成，还需要进一步探索。

（二）实施"1+X"证书制度有利于我国国家资格框架的构建

在我国教育系统中，人力资源开发和配置制度是学历证书制度。在我国劳动力市场中，在国家职业资格制度建立前没有固定的人力资源开发和配置制度，在国家职业资格制度建立后的人力资源开发和配置制度是职业资格制度。学历证书与职业资格证书分别在国家人力资源开发和配置中发挥着积极作用，在"各行其是""齐头并进""水乳交融"等不同关系下，它们发挥的作用的总和各不相同，但是整体呈上升趋势。在两种证书"水乳交融"的状态下，如果劳动力方面的证书不仅仅是表明持证者"已经知悉或掌握该职业的标准和规则"，还能够表明其"专业水平层次"，那么两类证书就变成了"1+X"证书。这是一种有利于沟通教育系统和劳动力市场的证书制度，其实施有利于人力资源开发和配置制度，有利于我国国家资格框架的构建。

第二节 "1+X"证书制度的实践发展

从2019年初国务院在《国家职业教育改革实施方案》中提出启动1+X证书制度试点工作以来，"1+X"证书制度试点在我国全面实施、持续开展。试点以来，"1+X"证书制度的发展情况如何，取得了哪些成绩，存在哪些问题？在这一节，我们将从这几个方面对"1+X"证书制度的实践发展情况进行梳理与分析。

---

① 吴雪萍，郝人缘.欧洲国家资格框架：演变、特点与启示[J].教育研究，2016（9）：116；肖凤翔，邓小华.国家资格框架要素论[J].教育研究，2017（7）：37.

一、试点以来"1+X"证书制度的发展情况

"1+X"证书制度试点工作启动之后,相关工作按照计划有序进行。然而,当年年底就出现了持续几年的新冠疫情,试点工作不可避免地受到了一定的影响,但是整体来说,试点工作进展比较顺利。下面,我们将分别从国家、区域和院校三个层面来介绍"1+X"证书制度试点的有关情况。

(一)国家层面

2019年1月24日发布的《国务院关于印发国家职业教育改革实施方案的通知》(国发〔2019〕4号)提出,从2019年开始,在职业院校、应用型本科高校启动"1+X"证书制度试点工作。该文件指出,试点要"深化复合型技术技能人才培养培训模式改革,借鉴国际职业教育培训普遍做法,制订工作方案和具体管理办法";"国务院人力资源社会保障行政部门、教育行政部门在职责范围内,分别负责管理监督考核院校外、院校内职业技能等级证书的实施(技工院校内由人力资源社会保障行政部门负责),国务院人力资源社会保障行政部门组织制定职业标准,国务院教育行政部门依照职业标准牵头组织开发教学等相关标准";"院校内培训可面向社会人群,院校外培训也可面向在校学生"。

2019年2月,教育部职业技术教育中心研究所在《启动1+X证书制度试点的工作考虑》中就指出:1+X证书制度建设是一个系统工程,要从试点做起,稳步推进。下一步,我们将会同有关部门共同研制试点方案,坚持政府引导、市场调节,育训结合、质量为上,管好两端、规范中间,试点先行、稳步推进的原则,在部分省份和学校,围绕先进制造业和现代服务业技术技能人才紧缺领域,部署启动试点工作[①]。

2019年4月4日,教育部、国家发展改革委、财政部和市场监管总局等四部门印发《关于在院校实施"学历证书+若干职业技能等级证书"制度试点方案》(教职成〔2019〕6号),对"1+X"证书制度试点工作进行全面部署。该文件指出,试点将"坚持政府引导、社会参与,育训结合、保障质量,管好两端、规范中间,试点先行、稳步推进的原则。加强政府统筹规划、政策支持、监督指

---

① 教育部职业技术教育中心研究所.启动1+X证书制度试点的工作考虑[EB/OL].(2019-02-19)[2023-01-23]. http://www.moe.gov.cn/fbh/live/2019/50294/sfcl/201902/t20190219_370018.html.

导，引导社会力量积极参与职业教育与培训。落实职业院校学历教育和职业培训并举并重的法定职责，坚持学历教育与职业培训相结合，促进书证融通。严把证书标准和人才质量两个关口，规范培养培训过程"，"1+X"证书制度建设将"从试点做起，用改革的办法稳步推进，总结经验、完善机制、防控风险"。该文件还指出，"2019年首批启动五个领域试点，已确定的五个培训评价组织对接试点院校，并启动有关信息化平台建设；陆续启动其他领域试点工作。2020年下半年，做好试点工作阶段性总结，研究部署下一步工作"。

2019年4月17日，教育部职成司印发《关于做好首批1+X证书制度试点工作的通知》（教职成司函〔2019〕36号），要求各地做好动员、政策解读，将"1+X"试点工作方案和有关通知转发至区域内所有职业院校[①]。

2019年4月23日，人力资源社会保障部和教育部印发《职业技能等级证书监督管理办法（试行）》（人社部发〔2019〕34号），对职业技能等级证书的监督管理做出了规定。该文件指出，人力资源社会保障部建立完善、发掘、推荐国家职业标准，构建新时代国家职业标准制度体系，通过组织起草标准、借鉴国际先进标准、推介国内优秀企业标准等充实国家职业标准体系，逐步扩大对市场职业类别总量的覆盖面；教育部依据国家职业标准，牵头组织开发教学等相关标准；培训评价组织按有关规定开发职业技能等级标准。文件指出，人力资源社会保障部、教育部分别依托有关方面，组织开展培训评价组织的招募和遴选工作，入围的培训评价组织实行目录管理；培训评价组织遴选及证书实施情况向国务院职业教育工作部际联席会议报告；两部门严格末端监督执法，定期进行"双随机、一公开"的抽查和监督。文件还指出，人力资源社会保障部、教育部在国务院领导下开展试点工作，遇到具体问题，可通过部门协调机制解决；重大问题可通过国务院职业教育工作部际联席会议协调。

2019年6月18日，教育部公布了首批"1+X"证书制度试点院校名单。在这份名单中，建筑信息模型、Web前端开发、老年照护、物流管理、汽车运用与维修以及智能新能源汽车等6类"1+X"证书的首批试点院校，数量分别为

---

① 郭亚丽.教育部：首批1+X证书制度试点已覆盖学生累计约20多万人[EB/OL].（2019-05-10）[2023-01-25]. http://www.moe.gov.cn/jyb_xwfb/xw_zt/moe_357/jyzt_2019n/2019_zt4/cqx/mtjj/201906/t20190619_386412.html.

320所、424所、233所、354所、466所和194所,总数量为1991所。

2019年8月30日,教育部、国家发展改革委、财政部和人力资源社会保障部等四部门印发《深化新时代职业教育"双师型"教师队伍建设改革实施方案》(教师〔2019〕6号)。该文件指出,要"对接1+X证书制度试点和职业教育教学改革需求,探索适应职业技能培训要求的教师分级培训模式","把国家职业标准、国家教学标准、1+X证书制度和相关标准等纳入教师培训的必修模块",并且"发挥教师教学创新团队在实施1+X证书制度试点中的示范引领作用"。

2019年10月16日,教育部办公厅等十四部门印发《职业院校全面开展职业培训 促进就业创业行动计划》(教职成厅〔2019〕5号)。该文件指出,要"加快推进'1+X'证书制度试点工作,鼓励参训人员获取职业技能等级证书和职业资格证书"。

2019年11月9日,教育部办公厅、国家发展改革委办公厅、财政部办公厅等三部门又联合就"推进1+X证书制度试点工作"专门发布指导意见(教职成厅函〔2019〕19号),该文件从推进机制、师资培训、考核颁证、财政支持和监督管理等五个方面,对"1+X"证书制度试点工作的推进进行了全面、详细的指导。

2020年1月11日,职业技能等级证书信息管理服务平台(简称"X证书服务平台")和职业教育国家学分银行信息平台(简称"学分银行信息平台")上线试运行,教育部职业教育与成人教育司专门发文(教职成司函〔2020〕4号),介绍了平台网址、主要功能和服务对象等平台基本情况,以及试运行期间的工作安排。

2020年3月30日,教育部职业教育与成人教育司专门就职业教育国家学分银行发布《关于做好职业教育国家学分银行建设相关工作的通知》(教职成司函〔2020〕9号),该文件介绍了职业教育国家学分银行建设的目标任务、实施流程和实施要求。

2020年8月24日,为推动解决各地在院校实施的"1+X"证书制度试点过程中存在的突出问题,教育部办公厅、国家发展改革委办公厅、财政部办公厅和人力资源社会保障部办公厅等四部门联合发布《关于进一步做好在院校实施1+X证书制度试点有关经费使用管理工作的通知》(教财厅函〔2020〕12号)。

文件指出，试点期间，院校组织开展的X证书培训、考核工作，相关费用应作为正常的教育教学支出列入学校预算；各地教育、财政、人力资源社会保障部门要根据教师工作量增加情况，适当核增X证书考核培训职业院校的绩效工资总量；各地教育、发展改革、财政、人力资源社会保障部门要切实加强省级统筹，在用好中央财政奖补资金、加大地方财政投入的同时，通过调整优化支出结构、鼓励社会资本参与、完善成本分担机制等多种渠道筹措教育经费，优先支持"1+X"证书制度等试点工作①。

除此之外，相关部门还发布了《关于印发〈职业技能等级证书编码规则（试行）〉和〈职业技能等级证书参考样式〉的通知》（人社鉴发〔2019〕2号）、《关于印发〈职业技能等级认定工作规程（试行）〉的通知》（人社职司便函〔2020〕17号）、《关于在院校实施的职业技能等级证书考核成本上限设置方案的公告》（教职所〔2020〕22号）、《关于进一步规范职业技能等级证书样式及有关工作的通知》（人社鉴发〔2021〕1号）、《职业教育培训评价组织遴选与监督管理办法（试行）》和《职业技能等级标准开发指南（试行）》等文件，对"1+X"证书制度试点工作相关问题做出了规定或者说明。

可见，国务院、教育部等多个相关单位，在短期内出台了大量相关文件，对"1+X"证书制度试点的整体安排和具体工作做出了全面、细致的安排。这对于"1+X"证书制度试点工作的顺利推进具有十分重要的意义，它表明国家对"1+X"证书制度试点工作高度重视。

（二）区域层面

2019年2月，教育部职业技术教育中心研究所在《启动1+X证书制度试点的工作考虑》中就指出，将在部分省份和学校，围绕先进制造业和现代服务业技术技能人才紧缺领域，部署启动试点工作②。

2019年4月，教育部职成司发布《关于做好首批1+X证书制度试点工作的通知》（教职成司函〔2019〕36号），对首批"1+X"证书制度试点工作进行了部

---

① 教育部办公厅等四部门关于进一步做好在院校实施1+X证书制度试点有关经费使用管理工作的通知（教财厅函〔2020〕12号）[EB/OL].（2020-08-24）[2023-07-22].http://www.moe.gov.cn/srcsite/A05/s7499/202009/t20200911_487321.html.

② 教育部职业技术教育中心研究所.启动1+X证书制度试点的工作考虑[EB/OL].（2019-02-19）[2023-01-23].http://www.moe.gov.cn/fbh/live/2019/50294/sfcl/201902/t20190219_370018.html.

署。在这份通知中,教育部职成司对各省(市、区)教育行政部门提出了以下几点要求:第一,要高度重视试点工作,组织符合条件的高等职业学校、中等职业学校(不含技工学校)、本科层次职业教育试点学校、应用型本科高校及国家开放大学积极参与;第二,结合区域职业教育发展实际,做好本地区试点工作的统筹安排,要综合考虑试点职业技能领域相关专业的结构和布局,参与试点的院校和专业不宜过度集中在个别领域;第三,根据试点方案要求、区域实际和试点院校情况,会同省级财政部门做好中央财政转移支付资金的分配,并加大省级经费投入,支持开展职业技能等级证书培训和考核工作;第四,会同省级有关职能部门,研究制定本地区职业技能等级证书培训考核费用有关政策。

2019年6月,教育部职业技术教育中心研究所公布首批"1+X"证书制度试点院校的名单。从这份名单可以看出,在我国34个省级行政区中,除台湾省以及香港、澳门2个特别行政区之外,其他31个省级行政区都参与了这次试点。其中,试点数排在前3位的省级行政区分别为广东省、山东省和江苏省,数量分别为191个、156个和144个;除了这3个省之外,试点数超过100个的省级行政区还有四川省、河北省、安徽省、福建省和陕西省等5个,数量分别为114个、113个、110个、110个和109个;试点数最少的省级行政区是西藏自治区,数量只有1个。

在教育部职成司和教育部职业技术教育中心研究所的组织领导下,全国31个省级行政区积极开展"1+X"证书制度试点工作。根据教育部办公厅、国家发展改革委办公厅、财政部办公厅发布的《关于推进1+X证书制度试点工作的指导意见》(教职成厅函〔2019〕19号)的有关精神,各省级行政区"在省级教研机构或区域牵头职业院校或专家组织等,建立试点工作指导协调机构,明确专人与各职业教育培训评价组织对接,对应协调不同证书的实施工作,指导本省(区、市)试点院校开展有关工作,协调解决有关困难问题,配合省级教育行政部门整体推进本省(区、市)试点工作",各试点院校则"建立由主要负责人牵头的工作机构,统筹推进本校试点工作,并明确具体工作联系人,对接本省(区、市)试点工作指导协调机构"。

例如,山东省在2020年9月就成立了"1+X"证书制度试点联盟。该联盟由潍坊职业学院牵头成立,成员包括山东省参与试点的273所院校和73家培训评价组织。按照计划，联盟成立后将重点开展四个方面的工作[①]：第一，完善组织机构及制度建设。省内"1+X"证书制度试点院校、相关培训评价组织自动成为联盟成员单位，并以试点证书为单位组建理事会分会。第二，通过区域协同推进试点工作。通过成立试点联盟理事会分会，联合省内相关证书试点院校，加强院校及评价组织间的交流对话，形成提升院校对证书培训评价组织的议价谈判能力。通过联合培训评价组织提升证书质量，扩大证书制度试点范围，共同提高职业技能等级证书在省内行业企业中的认可度。第三，深化推进教育教学改革工作。加强理论和实践研究，做好专家队伍建设，主动与职业培训评价组织沟通协调，指导试点院校将"1+X"证书制度试点与专业建设、课程建设、教师队伍建设等紧密结合，将证书培训内容有机融入专业人才培养方案，优化课程设置和教学内容，统筹教学组织与实施，深化教师、教材和教法改革，做好"1"和"X"的有机衔接。第四，推进自主开展试点工作。根据各试点院校实际情况，组织相关院校开展研讨，自主确定适合的职业技能领域，遴选组织具有行业影响力、社会公信力的品牌企业联合开发职业技能等级证书。

据了解，一些省级试点工作指导协调机构建立了工作群（微信），参与试点院校的相关人员被邀请加入；群里会经常发布各种通知，各试点院校要根据通知要求开展相关工作，报送"1+X"证书制度试点工作周报等材料。由于新冠疫情的影响，前几年相关工作主要是通过在工作群里发布通知后落实推进的，但也有少数省份会安排线下总结交流活动。例如，2021年12月17日，广西就在南宁举办了2021年广西1+X证书制度试点工作总结大会。2022年底新冠疫情防控放开之后，相关线下交流研讨活动逐渐多起来，这对于"1+X"证书制度试点工作的经验总结和推广会有积极的促进作用。

（三）院校层面

截至2021年12月，我国就已经确立了4737所"1+X"证书制度试点职业院校（中职、高职专科、职业本科）[②]，"1+X"证书制度试点在院校层面开展得如

---

① 尹明亮.山东1+X证书制度试点联盟正式成立[EB/OL].（2020-09-25）[2023-01-27].https://baijiahao.baidu.com/s?id=1678770705081675039&wfr=spider&for=pc.

② 朱德全，沈家乐.职业教育"1+X"证书制度执行的分析框架与理论模型[J].教育研究,2022（3）：110-111.

火如荼。参与"1+X"证书制度试点的院校数量较多,获取相关总结性材料难度很大。在此我们选取其中一所试点院校(J职业技术学院)[1],来看看"1+X"证书制度试点的具体情况。

J职业技术学院是一所具有较好办学基础的公办高职院校,是国家首批"1+X"证书制度试点院校,也是国家第一轮"双高"[2]建设单位。该校共设有招生专业50多个。2019年至今,该校持续推进"1+X"证书制度试点。具体情况如下:

2019年,该校参与了智能财税职业技能等级证书(初级)、网店运营推广职业技能等级证书(中级)和老年照护职业技能等级证书(初级)等3个"1+X"证书的试点。其中,智能财税职业技能等级证书(初级)完成培训人数53人,考证通过人数53人,考证通过率100%;网店运营推广职业技能等级证书(中级)完成培训人数62人,考证通过人数35人,考证通过率56.45%;老年照护职业技能等级证书(初级)完成培训人数79人,考证通过人数76人,考证通过率96.20%。

2020年,该校参与了"集成电路开发与测试"职业技能等级证书(中级)等33个"1+X"证书的试点。其中,完成培训人数最多的为网店运营推广职业技能等级证书(中级),有150人,参与考证的人数为76人,有74人考证通过,考证通过率97.37%;工业机器人集成应用职业技能等级证书(初级)等16个"1+X"证书的考证通过率都是100%。

2021年,该校参与了"云计算平台运维与开发"职业技能等级证书(初级)等44个"1+X"证书的试点。其中,完成培训人数最多的为跨境电商B2B数据运营职业技能等级证书(中级),有202人,参与考证的人数为100人,有96人考证通过,考证通过率96%;精密数控加工职业技能等级证书(中级)等40个"1+X"证书的考证通过率都是100%。

2022年,该校参与了"云计算平台运维与开发"职业技能等级证书(中级)等55个"1+X"证书的试点。其中,完成培训人数最多的为智能财税职业技能

---

① 尽管J职业技术学院的"1+X"证书制度试点工作整体而言做得不错,但也有需要改进的地方。为防止对学校产生不好影响,在此对学校做匿名处理。

② "双高"是"中国特色高水平高职学校和专业建设计划"的简称。

等级证书（中级），有252人，参与考证的人数为30人，有30人考证通过，考证通过率100%。

2023年，该校继续推进"1+X"证书制度试点工作。该校2月初发布的《关于推进1+X证书试点工作的通知》指出，各个二级学院要进一步完善"1+X"证书制度试点，将证书培训内容有机融入专业人才培养方案，优化课程设置和教学内容；要加快推广应用，为中高职院校人才培养提供参照和借鉴，每个学院完成至少3所学校的推广应用工作；各个二级学院要结合专业基础，深化"三贯通、四模式"的"1+X"证书制度试点改革创新，形成"1+X"证书试点工作案例，本年度每个二级学院需要提交试点案例1个。

尽管像J职业技术学院2020年12月初向有关部门提交的《J职业技术学院1+X证书制度试点工作自查检测报告》中指出的那样，"1+X"证书制度试点工作还存在"证书覆盖专业不均衡，社会认可度待提高""证书的管理与遴选机制有待健全""教学资源数量和质量有待提升"等问题，但是整体来说，从2019年到2022年，J职业技术学院参与试点的"1+X"证书的数量越来越多，完成培训的人数越来越多，考证通过率越来越高，"1+X"证书的认可度越来越高，试点工作的效果也越来越好。J职业技术学院参与"1+X"证书制度试点的情况应该是众多参与试点院校的一个缩影，在国家高度重视和教育行政部门大力推动下，"1+X"证书制度试点工作有了很大的进展，"1+X"证书制度也在试点与实践过程中不断完善。

二、"1+X"证书制度试点以来取得的成绩

作为一项由国务院发文提出试点的制度，"1+X"证书制度试点得到了各方面的积极响应，启动至今，它一直在运行，而且丝毫没有停下的意思。近期，虽未见负责"1+X"证书制度试点工作的教育部职业技术教育中心研究所（已更名为"教育部职业教育发展中心"）发布试点相关信息，但从一些重要报纸、网站和报告获取到的信息来看，试点工作取得了不错的成绩，产生了比较大的影响。

例如，截至2019年5月6日，每个证书约有200～600所院校参与试点，学

生总规模累计约20多万人①；截至2019年12月底，共有54万余名学生参与试点，约10万人通过考核②；截至2020年12月底，已有超过4500所院校参与试点，参与试点的学生达到320多万人③；截至2021年4月，全国已确立300个培训评价组织和447种职业技能等级证书，有99.5万名职业院校学生参加培训，有71.55万人参加考证，考证通过率达到71.91%④；截至2021年9月22日，职业技能等级证书累计获得超过10 000家企业的认可⑤；截至2021年12月，我国先后确立4737所"1+X"证书制度试点职业院校（中职、高职专科、职业本科）、348家培训评价组织，以及447种职业技能等级证书，持证毕业生就业优势逐步显现⑥。

由于"1+X"证书制度试点一直在进行，而且随着新冠疫情防控措施的放开，参与试点的便利性大大提高，因而当前无论是参与试点的院校数、学生数、培训评价组织数，参加职业技能等级证书考核的学生数和获得相关证书的学生数，还是认可职业技能等级证书的企业数，都将达到一个比较高位的数值。这既有利于积累完善"1+X"证书制度所需要的经验，也有利于扩大"1+X"证书制度的影响力，有利于"1+X"证书制度在我国的全面推广。教育部2023年8月29日在《对十四届全国人大一次会议第4315号建议的答复》中指出，"1+X"证书制度"试点工作的实施在推动职业教育教学改革、人才培养质量提升等方面发挥了重要作用，增强了职业教育人才培养的针对性、适应性"⑦。

---

① 郭亚丽.教育部：首批1+X证书制度试点已覆盖学生累计约20多万人[EB/OL].（2019-05-10）[2023-01-25]. http://www.moe.gov.cn/jyb_xwfb/xw_zt/moe_357/jyzt_2019n/2019_zt4/cqx/mtjj/201906/t20190619_386412.html.

② 教育部.对十三届全国人大三次会议第1256号建议的答复（教职成建议〔2020〕174号）[EB/OL].（2020-09-25）[2023-07-22].http://www.moe.gov.cn/jyb_xxgk/xxgk_jyta/jyta_zcs/202010/t20201019_495561.html.

③ 王扬南.2020职业教育10大进展[N].中国教育报，2021-01-07（9）.

④ 张晓刚.1+X证书制度试点工作存在的问题与对策[J].教育与职业，2021（15）：53.

⑤ 教育部.对十三届全国人大四次会议第3237号建议的答复（教职成建议〔2021〕56号）[EB/OL].（2021-09-22）[2023-07-22].http://www.moe.gov.cn/jyb_xxgk/xxgk_jyta/jyta_zcs/202201/t20220126_596452.html.

⑥ 丁雅诵，闫伊乔.高职和中职毕业生半年后就业率分别稳定在90%、95%左右[N].人民日报，2021-12-20（1）；教育部1+X证书制度简介[EB/OL].（2022-10-20）[2023-02-06].http://pxhvc.com/2022/1020/c500a6033/page.htm；朱德全，沈家乐.职业教育"1+X"证书制度执行的分析框架与理论模型[J].教育研究，2022（3）：110-111.

⑦ 教育部.对十四届全国人大一次会议第4315号建议的回复（教职成建议〔2023〕201号）[EB/OL].（2023-08-29）[2023-11-21].http://www.moe.gov.cn/jyb_xxgk/xxgk_jyta/jyta_zcs/202401/t20240102_1097502.html.

三、"1+X"证书制度实践中存在的问题

作为一项提出时间还较短的中国特色职业教育证书制度,"1+X"证书制度尽管有着良好的初衷,但在实践中也暴露出了诸多问题。结合部分院校的实践经验以及相关研究文献和新闻报道的情况,"1+X"证书制度实践中目前主要存在试点工作相关主体准备不足、X证书与相关资源衔接不好、X证书获取方式培训化以及X证书认可度不高等问题。在这些问题中,有一些或许可以归因于"1+X"证书制度实践时间不够长,相关方面准备不充分、经验不足,但更根本的原因可能是有关单位认识不到位、重视不够。

(一)试点工作相关主体准备不足

"1+X"证书制度试点工作相关主体包括试点院校、职业教育培训评价组织和教育行政部门。其中,试点院校主要是高等职业学校和中等职业学校(技工学校除外),也包括本科层次职业教育试点学校、应用型本科高校和国家开放大学;教育行政部门包括省级教育行政部门和国家教育行政部门。由于"1+X"证书制度与原有职业教育证书制度相比有较大的变化,加上这种制度从提出到开始试点,时间较短,而且在试点进行到第四批的时候又出现了"急躁跃进的局面"[①],因而相关三类主体都在一定程度上表现出了准备不足的问题。具体来说,试点院校方面,存在政策支持缺乏、教师数量不足、实践能力不够、对相关政策的理解不正确、实训场地缺乏和经费投入不足等问题;职业教育培训评价组织方面,存在重利益轻质量、职业技能认证效力不足、内部人员储备不足和内部管理混乱等问题;教育行政部门方面,存在重视文件传达以及对试点院校和培训评价组织的合作过程缺乏有效的统筹监督等问题[②]。除此之外,三类主体之间的协作也不紧密,它们没有形成合力,而是各自为政[③]。

---

① 王书润,刘艳文.1+X证书制度试点运行过程中存在的问题及对策[J].江苏经贸职业技术学院学报,2022(6):80.
② 宋迎春,段向云,吕秋慧.1+X证书制度实施的现实困境与突破策略[J].职教论坛,2021(12):35-36;王书润,刘艳文.1+X证书制度试点运行过程中存在的问题及对策[J].江苏经贸职业技术学院学报,2022(6):79-80;张国民.1+X证书制度的价值意蕴、现实困境与优化对策:基于职业教育"三个面向"的视角[J].中国高教研究,2022(4):105-106.
③ 宋迎春,段向云,吕秋慧.1+X证书制度实施的现实困境与突破策略[J].职教论坛,2021(12):35.

（二）X证书与相关资源衔接不好

"1+X"证书制度中，"1"对应的是"学历证书"，它与职业教育中原来实施的"双证书制度"中的"学历证书"是一样的，其获取已具有良好的实施基础，但是，"X"对应的"职业技能等级证书"与"双证书制度"中的"职业资格证书"是不一样的，传统的职业教育教学模式中的各种资源，如师资、教材、教学模式、评价方式、实训基地等，是难以直接与其所需衔接起来的，在进行"1+X"证书制度试点的时候，需要进行一项资源转化工作。由于"1+X"证书制度实施得比较突然，而且推进得比较快，相关资源的转化工作还没做好，因而X证书与相关资源的衔接还存在比较大的问题。

（三）X证书获取方式培训化

在"1+X"证书制度中，X证书不是学历证书的补充，而是一种与学历证书同样重要的证书，它是整个证书制度的必要组成部分。其获取过程应该是一个以深度融合了"1"与"X"的专业人才培养方案为指导的专业教学过程，而不是一个以获取证书为目的的培训过程。X证书获取方式的培训化，反映出相关试点单位对"1+X"证书制度存在误解。

（四）X证书认可度不高

如前所述，"1+X"证书制度试点工作在短时间内就取得了不错的成绩，产生了比较大的影响。但是，与X证书相关的两个重要群体——用人单位和学生，对其认可度都不高，这严重影响到"1+X"证书制度试点工作的推进。

用人单位对X证书认可度不高，有以下几个方面的原因：第一，学生所拥有的X证书对应的技能，与用人单位所需要的人才的技能不匹配；第二，承担X证书开发任务的培训评价组织中，有一定比例的企业，而这些企业规模和实力不被看好；第三，培训评价组织的逐利本性会导致其在开发X证书时"重利益轻质量"，使得X证书的质量难以保证。

学生对X证书认可度不高，有以下几个方面的原因：第一，X证书上盖的是培训评价组织的企业章，社会的认可度不高；第二，由于教师存在理念、能力等多方面问题，"1+X"证书制度实施起来演变成了1与X的简单叠加，这导致学生课业压力加大，学习积极性降低；第三，考证费用、精力投入等成本增加[①]。

第三节 "1+X"证书制度的理论要点

"1+X"证书制度是中国特色职业教育证书制度，尽管提出时间较短，但是已有很多研究者基于政策文件、相关文献或初步实践经验对该制度做了一些有深度、有重要参考价值的分析。对已有相关研究进行梳理，可以发现围绕"1+X"证书制度形成了一些理论。这些理论初步构建起了"1+X"证书制度。当然，"1+X"证书制度理论远远不止下面提到的这些观点，在每一个方面深挖下去，都可以整理出许多的内容来。

一、"1+X"证书制度的内涵

关于"1+X"证书制度的内涵，唐以志、孙善学、徐国庆等研究者在论文中进行过比较深入的阐述。

唐以志认为，"1+X"证书制度是一项体现职业教育类型特征的基本制度设计，是复合型技术技能人才培养模式、评价模式、教育教学管理模式的全新尝试。在该模式中，"1"是指"学历证书"，它是学习者在学制系统内实施学历教育的学校或者其他教育机构中完成了学制系统内一定教育阶段学习任务后获得的资历证明，它是根本，是学生可持续发展的基础；"X"是指若干"职业技能等级证书"，它是个体职业技能水平的凭证，反映职业活动和个人职业生涯发展所需要的综合能力，它是对"1"的补充和赋能，"X"不能脱离"1"而独立存在。"1"与"X"相得益彰、相互衔接和融通，是"1+X"证书制度的精髓所在，这种衔接融通主要体现在以下几个方面：一是职业技能等级标准与各个层次职业教育的专业教学标准相互对接；二是X证书的培训内容与专业人才培养方案的课程内容相互融合，三是X证书培训过程与学历教育专业教学过程统筹组织、同步实施；四是X证书的职业技能考核与学历教育专业课程考试统筹安

---

① 宋迎春，段向云，吕秋慧.1+X证书制度实施的现实困境与突破策略[J].职教论坛，2021（12）：36-37.

排，同步考试与评价；五是学历证书与职业技能等级证书体现了学习成果相互转换[①]。

孙善学认为，"1+X"证书制度是契合类型教育的评价制度，它既是教育制度也是就业制度，是对接科技发展趋势和市场需求的重要机制，也是深化产教融合、校企合作的制度保障，是未来指导职业教育活动的基础性制度；在该制度中，学历证书"1"与职业技能等级证书"X"是基础与拓展关系，"1"具有基础性、主体性，要解决德智体美劳全面发展与职业对应的专业技术技能教育，为学生可持续发展打下基础，"X"具有针对性、引导性、先进性，解决职业技能、职业素质或新技术新技能的强化、补充或拓展问题，从职业院校育人角度看，"1+X"是一个整体，构成完整的教育目标，"1"与"X"作用互补、不可分离[②]。

徐国庆和伏梦瑶认为，"1+X"证书制度是智能化时代复合型技术技能人才培养对职业教育人才培养模式改革的内在要求，其核心是人才培养模式，关键是明晰1和X的关系，基础是学分认定制度；"1+X"证书制度是能力本位课程框架下的人才培养模式构建，是一种基于新的学习成果认定、积累和转换制度所构建的人才培养模式，在该模式中，X可能是对1在纵向上的深化，也可能是在横向上的拓展，学生在完成扎实的学历教育内容基础上进一步延伸对技能等级证书的学习[③]。

正如唐以志所说，"学历证书、职业技能等级证书以及两者之间的相互衔接和融通是构成'1+X'证书制度的基本要件"[④]，研究者在阐述"1+X"证书制度的内涵时，也是主要从这几个方面来进行阐述的。徐国庆和伏梦瑶在《"1+X"是智能化时代职业教育人才培养模式的重要创新》一文中还对"1+X"证书制度与"宽基础、活模块"课程模式、双证制度和"核心＋方向"课程结构之间的区别进行了分析，这有利于人们更加准确、深入地把握"1+X"证书制度的内涵。

① 唐以志.健全1+X证书制度 增强职业教育适应性[J].中国职业技术教育，2021（12）：109-113；唐以志.1+X证书制度：新时代职业教育制度设计的创新[J].中国职业技术教育，2019（16）：9.
② 孙善学.对1+X证书制度的几点认识[J].中国职业技术教育，2019（7）：72-74.
③ 徐国庆，伏梦瑶."1+X"是智能化时代职业教育人才培养模式的重要创新[J].教育发展研究，2019（7）：21-23.
④ 唐以志.健全1+X证书制度 增强职业教育适应性[J].中国职业技术教育，2021（12）：110.

二、职业技能等级证书

职业技能等级证书是"反映职业活动和个人职业生涯发展所需要的综合能力"的一种证书，它是职业技能水平的凭证，可以分为初级、中级、高级三个等级①。在很多"1+X"证书制度相关文献中，职业技能等级证书被简称为"X证书"。钱晓忠等在《1+X书证融通与学分银行建设研究》一书中对"职业技能等级证书"进行了界定：职业技能等级证书的性质是职业技能水平的凭证，反映职业活动和个人职业生涯发展所需要的综合能力；职业技能等级证书的特征是反映完成某一典型工作任务具备的综合能力，不是准入式的资格鉴定，也不是岗位工作经验和业绩的认定；对于学生来说，职业技能等级证书有利于个人自我职业能力的认知、个人职业选择与发展，对于用人单位来说，职业技能等级证书有利于用人单位选人、用人，将人力配置到最合适的岗位；职业技能等级证书的责任主体是培训评价组织，管理主体是国务院教育行政部门，受训主体主要是职业院校学生，也包括部分社会成员和企业员工②。这个界定涉及职业技能等级证书的性质、特征、功能、责任主体、管理主体和受训主体，对于人们准确、深入地认识职业技能等级证书和"1+X"证书制度具有重要的参考价值。

在"1+X"证书制度中，职业教育培训评价组织负责职业技能考核、评价和职业技能等级证书发放，是该制度实施中非常重要的一类主体。所谓职业教育培训评价组织，是指"具有独立法人资质的企业等主体，经公开招募、择优遴选等程序，负责职业技能等级证书及标准开发建设，实施职业技能水平考核评价、颁证等相关工作，并对证书质量、声誉负总责的社会化评价组织"③。这样的组织在"1+X"证书制度提出之前还不存在，但它有个"原型"，那就是"具有职业培训资质、标准开发经验、技能评价能力、优秀培训业绩和合法经营记录"，且"有基础、有实力、有队伍、有影响，受到业界广泛认可"的职业教育

---

① 国务院.国务院关于印发国家职业教育改革实施方案的通知（国发〔2019〕4号）[EB/OL].（2019-01-24）[2023-07-22].https://www.gov.cn/gongbao/content/2019/content_5368517.htm.
② 钱晓忠，戴勇，胡俊平.1+X书证融通与学分银行建设研究[M].北京：机械工业出版社，2021：25.
③ 国家职业教育指导咨询委员会.关于受权发布《职业教育培训评价组织遴选与监督管理办法（试行）》的公告[EB/OL].（2020-06-02）[2023-02-03].https://www.uta.edu.cn/fzghc/2021/1224/c2291a108407/page.htm.

培训机构①。我国原有的职业教育培训机构以培训为主要业务，较少涉及标准制定和管理，为了将其培育成"培训与评价兼有，甚至以证书标准开发、培训指导、评价考核、证书管理为主"②的组织，可以根据《职业教育培训评价组织遴选与监督管理办法（试行）》有关规定，对职业教育培训机构进行遴选，并按照职业教育培训评价组织建设标准对遴选出的机构进行调整。

三、书证融通

书证融通是指根据职业技能等级证书标准和专业教学标准要求，将证书培训内容有机融入专业人才培养方案，其中，职业技能等级标准是对个体职业技能要求的综合性水平规定，包括职业素养、专业知识和技术技能等方面的综合要求，一般分为初级、中级和高级，是开展职业技能培训和职业技能等级考核评价的基本依据③。

在"1+X"证书制度中，X证书与学历证书不是简单机械叠加的关系，而是一种补充、强化和拓展的关系。所谓"补充"，是指通过职业技能培训及时补充学历教育人才培养方案中没有及时得到反映的新技术、新工艺、新规范和新要求；所谓"强化"，是指在学生学习专业人才培养方案所规定的课程的同时，根据学生个人职业选择的需要，通过职业技能培训，强化其完成某一职业岗位关键工作领域典型工作任务所需要的职业知识、技能和核心素养；所谓"拓展"，是指学生在学习本专业（或专业群）教学内容之外，学习与本专业相近或其他领域有良好就业机会的职业技能培训课程，以拓宽就业领域，扩大就业机会④。当X证书与学历证书对应的内容较好地实现对接时，就实现了"书证融通"，这是"1+X"证书制度的精髓所在。

书证融通的实现过程非常复杂，需要遵循一定的原则，运用专门的方法，钱晓忠等在《1+X书证融通与学分银行建设研究》⑤一书中对此进行了论述。

---

① 孙善学.对1+X证书制度的几点认识[J].中国职业技术教育，2019（7）：75.
② 孙善学.对1+X证书制度的几点认识[J].中国职业技术教育，2019（7）：75.
③ 辽宁省学分银行管理中心.职业教育1+X证书书证融通开发实施指南（试行）[M].大连：东北财经大学出版社，2021：2-3.
④ 唐以志.1+X证书制度：新时代职业教育制度设计的创新[J].中国职业技术教育，2019（16）：8.
⑤ 钱晓忠，戴勇，胡俊平.1+X书证融通与学分银行建设研究[M].北京：机械工业出版社，2021：99-106.

关于书证融通应遵循的原则，他们认为，"1+X"书证融通首先应遵循《教育部关于职业院校专业人才培养方案制订与实施工作的指导意见》（教职成〔2019〕13号）中提出的"坚持育人为本，促进全面发展""坚持标准引领，确保科学规范""坚持遵循规律，体现培养特色""坚持完善机制，推动持续改进"等四项原则。除此之外，还应该遵循兼顾学生、企业和经济社会发展等多方需求，校企多元协同，发挥职业技能等级证书功能，以及坚持成果导向等原则。

关于书证融通应运用的方法，他们认为，从宏观和中观层面看，"X"证书与"1"对接，根据需要，既可以基于专业课程体系进行，也可以基于课程标准进行。基于专业课程体系的"X"对接一般有融入法、接口法、单列法、嵌入法和混搭法等，需要根据不同情况选择使用。基于专业课程标准进行"X"对接时，有可能对整门课程进行迭代，也有可能对某门课程的部分内容进行更新或增减，但无论哪种方式，都需要对这一门课程的标准进行全面的更新。

第二章

国外退役军人职业教育与技能培训的经验借鉴

　　军队是维护国家和该国人民利益的重要力量，对于每一个国家来说都很重要。世界上很多国家在发展过程中都建立了军队，并且在安置退役军人的过程中积累了比较丰富的退役军人职业教育与技能培训经验。例如，美国在第二次世界大战后有1000多万退役军人需要进行就业安置，美国政府通过教育资助计划等方式妥善安置了他们，不仅有效地维护了社会稳定，还促进了战后美国经济的发展①。这些经验，可以为我国开展退役军人职业教育与技能培训提供一定的借鉴，也对我国基于退役士兵生源的高职"1+X"技术技能人才培养具有重要的启示意义。

第一节　部分国家退役军人职业教育与技能培训的特点与经验

　　美国、德国、英国、法国、俄罗斯、加拿大、澳大利亚、荷兰、瑞典和罗马尼亚等国家开展退役军人职业教育与技能培训的特点和经验有很多。基于对相关文献的梳理，笔者对其中具有共性的八个方面的特点与经验进行了归纳与分析，这既有利于更好地认识退役军人职业教育与技能培训工作，为我国退役军人职业教育与技能培训工作的开展提供一定的参考，也可以为我国基于退役士兵生源的高职"1+X"技术技能人才培养提供一定的借鉴。

---

① DONORWAN R. Conflicts and Crises During Truman's Presidency 1943-1948[M]. NewYork：W. W. Norton Co，1977：108.

一、退役军人职业教育与技能培训的系统性、科学性和规范化程度高

世界上有很多国家很早以前就开展了退役军人职业教育与技能培训，如美国、德国等。经过长期的实践，其职业教育与技能培训的系统性、科学性和规范化程度达到了较高的水平。

系统性方面，主要表现为职业教育与技能培训贯穿军人服役、退役的全过程。例如，美国就采取现役职业教育培训与退役职业教育培训相结合、学历教育与专业技能教育相结合的模式对军人进行职业教育与技能培训，军人在服役期间可以参加相关高校的学位课程，退役后可以继续学习未学完的课程，完成相关学位的申请；美军会联合劳工部和退役军人事务部为准备退役的军官提供为期数月的短期培训班，对他们进行基本的技能培训，提高他们在就业市场上的受欢迎程度；军人在退役后的规定时间内接受相应的在职培训，还可以获得教育援助①。德国对军人的职业教育与技能培训实行职业培训和国民教育两种模式，37所地方职业培训学校和55家行业协会职业培训中心负责军人服役期间的职业培训，14所军队高校和地方大学负责国民教育学历培训②。荷兰军队会在军人服役和再就业期间为其提供相应的培训。服役期间，军队根据每位军人的职业发展规划组织各种培训，同时根据军人个人的兴趣和需求，有目的地进行与地方就业有关的知识技能培训；再就业期间，退役军人的培训由国防部统一组织，国防部每年通过招投标，与费用合理、能达到培训目的的政府或私营培训机构签订合同，对转业军人进行培训和就业推荐③。

科学性方面，主要表现为军人会接受具有较强科学性与具有针对性的职业教育与技能培训。例如，俄罗斯会通过国家出资培训、军队培训、社会协助培训以及与西方国家合作培训等形式，为退役军官提供包括职业定向、职业培训

---

① 晁玉方.中国退役士兵职业教育与技能培训发展研究[M].北京：中国社会科学出版社，2016：85-88；井玉刚，刘征斌.外国军官退役待遇保障扫描[J].转业军官，2013（12）：31-32；DAVIS C D，PANANGALA S V，SCOTT C. Veterans Benefits: An Overview[R]. Washington DC: Congressional Research Service，2008：87-106.

② 晁玉方.中国退役士兵职业教育与技能培训发展研究[M].北京：中国社会科学出版社，2016：88-89.

③ 晁玉方.中国退役士兵职业教育与技能培训发展研究[M].北京：中国社会科学出版社，2016：92.

和就业跟踪培训等3个阶段的比较完善的就业培训服务；瑞典军队会为退役军官提供包括个人职业分析评价和预测、就业前的适应性培训、专项业务培训以及带薪深造学习等内容的具有较强适用性和针对性的就业培训，而且还会对退役军官的择业过程进行全程指导[①]。罗马尼亚军队将职业培训渗透到军人的日常军事训练之中，他们要求军人必须学习、掌握地方所需要的科学技术、管理知识以及各类职业的特征、规律等，这样军人在服役期间就可以学到很多军地通用知识；为加强军人军地通用能力培养，罗马尼亚军队设置各种应用学校，为服役军人开展相应的专业培训[②]。

　　规范化方面，主要表现是军人在服役期间和退役后接受职业教育与技能培训都是按照有关法律和政策规定严格执行的。例如，美国在1944年通过的《退伍军人权利法案》中，对退役军人接受职业教育培训的资格、时间、费用标准、管理及实施机构等分别进行了说明[③]；此后，美国又出台了很多关于退役军人权利问题的法律，在每一部法律中，都对相关问题进行了明确的说明，而美国退役军人的职业教育与技能培训就是基于这些法律实施的，因此其规范化程度比较高。德国在涉及军人权利的相关法律中，也对军人接受职业教育与技能培训的时间、形式和经费等问题做了很详细的规定。

二、为退役军人提供个性化的培训

　　做好退役军人的安置关系军队的稳定和健康发展，对国防安全和经济社会发展都具有十分重要的意义，各国政府对此问题自然不敢小觑。它们结合本国国情，积极为退役军人提供个性化的职业教育与技能培训。

　　美国对退役军人培训服务的个性化问题十分重视，为军人提供了创业培训、技能培训和学位教育等方面的个性化培训服务。创业培训方面，美国会为有各种不同创业需求的军人提供个性化创业培训。例如，参加美国政府推出的教育援助项目的退役军人，如果有创办或发展小企业的需要，可以使用所享有的教育优待权益，申请并选择方便的培训网点参加创业培训；如果期望积累创业的

---

① 井玉刚，刘征斌.外国军官退役待遇保障扫描[J].转业军官，2013（12）：31-32.
② 晁玉方.中国退役士兵职业教育与技能培训发展研究[M].北京：中国社会科学出版社，2016：92-93.
③ 晁玉方.中国退役士兵职业教育与技能培训发展研究[M].北京：中国社会科学出版社，2016：84.

实践经验，还可以在规定的福利范围内，选择参加由退役军人事务部核准的在职训练；此外，退役军人可以参加国防部提供的创业教育项目"小企业引导：从服役到创业"，还可以通过退役军人小企业拓展中心、退役军人企业资源中心等社会组织网站提供的免费创业培训网络课程或在线训练资源，根据个人需要自由选择时间、内容进行创业培训①。技能培训方面，美国会为军人提供基于技能评估的个性化培训。例如，美国海军针对现役人员建立了海军技能评估计划，对新入军营、服役6～12年、服役17～18年的军人分别提供技能评估，并据此为他们提供个性化的培训服务，培训计划的实施方式、实施时间、实施次数等都根据军人需求和特点灵活确定②。学位教育方面，服役期间，美国军队和很多地方大学签有合约，由地方大学教授为现役军人授课，课程设置与地方一致，完成学习获得相应学分后，即可得到专科、本科或研究生层次的相关学历；退役后，想获得学位的退役军人通常会选择进入社区学院或四年制大学攻读学位，部分退役军人还将进入研究生阶段攻读学位③。

其他国家也积极为退役军人提供个性化的职业教育与技能培训服务。例如，德国的职业促进机构与即将退役的军官采取个别谈话的方式共同探讨职业培训计划，对其进行个性化的职业生涯设计辅导，使参训军官在服役时明确自己退役后的职业目标，达到培训与就业的有机结合，据德国总工会职业培训中心副总裁约曼介绍，很多德国年轻人之所以选择军人作为职业，就是看中了国家出资给予人性化的职业生涯设计与培训，能帮自己选择一个好的就业岗位④。法国因人制宜，为退役军人提供由国防部完全出资的培训、个人承担一部分费用的培训和学历班教育等三类职业培训，培训内容丰富多样，培训安排人性化、个性化，培训操作规范，这些都提高了培训的针对性和有效性⑤。澳大利亚的军人退役前，退役军人事务部会安排专门工作人员一对一地向其宣传介绍退役权利、退役后财务安排计划、个人求职策略以及与退役事务有关的机构和人员的权责等方面的情况，并视情况资助他们学习如何撰写求职简历、参加职业转换训练

---

① 蔡雪芹.美国退役军人职业培训制度探析[J].军队政工理论研究，2016（3）：131.
② 蔡雪芹.美国退役军人职业培训制度探析[J].军队政工理论研究，2016（3）：131.
③ 刘烨.美国退役军人就业制度研究[D].武汉：华中师范大学，2019：33-34.
④ 王佳平，郭胜利.德国退役军官培训与就业情况见闻[J].中国人才，2007（6）：77-78.
⑤ 郭传宣.法国退役军人安置与培训概况[J].转业军官，2011（10）：42.

或接受职业转换方面的辅导等，退役军人服务机构通过利用网络公布信息、定期在各地召开有关退役问题的专门介绍会、向准备退役的现役军人和退役军人讲解相关问题等方式，为退役军人"恢复心理与身体健康"和融入社会提供辅助服务[①]。

三、为退役军人提供职业过渡培训

不同个体之间的适应能力是存在差异的。有的人从一个职业转换到另一个职业，很快就适应了，但有的人适应起来难度就会比较大。在退役军人从军人职业转换到平民生活中的非军人职业时也是如此，有一些人适应起来可能会存在一定的困难，此时如果能够让退役军人接受职业过渡培训，将可能对其适应新的职业起到较好的促进作用[②]。

退役军人职业过渡培训（Veteran Career Transition Training）是指通过为退役军人提供合适的培训课程来提升其就业能力并实现就业，从而完成由军队向社会过渡的过程[③]。英国、美国和加拿大等国家都会为退役军人提供职业过渡培训，其中英国和美国两个国家的职业过渡培训具有比较明显的特点。

在英国，政府是职业过渡培训的责任主体，它承担为退役军人提供培训服务的责任；职业过渡伙伴是退役军人职业过渡培训的供给主体，它主要为退役军人提供职业生涯咨询与辅导、职业技能培训课程以及协调管理与信息等服务，其服务体现出公平、科学、信息化等特点[④]。英国国防部与睿仕管理（Right Managemnet）公司签署了职业过渡伙伴计划，专门负责退役军人的安置和就业。该计划通过在英国的10个安置中心和德国的1个安置中心为退役军人提供安置支持；安置培训由位于奥尔德肖特市（Aldershot）的安置训练旗舰中心和英国各地的职业过渡伙伴中心提供，职业过渡伙伴中心提供的课程分为管理、电气工

---

① 王赫.澳大利亚退役军人工作知多少[EB/OL].（2018-08-31）[2022-06-19].http://www.mva.gov.cn/fuwu/xxfw/wgtyjr/202008/t20200831_41869.html.

② BAILEY A K, DRURY M B, GRANDY H. Student Veterans' Academic Performance Before and After the Post-9/11 GI Bill [J]. Armed Forces & Society, 2017(45): 101-121; Caplan P J. When Johnny and Jane Comes Marching Home [M]. Cambridge Mass: MIT Press, 2011: 302-328.

③ 王棒.英国退役军人职业过渡培训：主体、内容与特征[J].中国职业技术教育，2021（27）：81.

④ 王棒.英国退役军人职业过渡培训：主体、内容与特征[J].中国职业技术教育，2021（27）：81-87.

程、建筑行业和信息技术四大类，旨在通过提供企业认可的资格证书为退役军人提供就业准备，同时为那些退休的或自主就业的人提供相应的生活技能①。

在美国，退役军人的职业过渡培训通过社区学院的"职业加速器"项目实施。该项目以退役军人培训供给为目标，以培训项目为载体，涵盖咨询、培训及就业等各个方面，整合先前经验、课程内容等已有资源，使课堂学习与实践操作紧密结合。该项目打破纵向层级之间和横向区域之间的"隔膜"，将知识、技能、资金、管理、工具等各种资源要素聚集到一起，成功为退役军人的职业过渡提供高质量的培训服务②。

可见，英、美两国的退役军人职业过渡培训既有不同之处，也有相似之处：一方面，二者的供给主体不同。英国退役军人职业过渡培训的供给主体是职业过渡伙伴，即"睿仕管理公司受国防部委托成立的社会中介组织"③，而美国退役军人职业过渡培训的供给主体是社区学院。另一方面，二者的培养内容与特征相似。英国退役军人职业过渡培训主要包括职业生涯咨询与辅导、职业技能培训课程以及协调管理与信息等内容，其服务体现出公平、科学、信息化等特点，不仅可以充分利用退役军人的已有经验，也能为退役军人提供真正有利于其职业生涯发展的培训内容④。美国退役军人职业过渡培训涵盖咨询、培训及就业等内容，它也注重整合先前经验、课程内容等已有资源，使课堂学习与实践操作紧密结合。

四、通过法律的形式固化退役军人接受职业教育与技能培训的权利

与一般职业相比，从事军人职业具有较大的风险，因而要想吸引到足够多的人源源不断地选择这个职业，维持军队规模的稳定，就需要保证军人有很好的待遇，为退役军人提供良好的职业教育与技能培训就是这些待遇中的一部分。为了让退役军人职业教育与技能培训的实施有法可依，很多国家通过法律的形式将退役军人接受职业教育与技能培训的权利固化下来。

---

① 走近英国退役军人管理机构[EB/OL].（2018-05-20）[2022-06-19]. http://www.mva.gov.cn/fuwu/xxfw/wgtyjr/201807/t20180721_14009.html.
② 王棒.美国社区学院退役军人培训：基于"职业加速器"的分析[J].成人教育，2021（1）：76-81.
③ 王棒.英国退役军人职业过渡培训：主体、内容与特征[J].中国职业技术教育，2021（27）：82.
④ 王棒.英国退役军人职业过渡培训：主体、内容与特征[J].中国职业技术教育，2021（27）：85.

美国是一个好战的国家，在其240多年的历史中发动和参与战争200多次，没有参与战争的时间加在一起不到20年，因而在美国军队服役的军人很多，美国军队需要安置的退役军人也有很多。美国在不同时期安置退役军人的过程中，根据相关工作需要制定了很多法律，对退役军人接受职业教育和技能培训的权利进行了明确的规定。例如，1918年，美国颁布《伤残退伍军人资助法》（Act of Disabled and Retired Veterans），这部法案较早地提出了通过职业教育培训的方式对伤残军人进行帮扶；1944年，美国颁布《退伍军人权利法案》（The Servicemen's Readjustment Act of 1944），该法案对退役军人接受职业教育培训的资格、时间、费用标准、管理与实施机构分别进行了说明；1952年，美国颁布《1952退役军人再适应援助法案》（The Veterans' Readjustment Assistance Act of 1952），该法案将退役军人接受教育帮扶的最长期限由4年缩短为3年，但提高了费用标准；1966年，美国颁布《1966退役军人再适应权利法案》（The Veterans Readjustment Benefits Act of 1966），该法案把帮扶退役军人接受教育和学习这一项内容作为美国的永久性规定；1973年后，通过教育帮扶退役军人成为一项专门的法案，而不是某个法案中的一个条款或一项内容，该法案在1976年、1984年和1987年三次进行修改，1987年，美国国会将其命名为《蒙哥马利军人权利法案》（Montgomery G. I. Bill）；1991年，美国在修订《蒙哥马利军人权利法案》的基础上颁布了《海湾战争补充授权和参战人员利益法案》（Gulf War Supplementary Authorization and the Interests of Participants Act），该法案提高了教育帮扶标准，鼓励未完成学业的退役军人再度入学，并给予他们贷款和帮扶金；2008年，美国又颁布《退役士兵权利法案》，即《9·11战后退役军人教育援助法案》（Post 9/11 Veterans Educational Assistance Act of 2008），该法案规定，国家为退役军人提供在公立大学接受4年学位教育所需的经费①。通过这些法律，美国将退役军人接受职业教育与技能培训的权利固化了下来。

此外，德国也在相关法律中对退役军人接受职业教育与技能培训的权利进行了规定。例如，德国颁布了《军人法》《军人保障法》《军人供给法》《军官生涯法》《职业培训工作促进法》《护理法》等法律，将军人从服役到退役全过程

---

① 晁玉方.中国退役士兵职业教育与技能培训发展研究[M].北京：中国社会科学出版社，2016：85-86；张璐.美国退役军人教育帮扶策略的研究与启示[D].石家庄：河北师范大学，2018：15-21.

中培训、就业等各方面的权利与义务用法律的形式固定下来①，具体涉及培训形式、培训时间和培训经费等方面。

五、运用"高校＋企业"模式对退役军人学生进行培养

对退役军人而言，接受职业教育与技能培训的根本目的是增强自己的就业竞争力，以便找到一份合适的工作，从而实现从"军队"到"社会"的过渡。因此，有很多退役军人会选择接受周期较短的职业培训。但是，也有一些退役军人出于各种原因也会选择先接受高等教育再就业。无论是哪一种情况，"高校＋企业"联合培养对退役军人来说都是一种比较合适的教育模式。

所谓"高校＋企业"联合培养，是指退役军人学生在高校接受本科或研究生基础教育之后，进入企业从事研究实习工作，通过高校与企业两个阶段的联合培养完成高等教育②。这是一种利用了高校和社会两种教育资源、将高校教育与社会需求结合得更加紧密的教育模式，是美国退役军人教育资助学位教育中的一种类型，它实际上就是我国高职院校人才培养中常见的校企合作教育模式。在这种教育模式中，高校和企业共同制订培养方案，包括在高校内进行理论学习和在企业进行实践学习的时间划分、理论学习学分和实践学习学分等。与国内高职院校的校企合作教育模式不同的是，在这种教育模式中，由高校和企业一起制订的培养方案要在教育资助主管部门批准后才能够开始实施，而且，在实施过程中，教育资助主管部门会根据高校和企业提供的退役军人学生出勤和考试情况来确定是否发放资助金。在这种教育模式中，在接受过高校的本科或研究生基础教育后，退役军人学生会进入企业实习，这是学位教育的一个阶段，它与学徒制或岗位培训资助类型中的"企业实习"是不同的，后者是再就业初期的职业培训，尤其注重岗位技能培训，其针对性要强得多③。

六、重视军地相通内容的培训

军人是具有较强专业性的职业，在部队服役期间，军人其实是接受了一系

---

① 王佳平，郭胜利.德国退役军官培训与就业情况见闻[J].中国人才，2007（6）：77.
② 姚希智.美国退役军人教育资助制度研究[D].长沙：国防科学技术大学，2009：33.
③ 姚希智.美国退役军人教育资助制度研究[D].长沙：国防科学技术大学，2009：34.

列专业性培训的，因而也是具有较高专业知识与技能水平的专业人才。有一些军人退役后难以在社会上找到合适的工作，或者找到工作后不能很好地胜任，那是因为他们原来所掌握的专业知识与技能与地方职业所需要的专业知识与技能是不一样的，而他们所掌握的关于地方职业的专业知识与技能还未达到应有的水平。如果军人在退役前能够接受地方职业所需要的专业知识与技能的相关培训并达到规定的水平，甚至在部队接受的专业性培训的内容就是军地相通的，那他们就能很好地解决退役后找不到工作或不能胜任工作的问题了。

　　有一些国家的军队及相关部门正是基于这样的考虑来为军人提供职业教育与技能培训的。例如，在美国军队提供的职业技能培训中，有15种执业资格的认定与地方培训的内容和标准保持统一，退役军人在服役期间获得的资格证书在退役后同样有效[①]；澳大利亚的《国防军退役安置纲要》要求，军队对现役军官要有计划地进行军地通用人才培训，对于许多专业或技术，军队应尽量采取与地方一致的标准，并在军队所在地有关部门申领认可书，以便军官退役后即可从事该专业的相关工作[②]；为了解决部分退役军官由于缺乏地方工作的经验和技能而难以被用人单位聘用和接受的问题，俄罗斯政府在军队对将要退役的军官进行培训，并在培训内容中设置"社会通用课目"，将军官培养成军地通用的复合型人才[③]。在美国、澳大利亚和俄罗斯这三个国家的相关培训中，美国和澳大利亚是通过军地标准统一来保证军地培训内容的相通，进而满足地方职业对退役军人专业知识与技能的需要，俄罗斯则是通过设置"社会通用课目"来满足地方职业对退役军人专业知识与技能的需要，虽然它们的具体做法不同，但是目的是一样的。

七、运用现代技术为退役军人提供在线服务

　　当今时代，信息技术高度发达，网络十分便捷，而且，民众使用这些现代技术或工具的能力也达到了较高的水平，这使得通过在线方式提供职业教育与技能培训成为可能。对于学习基础参差不齐、学习时间不够自由或者居住地与

① 刘烨.美国退役军人就业制度研究[D].武汉：华中师范大学，2019：33.
② 王赫.澳大利亚退役军人工作知多少[EB/OL].（2018-08-31）[2022-06-19].http://www.mva.gov.cn/fuwu/xxfw/wgtyjr/202008/t20200831_41869.html.
③ 井玉刚.俄罗斯退役军官培训情况概览[J].转业军官，2013（6）：23-24.

集中学习地点距离较远的退役军人来说，通过在线方式为其提供职业教育与技能培训，有利于他们根据自己的实际情况合理安排学习时间、方式和进度，提高他们完成学业的可能性，增强他们学习的效果。因此，很多国家的军队或相关部门会运用现代技术为退役军人接受职业教育与技能培训提供在线服务。例如，德国联邦国防军通过就业促进服务机构的网页将各类职业培训课程的信息迅速分享给退役军人[①]，帮助他们及时了解相关课程情况，进而选择适合自己的培训课程；美国军队和相关教育机构在为退役军人提供职业教育与技能培训时，除了采用传统的面对面讲授方式授课之外，也积极创新授课方式，提供在线讲授的方式，让退役军人可以根据自己的实际情况更加便利、高效地获取教育[②]。

八、为退役军人提供恢复性课程

恢复性课程是为教育对象提供的具有一定重复性的课程，其作用是帮助教育对象更新自己的知识储备或者恢复学习能力。刚刚退役的军人，有一部分人能够很快适应职业教育与技能培训，但是也有一部分人不能马上适应。在存在适应困难的退役军人中，有的是由于入伍前学习基础较差，有的是由于服役时间较长，还有的是由于入伍前从事的职业在服役期间技术更新较快，退役后不再能够适应[③]。为了让这些退役军人更好地接受职业教育与技能培训，很有必要为他们提供恢复性课程。

例如，美国相关部门就在退役军人接受职业教育与技能培训之前为其提供"恢复性课程"这一选项。美国教育部推出的"退役军人跃进"计划，为基础较差的退役军人提供了数学、外语、写作和阅读等高中水平的免费补习课程，帮助退役军人适应高校正规学习；美国的教育资助支持退役军人在大学入学前到社区学院、大学预科学习，或者到地方培训机构进行补习，申请者一般只需证明该培训是为了进一步参加教育资助项目，即可获得批准[④]。

---

① 刘涛，黎雨昕.生命历程视角下的德国军人社会保障制度[J].治理研究，2020（3）：65-66.
② 刘烨.美国退役军人就业制度研究[D].武汉：华中师范大学，2019：31.
③ 姚希智.美国退役军人教育资助制度研究[D].长沙：国防科学技术大学，2009：31.
④ 姚希智.美国退役军人教育资助制度研究[D].长沙：国防科学技术大学，2009：34.

第二节 对我国基于退役士兵生源的高职"1+X" 技术技能人才培养的启示

在上一节，我们对美国、德国、英国、法国、俄罗斯、加拿大、澳大利亚、荷兰、瑞典和罗马尼亚等国家退役军人职业教育与技能培训的特点与经验进行了梳理与分析。可以看出，虽然不同国家的具体措施有所不同，但是它们都致力于为退役军人接受职业教育与技能培训提供便利，帮助他们掌握地方职业所需要的专业知识与技能。这对我国基于退役士兵生源的高职"1+X"技术技能人才培养具有重要的启示。

一、增强退役士兵学生培养的系统性、科学性和规范化程度

在美国、德国等国家，军队和相关部门会系统考虑军人服役、退役前和退役后等各个阶段的职业教育与技能培训问题，全面考虑军队和个人各方面的需要，通过法律的形式将军人接受职业教育与技能培训的权利固化下来。因此，相关职业教育与技能培训工作不仅系统、科学，而且规范化程度比较高，这对于落实现役和退役军人的职业教育与技能培训、增强相关活动的效果具有重要意义。

有鉴于此，为了增强技术技能人才培养的效果，我国基于退役士兵生源的高职"1+X"技术技能人才培养可以从阶段、目标、措施和法律四个方面进行努力：阶段方面，可以将军人开始服役后的整个生涯分为服役、退役前①和退役后等几个阶段，分别对各个阶段的职业教育与技能培训问题进行设计与安排。也就是说，职业教育与技能培训不仅仅是即将退役和已经退役时期的事情，在军人服役期间，也应该考虑相关问题。目标方面，现役和退役军人的职业教育与技能培训都应该指向退役军人的就业，因此，服役、退役前和退役后等几个阶段都应该有相应的目标，这些目标在整体上应该是有一定联系并且循序渐进的。措施方面，在军人服役、退役前和退役后等阶段，应分别围绕各阶段目标采取

---

① 严格来说，"退役前阶段"也是完整意义上的"服役阶段"的一部分，但是这一阶段对于即将退役的士兵来说，显然与无须考虑退役问题的"服役阶段"早期是不同的。因此，我们将完整意义上的"服役阶段"划分为"服役阶段"和"退役前阶段"两个阶段。

相应的教育或培训措施，这些措施应充分考虑军人的特点和个性化需求，具有较强的针对性；可以充分利用职业技能等级证书（X证书）的灵活性和学历证书的基础性，合理搭配，有效衔接，共同实现职业教育与技能培训目标。法律方面，应制定和完善相关法律，对基于退役士兵生源的技术技能人才培养的各个方面做出相应的规定，固化退役士兵的相应权利，保障技术技能人才培养的效果。

二、制定完善退役军人接受职业教育与技能培训相关法律

美国从1918年开始就在颁布的退役军人相关的法律中对退役军人接受职业教育与技能培训相关问题做出规定。100多年来，美国结合实践情况不断完善相关法律，对退役军人接受职业教育与技能培训的资格、时间、费用标准、管理与实施机构等做出了比较详细、全面的规定。通过这些法律规定，美国将退役军人接受职业教育与技能培训的权利固化下来，继而为退役军人提供了系统、科学、规范的职业教育与技能培训。

我国也结合退役士兵职业教育与技能培训相关实践，制定了大量相关政策与法律文件。在这些文件中，对退役士兵接受职业教育与技能培训有关的招生、保留学籍、减免学费、助学金、转专业、免修课程、修业年限、就业和考核等问题做出了规定[①]。但是，这些还远远不能满足退役士兵接受职业教育与技能培训的多样化、个性化需求。我们可以借鉴美国等国家的经验，进一步完善相关法律法规，对退役军人接受职业教育与技能培训中的课程、教材、师资、实训基地、信息管理服务平台等具体问题做出细致的规定，将退役军人接受职业教育与技能培训的权利固化下来。这不仅对退役军人顺利实现从军人职业到社会职业的过渡具有重要的意义，还可以为社会培养大量高素质的复合型技术技能人才。

三、加强退役士兵学生培养中的校企合作

在美国的退役军人教育资助中，有一种模式是退役军人通过高校与企业两

---

① 中国法制出版社.退役军人权益保障法律法规速查通[M].北京：中国法制出版社，2022：130-136.

个阶段的联合培养完成高等教育。由于这种模式将高校教育与社会需求结合得更加紧密，因而对于增强退役军人的就业竞争力具有积极的意义。另外，由于在这种模式的实施过程中，教育资助主管部门会根据高校和企业提供的退役军人学生出勤和考试情况来确定是否发放资助金，与我国高职院校传统的校企合作教育模式相比，它对教育接受者（退役军人）多了一份约束，因而教育的效果会更好。

有鉴于此，在我国基于退役士兵生源的高职"1+X"技术技能人才培养中，应该加强校企合作：一方面，让合作企业更多地参与到培养目标确定、课程内容选择、师资培养或提供、实训基地建设、教育教学实施、培养评价等活动中来，从而使培养出来的技术技能人才更加符合社会的需求；另一方面，让企业配合高职院校做好退役士兵学生的日常管理，引导学生养成良好的学习习惯和过硬的工作作风，从而使得培养出来的技术技能人才具有较高水平的综合职业素养。

四、为退役士兵学生免费提供恢复性课程

美国教育部推出资助计划，免费帮助基础较差的退役军人补习数学、外语、写作和阅读等高中水平课程，帮助他们适应高校的正规学习，具体做法是退役军人在大学入学前到社区学院、大学预科学习，或者到地方培训机构进行补习。这一举措对于退役军人缩短学习适应期、顺利完成学业具有积极意义。

我国的退役士兵在进入高职院校接受职业教育之前似乎没有这样的恢复性课程，他们要想缩短自己的适应期，就要进行自学或自费找辅导班补习，或者在正式学习活动开始后付出更多的努力。退役士兵学生如果基础不好而又没有在正式学习开始之前自行补习，或者在开学之后努力程度不够，就很有可能跟不上教师的教学节奏，久而久之，他的学习成绩就会越来越差，出现挂科、重修甚至被勒令退学等情况。实际上，如果相关部门在退役士兵进入高职院校学习之前就为其提供免费的恢复性课程，就可以在很大程度上避免以上情况，不仅有助于增强教师教学的效果，也有助于退役士兵顺利完成学业。

五、利用现代技术手段为退役士兵学生完成学业提供方便

如今，很多国家的军队或相关部门会运用现代技术手段为退役军人接受职业教育与技能培训提供信息分享、在线课程、远程教学等在线服务。这样的做法扩大了退役军人接受职业教育与技能培训的选择空间，为学习基础不佳、学习时间不够自由或者居住地与集中学习地点相距较远的退役军人提供了便利，提高了他们完成学业的可能性，增强了他们获得更好学习效果的可能性，对于实现退役军人职业教育与技能培训目标具有积极的意义。

在我国基于退役士兵生源的高职"1+X"技术技能人才培养中，有的学生学习基础不好，如果编班上课难以赶上同班同学的学习进度，有的学生要边工作边读书，只能利用工作之余的时间学习，还有的学生由于各种原因，不能住到集中学习地点或其附近，完全不考虑学生存在的各种困难显然不利于他们的学习，但是由于学生们状况百出，按照高职传统生源学生的管理方式进行管理又难以保证正常的教学秩序。在这样的情况下，高职院校可以适当利用现代技术手段为退役士兵学生完成学业提供方便：一种方式是学生还是按照传统生源学生做法编班进行现场教学，但是同时提供与教学同步的在线课程，跟不上进度的学生、难以在规定时间或地点上课的学生可以选择通过在线课程自学，教师再安排一些时间为他们答疑；另一种方式是不组织现场教学，所有学生都通过在线课程自学，教师会通过网络布置、批改作业，并安排时间为学生答疑。

第三章

退役士兵学生对高职"1+X"技术技能
人才培养的价值与挑战

资助退役士兵接受全日制高等职业教育是我国退役士兵教育资助工作的一项重要内容，也是新时期解决国家经济社会发展对高素质技术技能人才需求的一条重要途径。在以往的实践中，高职院校在退役士兵学生培养方面取得了比较好的成绩，也得到了不少退役士兵的青睐。那么，在高职院校技术技能人才培养实践中，具有鲜明特点的退役士兵学生对"1+X"技术技能人才的培养具有怎样的价值，又会形成哪些挑战？在这一章，我们将会对这些问题进行探讨。

第一节 退役士兵安置、"高职扩招三年行动"
与高职技术技能人才培养

退役士兵安置和"高职扩招三年行动"都与高职技术技能人才培养紧密相关，"高职扩招三年行动"也会通过高职技术技能人才培养对退役士兵安置产生积极的影响。准确把握它们之间的关系，有利于正确认识退役士兵学生对高职"1+X"技术技能人才培养的价值与挑战。

一、退役士兵安置与高职技术技能人才培养

（一）退役士兵安置的内涵

退役士兵安置是指"义务兵、士官以退伍、复员、转业等方式退出现役后，地方人民政府民政部门和有关单位依据国家法律法规和当地规定，妥善安排其户口、生活、住房、就业（生产）、就学和社会保障关系等行为"，其中，义务兵服现役满2年未被选取为士官而退出现役的，称为"退伍"；士官服现役满第一期或者第二期规定年限，符合转业或退休条件，本人要求复员并经批准的，作士官"复员"安置；士官服现役满10年的，或者服现役期间荣获二等功以上奖励的，或者服现役期间因战、因公致残被评为二等、三等伤残等级的，或者服现役未满10年，但因国家建设需要退出军队的，或者符合退休条件，地方需要和本人自愿转业的，作士官"转业"安置；年满55岁的，或者服现役满30年的，或者服现役期间因战、因公致残，被评为特等、一等伤残等级的，或者服现役期间因病基本丧失工作能力，并经驻军医院诊断证明，军以上卫生部门鉴定确认的，作士官"退休"安置①。在我国法律法规中，涉及退役士兵安置问题的有很多，例如《中华人民共和国国防法》《中华人民共和国兵役法》《中国人民解放军现役士兵服役条例》《退役士兵安置条例》《中国人民解放军士官退出现役安置暂行办法》《国务院关于进一步做好城镇退役士兵安置工作的通知》，另外，在一些地方性法规、规章和其他规定中，也对退役士兵的安置问题做出了规定。这些都为退役士兵安置工作的开展提供了重要的依据。

（二）退役士兵安置的价值

士兵是我国军人中人数最多的组成部分，退役士兵安置不仅是军人退役安置最重要的内容，也是国家社会保障体系中重要的环节，更是关乎国家安全稳定的重要工作之一②。具体来说，做好退役士兵安置，具有以下几个方面的重要价值：

第一，维持社会稳定。2018年7月，时任退役军人事务部部长孙绍骋介绍，

① 王岩.退役士兵安置制度研究[D].北京：中国政法大学，2011：14.
② 王岩.退役士兵安置制度研究[D].北京：中国政法大学，2011：13.

中华人民共和国成立以后，我国退役士兵总共有5700多万。据有关权威部门介绍，这个数字还在以每年几十万的速度快速增长。尽管这些退役士兵里面有一部分人已经去世，具体在世的退役士兵数量还不是很清楚，但是如今的退役士兵群体仍然十分庞大，做好这一群体的安置工作，对于维持社会稳定，意义十分重大。

第二，保证军队维持一定规模与可持续发展。军队是国家安全的重要保障，是国家经济社会发展的重要基石。为了保证国家的安全和发展，必须保持一支数量足够、结构合理的军队。做好退役士兵的安置工作，让年龄、身体状况不适合继续服役的士兵退出现役，让"为国防和军队现代化建设作出过重要贡献"[①]的他们得到善待，这一方面可以为新士兵的进入提供空间，有利于优化军队的人员结构，另一方面可以畅通军队的"出口"，进而带旺军队的"入口"，有利于保证军队的规模稳定与可持续发展。

第三，将退役士兵转化为重要的人力资源。在军队接受了多年的严格训练之后，退役士兵大多具备了较好的身体素质、政治素质和业务素质。如果再通过退役士兵安置为其提供一定的职业教育与技能培训，可以使其各方面的素质得到进一步的提升，成为复合型技术技能人才等重要的人力资源，进而在国家经济社会发展中发挥重要的作用。

（三）退役士兵安置与高职技术技能人才培养的关系

在前面关于退役士兵安置的内涵的阐述中可以看到，退役士兵安置包括为退役士兵安排"就学"。《退役军人事务部等七部门关于全面做好退役士兵教育培训工作的指导意见》（退役军人部发〔2021〕53号）指出，要"面向退役军士和退役义务兵，建立包括适应性培训、职业技能培训、学历教育和终身学习的教育培训体系"，并"鼓励高中、初中学历退役士兵提升学历"，"支持从高校应征入伍士兵退役后复学深造"。因此，在退役士兵安置中，实际上有一种做法就是退役士兵进入高职院校接受高等职业教育，他们最终有可能成长为技术技能人才。该文件还规定，高等学校"可按规定通过单列计划、单独招生等方式

[①] 退役军人事务部等七部门关于全面做好退役士兵教育培训工作的指导意见（退役军人部发〔2021〕53号）[EB/OL].（2021-09-07）[2023-07-22].http://www.mva.gov.cn/gongkai/zfxxgkpt/zhengce/gfxwj/202209/t20220902_65206.html.

招考退役士兵",退役士兵"报考高职院校免文化素质考试"。该文件要求,"将退役士兵服役期间的学历教育和非学历教育学习成果按规定记入国家学分银行,实现退役前后学习成果贯通连续",并要求"建立健全行业教育合作机制,对适合退役士兵就业的行业,加大行业系统内院校招生力度,以专业教育促进退役士兵入行就业,努力实现'入学即入职'"。这些规定和要求,有利于降低退役士兵进入高职院校接受教育的难度,减轻他们的学习压力和就业压力,有利于提高他们成长为技术技能人才的可能性。

二、"高职扩招三年行动"与高职技术技能人才培养

(一)我国高职教育"扩招"的历史概况

在我国高职教育发展史上,经历了两次扩招。第一次发生在1999年,它跨越了十几个年头,下文简称"1999年扩招";第二次发生在2019年,它跨越了三个年头,下文简称"高职扩招三年行动"。

1. 1999年扩招

1999年扩招是一次包含高职教育扩招而非单独针对高职教育的扩招,它缘起于经济学家汤敏于1998年11月以个人名义向中央提出的一份关于扩大招生数量的建议,教育部1998年底发布的《面向21世纪教育振兴行动计划》是其正式启动标志,而教育部2012年3月发布的《全面提高高等教育质量的若干意见》是其结束的标志,整个过程持续了13年。

1999年扩招具有五个方面的积极作用:第一,提高了高中升学率,让更多的人拥有了接受高等教育的机会;第二,有利于提高人口素质,加快城乡二元经济结构的转化;第三,促进地市(县)级以职业技术学院为主的高校的建设,使高等学校布局下移,为地方经济发展带来了机遇;第四,带动了教育事业、餐饮服务、交通运输和出版印刷等相关行业的发展,直接或者间接地创造了数以千万计的就业岗位,形成了新的经济增长点;第五,加速了我国从人口大国向人力资源大国的转变,进而增强了我国人力资源的国际竞争力,为我国经济社会的可持续发展奠定了人力基础①。

---

① 栗多树.回顾与反思:我国大学扩招十周年[J].河北师范大学学报(教育科学版),2009(10):39.

在我国人口数量庞大的背景下，1999年扩招的作用和效果尤其明显，也实实在在地促进了国家经济社会的发展。当然，这次扩招也产生了一些不好的影响，例如，形成了比较严重的、长期的就业问题，使高等教育的质量有了一定程度的下滑，强化了人们对职业教育的负面印象，等等。在这次扩招过程中，高职教育的规模得到了扩大，布局得到了优化，但是它的吸引力却并没有明显的变化，有一些高职院校已遭遇生源不足的问题。

2.高职扩招三年行动

2019年，时任国务院总理李克强在《政府工作报告》中提出，"要改革完善高职院校的考试招生办法"，"今年大规模扩招100万人"，这标志着"高职扩招三年行动"正式启动。随后，教育部高度重视，召开了部长专题办公会、调度会和党组会等会议进行专题研究，成立了"高职扩招专项工作领导小组"，并密集召集各地教育行政部门有关人员集中对高职扩招问题进行研讨，国家发展和改革委员会、财政部、人力资源和社会保障部、农业农村部和退役军人事务部等部门按照国务院统一部署，主动作为、分工协作，从扩招重点领域、生源组织和经费保障等方面梳理现有政策，在生源身份界定、宣传动员和奖助学金提标扩面等方面提出具体举措，共同研制了《高职扩招专项工作实施方案》，并于2019年5月6日正式下发①。此后，国家发展和改革委员会、财政部、人力资源和社会保障部、农业农村部和退役军人事务部等部门按照各自的分工开始推进，各地政府和教育行政部门按照国家有关规定积极落实。2020年5月，时任国务院总理李克强在《政府工作报告》中又提出，"今明两年职业技能培训3500万人次以上，高职院校扩招200万人"，高职院校再扩招200万人，"高职扩招三年行动"正式形成。2022年，时任国务院总理李克强在《政府工作报告》中指出，已经超额完成了"高职扩招三年行动"目标。"高职扩招三年行动"出现得比较突然，尽管初期高职教育界对这个行动的开展充满忧虑，但是在相关部门的大力推动下，预期目标顺利实现。

---

① 介绍高职扩招专项工作情况和《高职扩招专项工作实施方案》主要内容[EB/OL].（2019-05-08）[2023-06-06].http://www.moe.gov.cn/fbh/live/2019/50620/twwd/201905/t20190508_381129.html.

（二）"高职扩招三年行动"的成绩与问题

1. "高职扩招三年行动"的成绩

2019年，当得知高职将扩招100万人时，很多人包括高职院校教师都是持消极态度的。尽管知道这符合国家"稳就业"政策需要，但是很多人担心，在部分高职院校本来生源就不是很充足的情况下还扩招100万人，这似乎很难实现，而且，即使能够招到人，这些以社会生源学生为主体的扩招学生入校后，如何对他们进行教学与管理？除非"放水"，不然这些学生的毕业会成大问题。这些担心不是个别人的"杞人忧天"，而是很多人的"共同忧虑"。确实，这些担心不无道理。不过，在国务院有关部门、省级有关部门和高职院校的大力推进下，"高职扩招三年行动"进展顺利，取得了一定的成绩：

第一，超额完成扩招任务。"高职扩招三年行动"任务分两次下达，共计准备扩招300万人，平均每年要完成扩招100万人。实际上，最后共扩招413万余人，平均每年137.7万人，超额完成任务。具体到各个省份，有一些省也超额完成了领到的高职扩招任务。例如，2019年，甘肃、江西和山东三省分别领到了1.9万人、4.3万人和6.8万人的高职扩招任务，最后它们分别扩招了2.3万人、6万人和10.4万人。这既显示出相关省份对"高职扩招三年行动"工作的高度重视，也表明人们对于接受高职教育还有着很大的热情，未来的高职招生，还有很大的潜力可挖掘。

第二，形成了适合多元生源的人才培养模式。"高职扩招三年行动"招收的学生中，有退役军人、下岗职工和农民工等群体的大量人员，这些人在文化基础、学习能力、学习习惯等方面与高职传统生源学生有着很大的不同，因而对他们进行培养的模式，必然与传统的高职教育人才培养模式有着较大的不同。为了将扩招进来的这些不同类别生源的学生培养好，很多院校进行了积极的探索，创建形成了适合多元生源的人才培养模式。尽管这样的人才模式还在进一步完善之中，还没有取得十分突出的成绩，但能够把这么多不同类别的生源同时培养起来，这本身就是一件很了不起的事情。

2. "高职扩招三年行动"的问题

与"1999年扩招"一样，"高职扩招三年行动"也有着其"政治动因"，那就是稳定就业，促进经济社会发展。虽然"高职扩招三年行动"的预期目标按时完成了，学生也按时进入高职院校学习，而且至今也没有暴露大的问题，但是，扩招还是存在一些让人担忧的问题：

第一，学生的培养质量难以保证。由于实践性比较强，高职院校人才培养过程中对实训基地、师资、实训设备等培养条件的要求比较高。虽然近些年高职院校的人才培养条件在不断优化，但是与普通本科院校相比，还是存在较大的差距。"高职扩招三年行动"启动后，我们看到了新增的招生数量要求，但并没有看到增加相关经费。本就基础不好的高职院校在短时间内能不能够凑齐人才培养所需的各种条件？学生的培养质量能不能够得到保证？这不禁让人十分担忧。

第二，人才培养资源会形成一定的浪费。在常规情况下，随着接受高职教育的适龄人口的减少和其他接受高等教育机会的增加，高职教育的吸引力已经在不断下降，未来接受高职教育的人数减少将成必然趋势。"高职扩招三年行动"实施后，413万余人被招进来，为了满足人才培养的基本需要，补充人才培养资源是必然的动作。但是，这些扩招进来的学生毕业之后，新增加的人才培养资源该如何处理？实训场地可能还比较好处理，其他资源如实训设备、师资、课程和教材等，一旦生源情况发生较大变化，就需要做出较大的调整，势必会形成一定的浪费。

（三）"高职扩招三年行动"对高职技术技能人才培养的积极影响

在"高职扩招三年行动"启动之初，人们就担心扩招可能会对高职技术技能人才培养产生消极影响。扩招结束后，仍然有人对其"后遗症"表示担心，但是目前人们关于"高职扩招三年行动"对高职技术技能人才培养的看法，还是以积极影响为主：

第一，凸显职业教育的地位与作用。众所周知，职业教育为我国经济社会发展培养了大量高素质技术技能人才，具有重要的地位与作用。"高职扩招三年行动"的实施，意味着职业教育成为服务国家宏观经济调控的重要教育举措，成为助力社会稳定的关键教育资源，成为提升国家人力资本质量的主要教育类型[①]，这有助于进一步凸显职业教育的地位与作用。

---

① 姜大源.论高职扩招给职业教育带来的大变局与新占位[J].中国职业技术教育，2019（10）：8-10.

第二，为高职教育补充生源。在"高职扩招三年行动"实施之前，有一些高职院校已经面临"生源危机"，由于高职教育的办学对学费有较高的依赖性，因而那些高职院校的办学已遇到较大的困难。实施"高职扩招三年行动"，既解了这些高职院校的燃眉之急，还为所有高职院校开拓了"社会生源"这一新的生源通道，为高职教育的发展补充了生源。

第三，促使高职教育形成具有更强适应性的人才培养模式。实施"高职扩招三年行动"之后，高职院校扩招学生的教学模式由针对应届生源的同进度教学模式转向针对社会生源的差异化教学模式[①]，因而高职院校人才培养模式中，同进度教学模式与差异化教学模式并存，这样的人才培养模式可以为不同的学生提供合适的培养活动，具有更强的适应性。

三、退役士兵：高职技术技能人才培养的一种重要生源

（一）"高职扩招三年行动"对退役士兵安置的影响

虽然"高职扩招三年行动"只是高职教育招生中的一个"临时动作"，但是增加了退役士兵进入高职院校接受高等职业教育的可能性，更重要的是，经过以退役士兵等社会生源为培养对象的人才培养实践，高职院校形成了具有更强适应性的人才培养模式，这有助于退役士兵成长为技术技能人才，有助于退役士兵安置工作的顺利开展。

（二）退役士兵有可能成为高职技术技能人才培养的一种重要生源

在实施"高职扩招三年行动"之前，退役士兵也可以进入高职院校接受高职教育，但是退役士兵对于能否顺利完成高职学业并找到一份合适的工作有担心，所以有一些退役士兵往往就会根据自己当时所具有的条件直接找一份工作，通常是安保类工作。在实施"高职扩招三年行动"之后，高职院校有了适合多元生源的人才培养模式，有了培养退役士兵的经验，退役士兵接受高职教育之后找到的工作，其待遇和工作环境也要比传统退役士兵安置工作好，加之退役士兵安置政策也有调整，退役士兵可以更容易地进入高职院校接受教育，所以未来可能会有越来越多的退役士兵选择进入高职院校接受高职教育，成为技术

---

① 姜大源.论高职扩招给职业教育带来的大变局与新占位[J].中国职业技术教育，2019（10）：7-8.

技能人才。我国退役士兵基数较大，而且每年都会以一定比例增长，所以选择进入高职院校接受高职教育的退役士兵数量有可能会比较大，退役士兵有可能成为高职技术技能人才培养的一种重要生源。

第二节　退役士兵学生对高职"1+X"技术技能人才培养的价值

退役士兵进入高职院校接受高职教育，这是多年前就存在的一种选择，在"高职扩招三年行动"实施之后，将会成为一种在退役士兵安置中更加常见的选择。这里面，既有"高职扩招三年行动"、退役士兵安置政策调整以及国家经济社会发展对技术技能需求变化等外在因素的影响，也有退役士兵契合高职"1+X"技术技能人才培养这一内在因素的影响。在这一节，我们将分析退役士兵学生对高职"1+X"技术技能人才培养的价值。

一、高职"1+X"技术技能人才培养视域下退役士兵学生的独特优势

退役士兵学生是指从部队退役后进入高职院校接受高等职业教育的学生，在部队服役期间，他们接受了系统、严格的军事训练和政治理论学习，参加了专业技能培训和专业实践工作。在高职"1+X"技术技能人才培养实践中，与高职院校传统生源学生相比，训练有素并且在纪律严明的军队里连续生活过多年[①]的退役士兵学生具有四个方面的独特优势：一是有丰富的实践经验和较好的技能基础；二是身体素质好；三是纪律意识强；四是吃苦耐劳。

（一）有丰富的实践经验和较好的技能基础

从2010年8月1日起开始施行的《中国人民解放军现役士兵服役条例》的第三条指出，士兵必须"忠于职守，刻苦钻研军事技术，熟练掌握武器装备，具备执行多样化军事任务的过硬本领"；第七条指出，"士官从服现役期满的义务

---

① WALIA S S, VERMA R. Second Career-Availability and Aspirations of Ex-servicemen [J]. International Journal of Society Systems Science, 2022, 14（2）: 163-179.

兵中选取，或者从军队院校毕业的士官学员中任命，也可以从非军事部门具有专业技能的公民中直接招收"。可见，退役士兵在服现役期间，都需要具备与要执行的军事任务相关的专业技能。他们要么在服役之前就已具备一定水平的相关专业技能，要么在服役期间接受相关培训，并进行了大量的相关实践。另外，对于将要退役的士兵，他们也会接受一些相关的技术技能培训，这也可以为他们打下技能基础或者进一步提高专业技能水平。因此，退役进入高职院校学习后，退役士兵都具有丰富的实践经验和较好的技能基础。如果他们所选择学习的专业与服役期间所从事的专业存在较大的差异，那么他们服役期间的实践经验与技能基础也会通过迁移对其学习新的专业技能产生一定的帮助。如果他们所选择学习的专业与服役期间所从事的专业之间差异较小，那么他们在学习所选择专业的专业技能时，就可以在已有基础上进一步发展，达到一个比较高的水平。他们的这一个优势，是传统生源高职学生难以比拟的，对于他们成为高素质复合型技术技能人才是极为有利的。

（二）身体素质好

与高职院校传统生源学生相比，退役士兵学生多经受了两次严格的考验，他们的身体素质整体要好很多。

第一次严格的考验是入伍体检。这次体检要按照《应征公民体格检查标准》实施，明显比《普通高等学校招生体检标准》的要求要严格很多，因而能够正常通过体检进入部队的士兵，他们的身体素质整体上会比高职传统生源学生好很多。

第二次严格的考验是服役期间的严格军事训练。士兵入伍之后，一般都要接受队列训练、体能训练、心理行为训练和专业军事训练等几种训练，这些训练会贯穿士兵整个军旅生涯①。其中，队列训练、体能训练和专业军事训练对提高士兵的身体素质会产生很大的促进作用。队列训练是新兵的必修课，它包括立正、稍息、向左（右、后）转、齐步走、正步走和跑步走等动作，每个动作

---

① 告诉你最真实的兵营：兵的训练有哪些？ [EB/OL]. （2016-07-25）[2023-06-23]. https://mp.weixin. qq.com/s?__biz=MzA4NDUyNDkyNw==&mid=2457379817&idx=1&sn=9c12fe0eb662cd6d 5ed8d0fa5dbdc554&chksm=8869e9f9bf1e60ef2087d28445c4ad9e6d5b173ae6f7d26d8b7e2ef6 5c286701ddcabf06d7c5&scene=27.

的教学都包括教员讲解要领、新兵班长集体示范动作、单兵体会练习、各班长组织统一操练、全连集中会操和班排连分别讲评总结等环节；由于训练过程要求非常严格，所以这种训练对士兵特别是新入伍的士兵是不小的考验，很多部队刚开始进行训练的时候都会有新兵晕倒[1]。

良好的体能是士兵完成作战任务的基础，由于士兵要在很多恶劣环境中与敌人进行力量和耐力的角逐，没有好的体能，可能连自保都成问题，更别说完成任务了[2]。因此，在服役期间，每一名军人都需要不断地进行体能训练。对于不同的兵种，由于执行的任务不同，他们所要进行的体能训练的内容也不相同。当然，各个兵种进行的体能训练中，也有一些共同的部分，那就是"全军通用五项"，它具体包括三千米跑、仰卧起坐、引体向上/屈臂悬垂、体型和"30米×2蛇形跑"，这些训练项目是各兵种每年必考的军事科目[3]。

服役期间，所有的士兵还需要进行专业的军事训练，但是不同兵种的训练内容会有所不同。例如，陆军士兵需要进行徒手攀登训练，海军士兵需要进行擒拿格斗训练，空降兵士兵需要进行跳伞训练，等等。而且，在整个服役期间，士兵不仅要不断地进行这些训练，还要接受严格的考核。

能够通过常规途径顺利进入部队、正常服完兵役并退役的士兵，经过持续多年的严格训练，其身体素质会在原有基础上有很大的提升，因而他们的身体素质整体都处于较高的水平。他们的这一优势，也是传统生源高职学生难以比拟的。

（三）纪律意识强

军队是一个高度正规化、组织化、纪律化的武装集团，军队特殊的性质决定了它必须要有严明的纪律，而军人必须时刻牢记并遵守纪律，严格的纪律是维系和增强军队战斗力、凝聚力的重要基础[4]。因此，在日常生活、训练和执行

---

① 新兵连的队列训练 [EB/OL].（2023-06-14）[2023-06-23].https://baijiahao.baidu.com/s?id=1768664427334866152&wfr=spider&for=pc.

② 赵渊.士兵突击：单兵技能训练与装备揭秘[M].北京：化学工业出版社，2014：99.

③ 军营里的体能训练 [EB/OL].（2022-04-05）[2023-06-23]. http://sport.scnu.edu.cn/a/20220405/1940.html.

④ 赵渊.士兵突击：单兵技能训练与装备揭秘[M].北京：化学工业出版社，2014：21；和力.士兵精神[M].北京：中华工商联合出版社，2016：42.

任务的过程中,士兵要加强法规纪律学习,严格要求自己,做到"依法办事、依规行事、依据做事"①。在前面介绍的队列训练中我们也可以看到,部队对纪律的重视程度是非常高的,士兵们必须按照要求一丝不苟地完成各项任务,必须"令行禁止"。在军队的纪律中,有一项比较特殊的纪律,那就是"服从"。服从被认为是军人的"天职"和最鲜明特点②,有过部队服役经历的华为技术有限公司董事、CEO任正非甚至认为,"绝对服从"是一名军人最本质的灵魂③。经过多年的学习和训练,士兵们在退役时大多数都会具备很强的纪律意识。这有利于他们认真落实学习和训练任务,对于他们扎实掌握专业知识与技能、成长为高素质复合型技术技能人才也具有重要的促进作用。与高职院校大部分传统生源学生相比,退役士兵学生的纪律意识要强很多,这也是他们成长为复合型技术技能人才的一个独特优势。

(四)吃苦耐劳

吃苦耐劳是指能经得住生活与工作中的苦和累,是一种困境中的人生态度,是一种坚韧不拔的精神④。在进入部队之前,大多数士兵可能跟普通的年轻人没有多大差别,也喜欢舒适、轻松的生活。但是在部队服役的几年,他们经受了长时间严格的训练,经受了身体和精神等多重考验,就会形成比较明显的"吃苦耐劳"的品质。人们常常说,军人都"特别能吃苦,特别能战斗",这既是执行军事任务对军人的要求,也是军人经过长期训练后形成的优秀品质。退役之后进入高职院校学习的退役士兵学生,大多数仍然具有"吃苦耐劳"的品质。

具有吃苦耐劳的品质,对于退役士兵学生成长为复合型技术技能人才是很有帮助的。一方面,具有这种品质的学生会投入更多的时间和精力进行专业理论知识的学习和专业技能的训练,这有助于他们的专业理论知识和专业技能达到较高的水平;另一方面,这样的品质也可以成为复合型技术技能人才"复合素质"的重要组成部分,为复合型技术技能人才的整体素质添上独特的一笔。

---

① 王京.学好条令条例 强化纪律意识[N].解放军报,2020-09-24(6).
② 宋红超.士兵精神[M].哈尔滨:哈尔滨出版社,2008:41.
③ 和力.士兵精神[M].北京:中华工商联合出版社,2016:4.
④ 和力.士兵精神[M].北京:中华工商联合出版社,2016:165.

二、退役士兵学生对高职"1+X"技术技能人才培养目标实现的价值

高职"1+X"技术技能人才的培养目标就是要将学习者培养成复合型技术技能人才。退役士兵学生对这个培养目标的实现有两个方面的价值：第一，他们可以成为高职"1+X"技术技能人才培养的优质生源；第二，他们可以带动高职传统生源学生成长为复合型技术技能人才。

（一）成为高职"1+X"技术技能人才培养的优质生源

俗话说，巧妇难为无米之炊。高职院校要想通过"1+X"证书制度培养复合型技术技能人才，就需要优质的生源，至少是合格的生源。在前面，我们介绍了退役士兵学生具有"有丰富的实践经验和较好的技能基础"、身体素质好、纪律意识强以及吃苦耐劳等四个特点，具有这些特点，对于他们接受高等职业教育，成长为复合型技术技能人才是很有帮助的。

在这四个特点中，"有丰富的实践经验和较好的技能基础"对于退役士兵学生成长为复合型技术技能人才具有直接的作用，因为它不仅有助于退役士兵学生快速推进所选专业主要专业知识与技能的学习，而且有助于学生的学习达到较高的水平，增强他们继续学习的动力，还可以通过迁移影响到学生学习其他专业知识与技能，进而形成复合的技术技能素质；身体素质好、纪律意识强和吃苦耐劳等三个特点对于退役士兵学生成长为复合型技术技能人才具有间接的作用，它们可以让退役士兵学生投入更多的时间和精力学习技术技能，从而让他们的技术技能达到更高的水平。这两类特点对退役士兵学生成长为复合型技术技能人才起到了较大的促进作用。正因为如此，退役士兵学生可以成为高职"1+X"技术技能人才培养的优质生源。

（二）带动传统生源学生成长为复合型技术技能人才

退役士兵学生是高职"1+X"技术技能人才培养的优质生源，他们不仅自己可以成长为复合型技术技能人才，还可以带动传统生源学生成长为复合型技术技能人才，这种"带动"作用主要体现在两个方面：

第一，通过专业技能学习带动。退役士兵学生有丰富的实践经验和较好的技能基础，因而他们在专业技能学习方面具有较大的优势，加上身体素质好、纪律意识强和吃苦耐劳等特点，他们在专业技能学习方面会表现得比较突出。

这一方面可以为传统生源学生的专业技能学习提供示范，直接带动他们的专业技能学习；另一方面会激发传统生源学生学习职业技能的动力，间接带动他们的专业技能学习。

第二，通过素质提升带动。除了"有丰富的实践经验和较好的技能基础"这个特点外，退役士兵学生还具有身体素质好、纪律意识强和吃苦耐劳等三个特点。不管是单独编班学习还是与传统生源学生混合编班学习，在校学习期间，退役士兵学生的身体形象、运动习惯、纪律意识和吃苦耐劳的品质等素质会潜移默化地影响传统生源学生的学习和生活，带动传统生源学生相关素质的提升。传统生源学生的这些素质一旦得以提升，也会对其专业技能学习产生积极的促进作用，因而有利于他们成长为复合型技术技能人才。

第三节 退役士兵学生对高职"1+X"技术技能 人才培养的挑战

退役士兵学生是一个具有鲜明特色的群体，他们既具有前面所说的"有丰富的实践经验和较好的技能基础"、身体素质好、纪律意识强以及吃苦耐劳等优势，又不仅自己适合成长为复合型技术技能人才，还能带动传统生源学生成长为复合型技术技能人才。然而他们身上同时也带有一些负面特点和压力，会为高职"1+X"技术技能人才的培养带来一定的挑战。

一、退役士兵学生可能具有的负面特点

与刚入学的高职院校传统生源学生相比，退役士兵学生具有很明显的优势，但也具有文化基础差、学习能力不强、急于就业和性格急躁等明显的负面特点，这对于他们成长为复合型技术技能人才也有较大的阻碍作用。

（一）文化基础差

按照我国部队征兵的有关条件，士兵入伍时一般为高中文化水平，教育水

平比较落后的地区，还有可能是初中水平①。这些士兵中，可能有一些学习基础还不错，但是大多数可能都是由于学习不够好不能进入高一级的学校学习才选择应征入伍的。当然，近年来应征入伍的大学生士兵增加，士兵队伍的人才结构可能会有一些变化。不过由于"大学生士兵"数量还比较有限，因而士兵队伍整体文化水平可能还是不够理想。

在部队服役期间，虽然士兵们也会进行一些政治理论学习和专业知识学习，但是他们的主要任务是进行训练和完成各种任务，用来进行学习的时间比较少，学习的系统性、前沿性以及深度都不够，学习的效果会大打折扣；而且，入伍之前所学知识在服役几年间没有得到进一步的学习与运用，有不少可能都忘记了。因此，进入高职院校学习后，这些退役士兵学生的文化基础整体来说是比较差的，可能比那些应届毕业进入高职院校的传统生源学生的文化基础要差很多。

（二）学习能力不强

如前所述，大多数士兵可能都是由于学习不够好不能进入高一级学校学习才选择应征入伍的。他们学习不好的一个重要原因，就是学习能力不强。在部队服役期间，由于主要任务不是进行理论学习，且他们一般也不会接受专门的学习能力训练，因而他们进行理论学习的能力不仅不会增强，还有可能随着时间的推移而降低。进入高职院校学习后，由于脱离社会多年，对一些新理论、新工具缺乏必要的了解，加上文化基础差、年龄大，退役士兵学生整体的学习能力可能处于一个不大理想的水平。

（三）急于就业

应征入伍的士兵，年龄一般都在18～22岁②。退役士兵是指退出现役的义务兵、初级士官以及服现役未满12年的中级士官，他们少则服役2年，多则服役近12年。所以，进入高职院校学习的退役士兵学生，年龄可能是20～34岁。他们中的很多人可能已经成家，甚至有了下一代，急需挣钱养家。即使没有结婚、生小孩，作为一个成年人，也不好意思继续当啃老族。所以，他们相对急

---

① 涂国政，史维勤.退役军人创业指南[M].北京：中国社会出版社，2017：113.

② 涂国政，史维勤.退役军人创业指南[M].北京：中国社会出版社，2017：113.

于就业。他们难以像高职院校传统生源学生那样，沉下心去把专业理论知识学扎实，把专业技能练到一个较高的水平，也不会去学一些实用性不强的知识，这对他们综合职业素质的提高会有比较大的影响。

（四）性格急躁

在部队服役期间，士兵无论是回答领导的提问、唱军歌还是喊口号，都要用很大的声音，给人一种"扯着嗓子喊"的感觉；在平时的训练和生活中，都要求"令必行，禁必止"；加上部队里大部分是男兵，而且环境相对比较单纯，很多人交流都习惯直来直去，性格相对冲动。这些特点会给人"性格急躁"的感觉。进入高职院校学习后，退役士兵学生可能会在较长时间里仍然保持这样的特点，容易与周围的同学特别是传统生源学生发生冲突。

二、退役士兵学生可能承受的三种压力

与新进入高职院校学习的传统生源学生相比，退役士兵学生具有"有丰富的实践经验和较好的技能基础"、身体素质好、纪律意识强和吃苦耐劳等优势，适合接受高职"1+X"技术技能人才培养，成长为复合型技术技能人才。但是，他们也面临学习压力、经济压力和就业压力三重压力，这会给他们在高职院校的学习带来较大的影响。

（一）学习压力

退役士兵学生的整体文化基础可能比那些应届毕业进入高职院校的传统生源学生差很多，加上他们的学习能力不强，所以在进入高职院校学习后，面对专业理论知识与技能的学习时，他们可能会承受较大的心理压力：一方面，他们可能难以在规定的时间内学好专业理论知识与技能，难以按时提交作业，难以顺利通过有关考试；另一方面，他们可能难以迈过自己心里的"坎"——因为在部队服过役的他们都特别地"敢打胜仗，能打胜仗"，但是现在面对这个新的"敌人"，他们却有些束手无策。

其实，这样的学习压力只是过往的经历导致的一个阶段性的结果，并不一定是坏事，因为它可以激发退役士兵学生的斗志。如果退役士兵学生拿出军人那种"特别能吃苦，特别能战斗"的精神，努力补上文化基础方面的差距，努

力提高自己的学习能力，再加上自己"有丰富的实践经验和较好的技能基础"，完全可以顺利达到学校规定的专业理论知识与技能水平，或许还可以形成较强的综合职业素质，成为复合型技术技能人才培养中的典型。当然，高职院校在教育教学与管理中也应该做出合理安排，例如，在正式的教学之前给退役士兵学生开展相关知识的补充教学，举办一些专门的培训用来提高退役士兵学生的学习能力，等等，让退役士兵学生能够顺利地实现从军人到学生的过渡。

（二）经济压力

如前所述，退役军人学生年龄一般大于同届的传统生源学生，需要挣钱养家或者不好意思再花家里的钱，尽管国家会减免他们的学费，甚至给他们一些生活补贴，但是他们仍然面对着较大的经济压力，不仅要像传统生源高职学生那样学习专业理论知识与技能，还需要面对经济困境。

对于大部分退役士兵学生来说，除非是全职工作，不然他们很难赚到足够的钱，顶多只能缓解一下经济压力。所以，一方面，退役士兵学生及其家人要适当调整认识，将接受高职教育这几年当作一种投资，在此期间，家人可适当替退役士兵学生承担部分经济压力，对学生本人来说则能省的就省，把金钱用在学习生活上，在完成该阶段的学习参加工作之后经济状况就会有比较大的改观；另一方面，退役士兵安置的有关部门和学校的有关部门也可以适当增加对经济困难退役士兵学生的援助，比如，适当提高奖、助学金的标准，发放一定数额的贴息贷款，通过校企合作的订单培养项目等为退役士兵学生提供一定的经费支持，等等。

（三）就业压力

像传统生源高职学生一样，退役士兵学生在学习结束后也需要解决就业问题。由于自身特殊的情况，退役士兵学生在解决就业问题时，往往面临多方面的压力：

第一，需要按时找到正式的工作。传统生源高职学生和其他普通高校毕业生虽然也面临着就业压力，但是他们如果毕业时没找到合适的工作，也可以选择考编制或者考公务员，甚至找个临时性的工作过渡一下，哪怕不挣钱，积累一下工作经验也可以。退役士兵学生不行，他们需要养活自己甚至家人，需要按时找到一份正式的工作，一毕业就去上班挣钱。

第二，需要找到收入较高的工作。退役士兵学生就业后，不仅要解决自己的生存问题，可能还要养活家人，甚至要偿还因为接受高职教育所欠下的债务。所以，他们不仅需要按时找到正式的工作，而且还需要找到收入较高的工作。

第三，年龄偏大。如前所述，进入高职院校学习的退役士兵学生，年龄可能是20～34岁。即使他们接受的是三年制的专科高职教育，毕业时的年龄也差不多23～37岁。这样年龄的高职院校毕业生年富力强，正是工作的黄金年龄。但是退役士兵与传统生源高职毕业生相比，虽然在认知水平和社会经验等方面可能要强很多，但有一些单位可能会以他们年龄偏大为由拒绝接收。

第四，成绩不理想。由于文化基础差、学习能力不强，加上读书期间需要赚钱养活自己甚至家人，故而难以集中精力学习，有一些退役士兵学生在毕业时可能成绩不够理想，用人单位可能一看到他们的学习成绩就会将其拒之门外，加之他们年龄偏大又对收入的期望水平比较高，更加不容易找到合适的工作。

三、退役士兵学生的负面特点与压力对高职复合型技术技能人才培养的挑战

军事组织往往表现出与平民组织截然不同的特征，包括军事身份和思维方式的灌输，因而军人在退役归来后，往往在职业和个人生活等领域面临着重新调整和适应的困难[1]。进入高职院校接受高等职业教育的退役士兵学生就存在这样的困难。与高职院校传统生源学生相比，退役士兵学生具有文化基础差、学习能力不强、急于就业和性格急躁等四种负面特点，面临学习、经济和就业三种压力，这些都会对高职院校复合型技术技能人才培养中的教学和管理工作形成较大的挑战。

（一）教学方面

结合高职院校技术技能人才培养实践，我们认为退役士兵学生所具有的负面特点与压力可能会对高职院校复合型技术技能人才培养中的教学形成三个方

---

[1]　SACHDEV S, DIXIT S. Military to Civilian Cultural Transition Experiences of Retired Military Personnel: A Systematic Meta-synthesis [J/OL]. Military psychology, 2023 Jul 25: 1-14[2023-12-06]. https://doi.org/10.1080/08995605.2023.2237835.

面的挑战：一是学习能力难以满足教学需要；二是教学进度不能太快；三是学习效果不好。

1.学习能力难以满足教学需要

部分退役士兵学生入伍前的学习能力可能就不强，加上文化基础差、年龄大以及服役期间对新理论、新工具的了解不足，其学习能力可能整体处于不大理想的水平，难以满足当前高职院校相关专业的理论与技能学习的需要。具体表现可能有：难以理解专业理论与技能教学的有关内容；不会自己搜索、查找相关信息，深化与完善自己对有关知识点的理解；不会运用专业有关工具，难以完成老师布置的需要运用工具完成的作业。导致的后果就是，部分退役士兵学生听不懂教师讲授的专业课程的有关内容，完不成教师布置的相关作业，也就是说，部分退役士兵学生的学习能力难以达到学习要求。除非授课教师准备放弃这些学生，不然他们就需要采取举办学习能力培训等课外措施补齐部分退役士兵学生学习能力不理想这块"短板"。

2.教学进度不能太快

由于部分退役士兵学生的学习能力难以达到学习要求，加上部分学生文化基础差，高职院校在以退役士兵为生源的复合型技术技能人才培养工作中，教学进度不能太快，不然可能有很多学生跟不上教师教学的节奏，出现学生学得不扎实甚至大面积学习不合格的情况。多年来，在以传统生源学生为培养对象的技术技能人才培养工作中，尽管也有一些学生文化基础和学习能力不强，教学进度为此进行了调整，但是情况没有在以退役士兵为生源的复合型技术技能人才培养工作中这样严重，因此教学进度安排可能需要做比较大的调整。由于不同高职院校甚至同一高职院校不同班级的退役士兵学生的学习能力和文化基础等情况都可能不相同，所以高职院校可能难以做出统一的教学进度安排，只能以人才培养目标、学生基本情况和学校所具有的教学条件等为依据，制定一个原则性的教学进度安排标准。另外，退役士兵学生的文化基础也不会是一成不变的，除了学生自己在课外多下功夫之外，高职院校有关部门也可以针对退役士兵学生存在的文化基础和学习能力方面的共性问题组织补课，迅速补齐退役士兵学生的"短板"。

3.学习效果不好

退役士兵学生在进入高职院校接受高等职业教育之前，已经在部队里面服役了2～12年，虽然部队与外面的社会相比要单纯很多，但身处其中的士兵的"社会化"程度肯定远远高于高职院校传统生源学生，因而退役士兵学生的心境不会像传统生源学生那样平静。另外，由于有较大的学习压力、经济压力和就业压力，部分退役士兵学生也难以集中精力进行学习。因此，这些退役士兵学生的学习效果可能会不大好。要想改变这样的状况，高职院校有关部门需要充分考虑退役士兵学生可能存在的各种困难，及时帮助他们疏解心中的压力。

（二）管理方面

结合高职院校技术技能人才培养实践，我们认为退役士兵学生所具有的负面特点与压力可能会对高职院校复合型技术技能人才培养中的管理工作形成两个方面的挑战：一个是容易与他人发生冲突，另一个是对学校管理方面的制度或做法不认同。

1.容易与他人发生冲突

在部队里服役的士兵以男兵居多，他们大多20多岁，精力旺盛，说话直接，平时虽然有严格的军纪约束着，但是军人的血性与战斗精神也让他们更容易与人产生冲突，且不畏惧冲突，甚至习惯了以"冲突"来解决问题，有时冲突过后，双方反而关系更亲近了。退役进入高职院校学习后，他们仍然会在一定程度上保持这样的"特点"，另外，由于部分退役士兵学生存在年龄大、学习成绩不好和花钱不大方等问题，也容易与其他同学发生冲突。退役士兵学生如果与他人发生冲突，一方面可能会因为违反学校纪律甚至国家法律而受到惩罚，影响到他们学业的完成以及今后的就业；另一方面可能会影响退役士兵学生与同学之间的关系，进而影响其学习时的心情，还可能导致他们得不到同学的帮助。

作为一个优点和不足都比较明显的群体，在高职院校的管理中如果能够让退役士兵"扬长补短"，应该会取得不错的效果。例如，可以利用退役士兵学生有丰富的军事训练经验这个特点，安排他们在每年的新生军训期间担任军训教官，这样一方面可以增进老师和同学对他们的了解，另一方面可以给他们戴上

"教官"的帽子，让他们在平时的学习和生活中严格要求自己，不轻易与他人发生冲突；可以利用退役士兵学生身体素质好、爱锻炼这个特点，让他们担任班级或者有关学生社团的干部，带领同学积极参加体育锻炼，这样不仅可以在学校里营造出热爱运动的氛围，也可以增进退役士兵学生与传统生源学生之间的感情，大大减少他们之间发生冲突的可能性；可以让班级里的传统生源学生和退役士兵学生结成"互助小组"，退役士兵学生帮助传统生源学生掌握正确的身体锻炼方法、养成持续开展体育锻炼的习惯，传统生源学生帮助退役士兵学生补齐文化基础和学习能力方面的"短板"；等等。

2.对学校管理方面的制度或做法不认同

我国的很多高职院校都是由中职升格而来，不仅一些领导、干部和教师还是原来中职学校的，就连一些管理制度也是在原来学校有关管理制度基础上发展而来，因而一些学校在管理中把学生当作中学阶段的学生来管，管得太多、太细。传统生源学生虽然对此很不满，但是他们大多是"从学校到学校"的，没有体验过别样的管理，基本上能够忍受。退役军人学生就不一样了，他们进入部队服役多年，这几年的经历虽然有别于社会，但与校园相比也有很大的区别。对高职院校一些看起来比较"死板"甚至"幼稚"的管理制度或做法，他们很难认同。加上在以男性为主的相对单纯的部队环境里形成的心直口快的特点，他们往往敢于直接指出学校管理制度或做法中存在的问题。这一方面会让学校管理者难堪，另一方面会影响学校管理的正常运行。为了避免这样的问题，高职院校管理者一方面可以对退役士兵学生进行单独编班，而且根据他们的特点采取有别于传统生源学生的管理；另一方面可以对退役士兵学生进行引导，以保证学校管理的正常运行。当然，高职院校也应从根本上解决问题，不断完善学校管理制度与做法。

第四章

基于退役士兵生源的高职 "1+X" 技术技能人才培养现状调研一
——以退役士兵学生为对象

　　本研究旨在从 "1+X" 证书制度视角对以退役士兵为生源的高职技术技能人才培养问题进行研究，构建基于退役士兵生源的高职 "1+X" 技术技能人才培养体系，并探索其机制，以便为基于退役士兵生源的高职技术技能人才培养实践提供一定的指导。在前面部分，笔者对 "1+X" 证书制度的实践发展与理论要点进行了梳理，对国外退役军人职业教育与技能培训的经验进行了提炼与分析，并深入剖析了退役士兵学生对高职 "1+X" 技术技能人才培养的价值与挑战。在这些研究的基础上，笔者将分别对高职退役士兵学生、高职传统生源学生和高职教师进行调研，以了解他们对基于退役士兵生源的高职 "1+X" 技术技能人才培养的看法，以及他们所在高职院校开展的基于退役士兵生源的 "1+X" 技术技能人才培养的实际情况，另外，笔者还搜集、整理了3所高职院校培养退役士兵学生的做法。笔者通过这些调研来了解当前基于退役士兵生源的高职 "1+X" 技术技能人才培养存在的问题。由于现状调研部分内容较多，为了保证全书结构基本合理，笔者将在第四章至第七章分别对高职退役士兵学生问卷调查、高职传统生源学生问卷调查、高职教师问卷调查和个案分析的相关情况进行介绍。在这一章，我们将运用自编问卷《基于退役士兵生源的高职 "1+X" 技术技能人才培养情况调查问卷（高职退役士兵学生）》，对基于退役士兵生源的高职 "1+X" 技术技能人才培养现状进行调查。

第一节　调查问卷编制

一、调查问卷初稿编制

本次调查是为了了解高职退役士兵学生对基于退役士兵生源的高职"1+X"技术技能人才培养的看法以及学生所在学校的相关情况。根据研究的需要，本研究运用综合型问卷《基于退役士兵生源的高职"1+X"技术技能人才培养情况调查问卷（高职退役士兵学生）》对高职退役士兵学生进行调查。根据调查目的，笔者在前期研究的基础上编制了由41个问题组成的调查问卷初稿，其中，第1～40题为选择式问题，备选项均为"A.非常不认同　B.不认同　C.不确定　D.认同　E.非常认同"，第41题为开放性问题。选择式问题部分采用李克特5点计分量表，对"非常不认同""不认同""不确定""认同""非常认同"分别记5分、4分、3分、2分和1分。

二、试测与分析

（一）试测

在对《基于退役士兵生源的高职"1+X"技术技能人才培养情况调查问卷（高职退役士兵学生）》初稿进行反复修改的基础上，笔者请高职院校学生进行了试测。张红霞在《教育科学研究方法》一书中指出，试测对象"一般30人左右"[①]。笔者采用整群随机抽样法，通过"问卷星"在全国高职院校发放并回收问卷53份。剔除答题时间少于100秒而且整份问卷全部选择同一选项的问卷，共剔除无效问卷14份，得到有效问卷39份，问卷回收有效率为73.58%。

（二）题项分析

为了检测《基于退役士兵生源的高职"1+X"技术技能人才培养情况调查问卷（高职退役士兵学生）》中各个题目的质量，并删除不符合标准的题目，笔者对试测问卷进行了题项分析。题项分析一般采取临界比法和相关分析法。其中，

---

① 张红霞.教育科学研究方法[M].北京：教育科学出版社，2009：221.

临界比法运用独立样本 t 检验，查看问卷总分高分组（总分前27%）与低分组（总分后27%）在每个题目上的差异，将未达到显著差异的题目删除；相关分析法将被试在每个题目上的得分与问卷总分的相关系数作为鉴别力指数，将相关系数低于0.2的题目删除。在这里，笔者运用相关分析法对问卷进行题项分析。经检验，所有题目都达到显著差异，且相关系数均大于0.2，故无需删除题目。

（三）信度检验

笔者采用克朗巴哈系数（Cronbach's α）检验《基于退役士兵生源的高职"1+X"技术技能人才培养情况调查问卷（高职退役士兵学生）》的内部信度。总问卷的克朗巴哈系数0.8以上比较理想，各因子的克朗巴哈系数0.7以上比较理想，克朗巴哈系数0.6以下不能接受。自编问卷《基于退役士兵生源的高职"1+X"技术技能人才培养情况调查问卷（高职退役士兵学生）》的克朗巴哈系数为0.977，"培养目标"因子的克朗巴哈系数为0.982，"培养条件"因子的克朗巴哈系数为0.929，"培养活动"因子的克朗巴哈系数为0.948，"培养评价"因子的克朗巴哈系数为0.684。可见，自编问卷《基于退役士兵生源的高职"1+X"技术技能人才培养情况调查问卷（高职退役士兵学生）》具有较为理想的信度。

（四）效度检验

笔者采用相关分析法检验《基于退役士兵生源的高职"1+X"技术技能人才培养情况调查问卷（高职退役士兵学生）》的结构效度。总问卷与4个因子的相关系数、4个因子之间的相关系数见表4-1。可见，总问卷与4个因子的相关系数高于4个因子之间的相关系数，表明4个因子之间既具有一定的独立性，又能够较好反映问卷所要测查的内容。因此，自编问卷《基于退役士兵生源的高职"1+X"技术技能人才培养情况调查问卷（高职退役士兵学生）》具有较好的效度。

表4-1　退役士兵学生问卷及其各因子之间的相关系数（N=39）

	退役士兵生源学生	培养目标	培养条件	培养活动	培养评价
退役士兵生源学生	1	0.978*	0.987*	0.990*	0.965*
培养目标		1	0.976*	0.954*	0.931*
培养条件			1	0.957*	0.962*
培养活动				1	0.935*
培养评价					1

注：*表示在0.01水平上显著。

三、正式施测问卷

在上述工作的基础上，笔者确定了《基于退役士兵生源的高职"1+X"技术技能人才培养情况调查问卷（高职退役士兵学生）》的正式试测版本，它包含培养目标、培养条件、培养活动和培养评价等4个维度，由41个问题组成。其中，培养目标维度包括第1～4题，培养条件维度包括第5～14题，培养活动维度包括第15～34题，培养评价维度包括第35～40题。前面40个选择式问题中，第8、15、24和37题为反向计分题，其余为正向计分题；第41题的设置目的是了解退役士兵学生对高职院校在运用"1+X"证书制度将退役士兵学生培养成复合型技术技能人才的过程中"可以采取措施"和"需要注意问题"的看法。

第二节　调查过程

本次调查对象为高职退役士兵学生，包括在校学生和已毕业学生[①]。《基于退役士兵生源的高职"1+X"技术技能人才培养情况调查问卷（高职退役士兵学生）》（见附录一）完成后，笔者先是选取了浙江、广东、重庆、辽宁和湖北等5省市9所高职院校的有关老师，请他们找退役士兵学生填写。由于这一类学生在很多高职院校数量比较少，加上正式施测时间在暑假，因而填写问卷的人比较少。为了适当增加样本的数量，并保证调查结果具有一定的代表性，笔者增加了这5个省份的调查问卷发放数量，并扩大了调查省份的数量。

这次调查采用整群随机抽样法，通过"问卷星"向高职院校退役士兵学生发放。回收问卷663份，剔除无效问卷169份，得到有效问卷494份，问卷回收有效率为74.51%。被试基本构成情况见表4-2。问卷数据运用SPSS 23.0进行录入与处理。

---

① 由于正式施测时间是在暑假，原来的毕业年级学生已经毕业离校，而新的大一学生尚未报到，所以将"已毕业学生"也纳入调查对象范围，这一类学生的"年级"选择"毕业时所在年级"。

表4-2 退役士兵学生问卷正式施测被试基本构成情况

题项	选项	人数/人	比例/%
是否来自双高校	是	289	58.5
	否	205	41.5
就读专业	理工科	371	75.1
	人文社科	123	24.9
性别	男	408	82.6
	女	86	17.4
学生类别	在校	418	84.6
	已毕业	76	15.4
年级	一年级	136	27.5
	二年级	187	37.9
	三年级及以上	171	34.6
上大学前在部队服役年限	0～2年	433	87.7
	3～6年	44	8.9
	7年及以上	17	3.4

注：1."双高校"是指"中国特色高水平高职学校和专业建设计划"建设单位，既包括国家层面的高水平高职学校建设单位和高水平高职专业群建设单位，也包括省级层面的高水平高职学校建设单位和高水平高职专业群建设单位。

2.在问卷中，"就读专业"部分的备选项为"A.农林牧渔类专业 B.资源环境与安全类专业 C.能源动力与材料类专业 D.土木建筑类专业 E.水利类专业 F.装备制造类专业 G.生物与化工类专业 H.轻工纺织类专业 I.食品药品与粮食类专业 J.交通运输类专业 K.电子与信息类专业 L.医药卫生类专业 M.财经商贸类专业 N.旅游类专业 O.文化艺术类专业 P.新闻传播类专业 Q.教育与体育类专业 R.公安与司法类专业 S.公共管理与服务类专业"。为了便于分析，统计时将相关专业分为"理工科"和"人文社科"两类。

3.在调研对象中，年级为"四年级"的仅有8人，故与"三年级"合并为"三年级及以上"。

4.在调研对象中，上大学前在部队服役年限"7～8年"有2人，"9～12年"有4人，"13年及以上"有11人，三类群体数量较少，故将它们合并为"7年及以上"，共计17人。

第三节 调查结果与分析

一、退役士兵学生问卷的总体状况

《基于退役士兵生源的高职"1+X"技术技能人才培养情况调查问卷（高职退役士兵学生）》整体平均值为4.15，标准差为0.56；在该问卷的4个因子中，"培养目标""培养条件""培养活动""培养评价"的平均值分别为4.44、4.16、

4.14、3.94，标准差分别为0.71、0.57、0.57、0.52（见表4-3）。可见，《基于退役士兵生源的高职 "1+X" 技术技能人才培养情况调查问卷（高职退役士兵学生）》的平均得分远高于临界值3，这表明问卷的总体情况较好。

表4-3 退役士兵学生问卷总体情况（N=494）

统计项	总体情况	培养目标	培养条件	培养活动	培养评价
平均值（M）	4.15	4.44	4.16	4.14	3.94
标准差（SD）	0.56	0.71	0.57	0.57	0.52

二、关于培养目标

（一）退役士兵学生培养目标

"1+X" 证书制度是国家近几年推出的一项重要的职业教育制度，它与此前实施的职业教育制度具有一定的差异。国家推行 "1+X" 证书制度的主要目的是什么？为了了解高职退役士兵学生对这个问题的看法，笔者在问卷中设置了题目 "国家推行 '1+X' 证书制度的主要目的在于培养复合型技术技能人才"。这一个题目的平均值为4.40，标准差为0.84。接受调查的高职退役士兵学生中，持 "非常不认同" "不认同" "不确定" "认同" "非常认同" 观点的学生分别占到接受调查的此类学生总数的2.6%、0.2%、7.1%、34.4%、55.7%（见表4-4）。可见，有超过九成（90.1%）的接受调查的高职退役士兵学生认为国家推行 "1+X" 证书制度的主要目的在于培养复合型技术技能人才。这表明绝大多数接受调查的高职退役士兵学生对 "1+X" 证书制度的实施目的比较了解。

表4-4 退役士兵学生对培养目标的看法

观点	人数/人	比例/%
非常不认同	13	2.6
不认同	1	0.2
不确定	35	7.1
认同	170	34.4
非常认同	275	55.7
总计	494	100.0

另外，笔者在问卷中设置了题目 "实施 '1+X' 证书制度的高职专业，可以

将退役士兵学生培养成复合型技术技能人才"。这一个题目的平均值为4.45，标准差为0.77。接受调查的高职退役士兵学生中，持"非常不认同""不认同""不确定""认同""非常认同"观点的学生分别占到接受调查的此类学生总数的1.6%、0.2%、6.7%、35.0%、56.5%（见表4-5）。可见，有超过九成（91.5%）接受调查的高职退役士兵学生认为实施"1+X"证书制度的高职专业可以将退役士兵学生培养成复合型技术技能人才。这表明绝大多数接受调查的高职退役士兵学生对高职专业运用"1+X"证书制度将退役士兵学生培养成复合型技术技能人才有信心。

表4-5　退役士兵学生对将退役士兵学生培养成复合型技术技能人才可能性的看法

观点	人数/人	比例/%
非常不认同	8	1.6
不认同	1	0.2
不确定	33	6.7
认同	173	35.0
非常认同	279	56.5
总计	494	100.0

为了了解高职院校运用"1+X"证书制度培养复合型技术技能人才的实际情况，笔者在问卷中设置了题目"贵校实施了'1+X'证书制度的高职专业，培养出来的退役士兵学生是复合型技术技能人才"。这一个题目的平均值为4.44，标准差为0.73。接受调查的高职退役士兵学生中，持"非常不认同""不认同""不确定""认同""非常认同"观点的学生分别占到接受调查的此类学生总数的1.0%、0.4%、7.1%、36.2%、55.3%（见表4-6）。可见，有超过九成（91.5%）的接受调查的高职退役士兵学生认为其所在高职院校实施了"1+X"证书制度的高职专业培养出来的退役士兵学生是复合型技术技能人才。也许在这些学校的退役士兵学生培养实践中，实际情况未必有这么好，但至少表明退役士兵学生对学校退役士兵学生培养目标实现情况比较认可。

表4-6　退役士兵学生对高职退役士兵学生培养目标实现情况的看法

观点	人数/人	比例/%
非常不认同	5	1.0
不认同	2	0.4
不确定	35	7.1

续表

观点	人数/人	比例/%
认同	179	36.2
非常认同	273	55.3
总计	494	100.0

（二）实现复合型技术技能人才培养目标的关键

前面提到，国家推行"1+X"证书制度的主要目的在于培养复合型技术技能人才。那么，高职院校运用"1+X"证书制度培养复合型技术技能人才的关键是什么？为了了解高职退役士兵学生对这个问题的看法，笔者在问卷中设置了题目"实施'1+X'证书制度的高职专业，实现复合型技术技能人才培养目标的关键在于1（学历证书）和X（职业技能等级证书）相互融通"。这一个题目的平均值为4.46，标准差为0.72。接受调查的高职退役士兵学生中，持"非常不认同""不认同""不确定""认同""非常认同"观点的学生分别占到接受调查的此类学生总数的1.2%、0、6.3%、36.6%、55.9%（见表4-7）。可见，有超过九成（92.5%）接受调查的高职退役士兵学生对"实施'1+X'证书制度的高职专业，实现复合型技术技能人才培养目标的关键在于1（学历证书）和X（职业技能等级证书）相互融通"这个问题持肯定看法。

表4-7　退役士兵学生对实现复合型技术技能人才培养目标关键问题的看法

观点	人数/人	比例/%
非常不认同	6	1.2
不认同	0	0
不确定	31	6.3
认同	181	36.6
非常认同	276	55.9
总计	494	100.0

三、关于培养条件

（一）X证书培训内容与专业课程内容的关系

在高职院校"1+X"技术技能人才培养实践中，X证书培训内容与专业课程内容的关系是怎样的？为了了解高职退役士兵学生对这个问题的看法，笔者在问卷中设置了题目"实施'1+X'证书制度的高职专业，X证书培训内容应该是专业课程内容的补充、强化和拓展"。这一个题目的平均值为4.45，标准差为0.72。接受调查的高职退役士兵学生中，持"非常不认同""不认同""不确定""认同""非常认同"观点的学生分别占到接受调查的此类学生总数的1.2%、0、6.3%、37.2%、55.3%（见表4-8）。可见，有超过九成（92.5%）接受问卷调查的高职退役士兵学生认为，"实施'1+X'证书制度的高职专业，X证书培训内容应该是专业课程内容的补充、强化和拓展"。

表4-8 退役士兵学生对X证书培训内容与专业课程内容之间关系的看法

观点	人数/人	比例/%
非常不认同	6	1.2
不认同	0	0
不确定	31	6.3
认同	184	37.2
非常认同	273	55.3
总计	494	100.0

那么，在高职院校"1+X"技术技能人才培养实践中，X证书培训内容与专业课程内容的关系是怎样的？笔者在问卷中设置了题目"贵校实施了'1+X'证书制度的高职专业，X证书培训内容是专业课程内容的补充、强化和拓展"。这一个题目的平均值为4.44，标准差为0.72。接受调查的高职退役士兵学生中，持"非常不认同""不认同""不确定""认同""非常认同"观点的学生分别占到接受调查的此类学生总数的0.8%、0.2%、8.3%、36.0%、54.7%（见表4-9）。可见，有超过九成（90.7%）接受调查的高职退役士兵学生认为，其所在高职院校实施了"1+X"证书制度的高职专业，X证书培训内容是专业课程内容的补充、强化和拓展。

表4-9 退役士兵学生对培养实践中X证书培训内容与专业课程内容之间关系的看法

观点	人数/人	比例/%
非常不认同	4	0.8
不认同	1	0.2
不确定	41	8.3
认同	178	36.0
非常认同	270	54.7
总计	494	100.0

（二）教材开发

教材是教学活动开展的重要载体，是高职退役士兵学生培养的重要条件。在高职院校"1+X"技术技能人才培养实践中，高职院校如何进行教材开发，才能更好地实现退役士兵学生培养目标？为了了解高职退役士兵学生对这个问题的看法，笔者在问卷中设置了题目"实施'1+X'证书制度的高职专业，应该开发出1和X融通的教材"。调查结果表明，这一题目的平均值为4.47，标准差为0.71。接受调查的高职退役士兵学生中，持"非常不认同""不认同""不确定""认同""非常认同"观点的学生分别占到接受调查的此类学生总数的1.0%、0、6.3%、36.8%、55.9%（见表4-10）。可见，有超过九成（92.7%）接受调查的高职退役士兵学生认为，"实施'1+X'证书制度的高职专业，应该开发出1和X融通的教材"。

表4-10　退役士兵学生对教材开发的看法

观点	人数/人	比例/%
非常不认同	5	1.0
不认同	0	0
不确定	31	6.3
认同	182	36.8
非常认同	276	55.9
总计	494	100.0

既然如此，在高职院校"1+X"技术技能人才培养实践中，高职院校是如何进行教材开发的呢？为了了解这一情况，笔者在问卷中设置了题目"贵校实施了'1+X'证书制度的高职专业，已经开发出了1和X融通的教材"。这一个题目的平均值为4.39，标准差为0.76。接受调查的高职退役士兵学生中，持"非常不认同""不认同""不确定""认同""非常认同"观点的学生分别占到接受调查的此类学生总数的0.8%、0.4%、10.5%、35.0%、53.2%（见表4-11）。可见，有接近九成（88.2%）接受调查的高职退役士兵学生认为，所在学校实施"1+X"证书制度的高职专业，已经开发出了1和X融通的教材。不过，持非肯定观点（"非常不认同""不认同""不确定"）观点的学生也占到接受调查的此类学生总数的11.7%。这表明在1和X融通教材的开发上，实施了"1+X"证书制度的高职专业可能并未形成高度一致，可能存在多种教材开发方式并存的状况。

表4-11　退役士兵学生对培养实践中教材开发情况的看法

观点	人数/人	比例/%
非常不认同	4	0.8
不认同	2	0.4
不确定	52	10.5
认同	173	35.0
非常认同	263	53.2
总计	494	100.0

（三）教师团队建设

在以往的高职院校技术技能人才培养实践中，教师的主要任务是进行"教学"。在实施"1+X"证书制度后，高职院校教师不仅要能够实施"教学"，还要能够实施"培训"和"评价"。当然，要求教师个体同时具备实施教学、培训和评价的能力是一个比较高的要求，要求教师团队具备这样的能力则相对简单些。为了了解退役士兵学生对高职院校"1+X"技术技能人才培养中教师团队建设问题的看法，笔者在问卷中设置了题目"实施'1+X'证书制度的高职专业，应该建设一个能够实施教学、培训和评价的教师团队"。这一个题目的平均值为4.48，标准差为0.69。接受调查的高职退役士兵学生中，持"非常不认同""不认同""不确定""认同""非常认同"观点的学生分别占到接受调查的此类学生总数的0.8%、0.4%、4.9%、37.4%、56.5%（见表4-12）。可见，有高达93.9%的接受调查的高职退役士兵学生认为，实施"1+X"证书制度的高职专业，应该建设一个能够实施教学、培训和评价的教师团队。

表4-12　退役士兵学生对教师团队建设的看法

观点	人数/人	比例/%
非常不认同	4	0.8
不认同	2	0.4
不确定	24	4.9
认同	185	37.4
非常认同	279	56.5
总计	494	100.0

从前面的分析可以看出，接受调查的绝大多数高职退役士兵学生都认同实施"1+X"证书制度的高职专业，应该建设一个能够实施教学、培训和评价的教

师团队。那么,在高职院校"1+X"技术技能人才培养实践中,实际情况是怎样的?为了了解这方面的情况,笔者在问卷中设置了题目"贵校实施了'1+X'证书制度的高职专业,已经建成了一个能够实施教学、培训和评价的教师团队"。这一个题目的平均值为4.38,标准差为0.78。接受调查的高职退役士兵学生中,持"非常不认同""不认同""不确定""认同""非常认同"观点的学生分别占到接受调查的此类学生总数的1.2%、0.4%、9.9%、35.8%、52.6%(见表4-13)。可见,有88.4%的接受调查的高职退役士兵学生认为,所在学校实施了"1+X"证书制度的高职专业,建设了一个能够实施教学、培训和评价的教师团队。虽然这个比例已经很高了,但是与前面对"实施'1+X'证书制度的高职专业,应该建设一个能够实施教学、培训和评价的教师团队"持肯定态度的学生占比情况相比,却少了5.5%。这说明,尽管学生的期望值比较高,但是有些实施了"1+X"证书制度的高职专业还未建设成一个能够实施教学、培训和评价的教师团队。

表4-13 退役士兵学生对培养实践中教师团队建设情况的看法

观点	人数/人	比例/%
非常不认同	6	1.2
不认同	2	0.4
不确定	49	9.9
认同	177	35.8
非常认同	260	52.6
总计	494	100.0

注:分项加总不为100是四舍五入故,以下表格同,不再赘述。

(四)实训基地建设

实训基地可以为高职技术技能人才技能的形成提供大量实践训练机会,是技术技能人才培养所必需的一种条件。在高职院校"1+X"技术技能人才培养实践中,实训基地建设有没有必要根据退役士兵学生职业技能等级证书备考需要进行调整?为了了解退役士兵学生对这一问题的看法,笔者在问卷中设置了题目"实施'1+X'证书制度的高职专业,没必要根据退役士兵学生职业技能等级证书备考需要加强实训基地建设"。这一个题目的平均值为1.80,标准差为1.04。从这一数据可以看出,接受调查的高职退役士兵学生对"实施'1+X'证书制度的高职专业，没必要根据退役士兵学生职业技能等级证书备考需要加强实训基地建设"不大认可。另外，接受调查的高职退役士兵学生中，持"非常不认同""不认同""不确定""认同""非常认同"观点的学生分别占到接受调查的此类学生总数的49.0%、34.4%、7.3%、5.9%、3.4%，可见，对"实施'1+X'证书制度的高职专业，没必要根据退役士兵学生职业技能等级证书备考需要加强实训基地建设"持认同观点的学生只占到接受调查的此类学生总数的9.3%（见表4-14）。这表明，接受调查的高职退役士兵学生倾向于认为实施"1+X"证书制度的高职专业有必要根据退役士兵学生职业技能等级证书备考需要加强实训基地建设。

表4-14　退役士兵学生对实训基地建设的看法

观点	人数/人	比例/%
非常不认同	242	49.0
不认同	170	34.4
不确定	36	7.3
认同	29	5.9
非常认同	17	3.4
总计	494	100.0

在高职院校"1+X"技术技能人才培养实践中，实训基地建设情况如何？为了了解这方面的情况，笔者在问卷中设置了题目"贵校实施了'1+X'证书制度的高职专业，实训基地能够满足退役士兵学生职业技能等级证书备考需要"。这一个题目的平均值为4.39，标准差为0.76。接受调查的高职退役士兵学生中，持"非常不认同""不认同""不确定""认同""非常认同"观点的学生分别占到接受调查的此类学生总数的1.0%、0.4%、9.7%、36.2%、52.6%（见表4-15）。可见，有88.8%的接受调查的高职退役士兵学生认为，所在学校实施了"1+X"证书制度的高职专业，实训基地能够满足退役士兵学生职业技能等级证书备考需要。

表4-15　退役士兵学生对培养实践中实训基地建设情况的看法

观点	人数/人	比例/%
非常不认同	5	1.0
不认同	2	0.4
不确定	48	9.7
认同	179	36.2

续表

观点	人数/人	比例/%
非常认同	260	52.6
总计	494	100.0

（五）信息管理服务平台建设

信息管理服务平台是"1+X"证书制度实施中的一个重要环节。为了了解退役士兵学生对基于退役士兵生源的高职"1+X"技术技能人才培养中信息管理服务平台建设问题的看法，笔者在问卷中设置了题目"在运用'1+X'证书制度将退役士兵学生培养成复合型技术技能人才时，应建立功能完善的'1+X'证书信息管理服务平台"。这一个题目的平均值为4.47，标准差为0.70。接受调查的高职退役士兵学生中，持"非常不认同""不认同""不确定""认同""非常认同"观点的学生分别占到接受调查的此类学生总数的0.8%、0.6%、5.1%、37.9%、55.7%（见表4-16）。可见，有高达93.6%的接受调查的高职退役士兵学生认为，在运用"1+X"证书制度将退役士兵学生培养成复合型技术技能人才时，应建立功能完善的"1+X"证书信息管理服务平台。

表4-16　退役士兵学生对信息管理服务平台建设的看法

观点	人数/人	比例/%
非常不认同	4	0.8
不认同	3	0.6
不确定	25	5.1
认同	187	37.9
非常认同	275	55.7
总计	494	100.0

在职业教育信息化和现代化建设背景下，做好"1+X"证书信息管理服务平台建设无疑十分必要。那么，当前"1+X"证书信息管理服务平台建设得怎么样？为了了解这方面的情况，笔者在问卷中设置了题目"'1+X'证书信息管理服务平台的功能已经比较完善"。这一个题目的平均值为4.33，标准差为0.83。接受调查的高职退役士兵学生中，持"非常不认同""不认同""不确定""认同""非常认同"观点的学生分别占到接受调查的此类学生总数的1.2%、1.0%、12.6%、33.8%、51.4%（见表4-17）。可见，有85.2%的接受调查的高职退役士

兵学生认为，"1+X"证书信息管理服务平台的功能已经比较完善，当然，也有14.8%的高职退役士兵学生不认同这样的观点。

表4-17　退役士兵学生对培养实践中信息管理服务平台建设情况的看法

观点	人数/人	比例/%
非常不认同	6	1.2
不认同	5	1.0
不确定	62	12.6
认同	167	33.8
非常认同	254	51.4
总计	494	100.0

四、关于培养活动

（一）对企业等用人单位的人才需求进行调查

高职院校服务国家经济社会建设的主要方式就是为企业等用人单位培养其所需要的高素质技术技能人才。因此，企业等用人单位的人才需求应该是高职院校技术技能人才培养的重要基础性工作。在高职院校"1+X"技术技能人才培养实践中，高职院校是否有必要对企业等用人单位的人才需求进行调查？为了了解退役士兵学生对这个问题的看法，笔者在问卷中设置了题目"实施'1+X'证书制度的高职专业，没必要对企业等用人单位的人才需求进行调查"。这一个题目的平均值为1.97，标准差为1.17。从这一数据可以看出，接受调查的高职退役士兵学生对"实施'1+X'证书制度的高职专业，没必要对企业等用人单位的人才需求进行调查"不大认可。另外，接受调查的高职退役士兵学生中，持"非常不认同""不认同""不确定""认同""非常认同"观点的学生分别占到接受调查的此类学生总数的46.0%、30.8%、8.9%、9.5%、4.9%（见表4-18）。可见，对"实施'1+X'证书制度的高职专业，没必要对企业等用人单位的人才需求进行调查"持认同观点的学生只占到接受调查的此类学生总数的14.4%。这表明，接受调查的高职退役士兵学生倾向于认为实施"1+X"证书制度的高职专业有必要对企业等用人单位的人才需求进行调查。

表4-18　退役士兵学生对用人单位人才需求调查的看法

观点	人数/人	比例/%
非常不认同	227	46.0
不认同	152	30.8
不确定	44	8.9
认同	47	9.5
非常认同	24	4.9
总计	494	100.0

在高职院校"1+X"技术技能人才培养实践中，学校对调查企业等用人单位的人才需求的重视程度如何？为了了解这方面的情况，笔者在问卷中设置了题目"贵校实施了'1+X'证书制度的高职专业，十分重视对企业等用人单位的人才需求进行调查"。这一个题目的平均值为4.41，标准差为0.73。接受调查的高职退役士兵学生中，持"非常不认同""不认同""不确定""认同""非常认同"观点的学生分别占到接受调查的此类学生总数的0.6%、0.4%、9.3%、36.8%、52.8%（见表4-19）。可见，有高达89.6%的接受调查的高职退役士兵学生认为，所在高职院校实施了"1+X"证书制度的高职专业，十分重视对企业等用人单位的人才需求进行调查。

表4-19　退役士兵学生对培养实践中开展用人单位人才需求调查情况的看法

观点	人数/人	比例/%
非常不认同	3	0.6
不认同	2	0.4
不确定	46	9.3
认同	182	36.8
非常认同	261	52.8
总计	494	100.0

（二）与企业等用人单位进行深度合作

在高职院校"1+X"技术技能人才培养实践中，高职院校是否应该与企业等用人单位进行深度合作？为了了解退役士兵学生对这个问题的看法，笔者在问卷中设置了题目"实施'1+X'证书制度的高职专业，应该与企业等用人单位进行深度合作"。这一个题目的平均值为4.44，标准差为0.72。接受调查的高职退役士兵学生中，持"非常不认同""不认同""不确定""认同""非常认同"观点的学生分别占到接受调查的此类学生总数的1.0%、0、7.1%、37.7%、54.3%（见表4-20）。可见，有高达92.0%的接受调查的高职退役士兵学生认为，实施"1+X"证书制度的高职专业，应该与企业等用人单位进行深度合作。

表4-20　退役士兵学生对高职院校与企业等用人单位进行合作情况的看法

观点	人数/人	比例/%
非常不认同	5	1.0
不认同	0	0
不确定	35	7.1
认同	186	37.7
非常认同	268	54.3
总计	494	100.0

在高职院校"1+X"技术技能人才培养实践中，高职院校与企业等用人单位进行合作的情况如何？为了了解这方面的情况，笔者在问卷中设置了题目"贵校实施了'1+X'证书制度的高职专业，与企业等用人单位进行了深度合作"。这一个题目的平均值为4.40，标准差为0.74。接受调查的高职退役士兵学生中，持"非常不认同""不认同""不确定""认同""非常认同"观点的学生分别占到接受调查的此类学生总数的0.8%、0.2%、9.9%、36.4%、52.6%（见表4-21）。可见，有高达89.0%的接受调查的高职退役士兵学生认为，所在高职院校实施了"1+X"证书制度的高职专业，与企业等用人单位进行了深度合作。

表4-21　退役士兵学生对培养实践中学校与企业等用人单位进行合作的看法

观点	人数/人	比例/%
非常不认同	4	0.8
不认同	1	0.2
不确定	49	9.9
认同	180	36.4
非常认同	260	52.6
总计	494	100.0

（三）增进教师对"1+X"证书制度的认识

"1+X"证书制度是一种近几年才开始实施的职业教育基本制度。在高职院校"1+X"技术技能人才培养实践中，高职院校是否应该增进教师对"1+X"证书制度的认识？为了了解退役士兵学生对这个问题的看法，笔者在问卷中设置了题目"实施'1+X'证书制度的高职专业,应该增进教师对'1+X'证书制度的认识"。这一个题目的平均值为4.45,标准差为0.71。接受调查的高职退役士兵学生中,持"非常不认同""不认同""不确定""认同""非常认同"观点的学生分别占到接受调查的此类学生总数的1.0%、0、6.7%、37.7%、54.7%(见表4-22)。可见,有高达92.4%的接受调查的高职退役士兵学生认为,实施"1+X"证书制度的高职专业,应该增进教师对"1+X"证书制度的认识。

表4-22 退役士兵学生关于增进教师对"1+X"证书制度认识的看法

观点	人数/人	比例/%
非常不认同	5	1.0
不认同	0	0
不确定	33	6.7
认同	186	37.7
非常认同	270	54.7
总计	494	100.0

在高职院校"1+X"技术技能人才培养实践中,高职院校在增进教师对"1+X"证书制度的认识方面做得怎样?为了了解这方面的情况,笔者在问卷中设置了题目"贵校实施了'1+X'证书制度的高职专业,十分注重增进教师对'1+X'证书制度的认识"。这一个题目的平均值为4.40,标准差为0.72。接受调查的高职退役士兵学生中,持"非常不认同""不认同""不确定""认同""非常认同"观点的学生分别占到接受调查的此类学生总数的0.4%、0.4%、9.9%、36.8%、52.4%(见表4-23)。可见,有高达89.2%的接受调查的高职退役士兵学生认为,所在高职院校实施了"1+X"证书制度的高职专业,十分注重增进教师对"1+X"证书制度的认识。

表4-23 退役士兵学生关于培养实践中增进教师对"1+X"证书制度认识情况的看法

观点	人数/人	比例/%
非常不认同	2	0.4
不认同	2	0.4
不确定	49	9.9
认同	182	36.8
非常认同	259	52.4
总计	494	100.0

（四）增进退役士兵学生对"1+X"证书制度的认识

退役士兵学生是"1+X"证书制度实施中除教师之外的另一类重要主体，他们对该制度的实施效果也具有重要影响。在高职院校"1+X"技术技能人才培养实践中，高职院校是否应该增进退役士兵学生对"1+X"证书制度的认识？为了了解退役士兵学生对这个问题的看法，笔者在问卷中设置了题目"实施'1+X'证书制度的高职专业，应该增进退役士兵学生对'1+X'证书制度的认识"。这一个题目的平均值为4.45，标准差为0.70。接受调查的高职退役士兵学生中，持"非常不认同""不认同""不确定""认同""非常认同"观点的学生分别占到接受调查的此类学生总数的0.8%、0.2%、6.7%、38.3%、54.0%（见表4–24）。可见，有高达92.3%的接受调查的高职退役士兵学生认为实施"1+X"证书制度的高职专业应该增进退役士兵学生对"1+X"证书制度的认识。

表4-24 退役士兵学生关于增进退役士兵学生对"1+X"证书制度认识的看法

观点	人数/人	比例/%
非常不认同	4	0.8
不认同	1	0.2
不确定	33	6.7
认同	189	38.3
非常认同	267	54.0
总计	494	100.0

在高职院校"1+X"技术技能人才培养实践中，高职院校在增进退役士兵学生对"1+X"证书制度的认识方面做得怎样？为了了解这方面的情况，笔者在问卷中设置了题目"贵校实施了'1+X'证书制度的高职专业，十分注重增进退役士兵学生对'1+X'证书制度的认识"。这一个题目的平均值为4.40，标准差为0.74。接受调查的高职退役士兵学生中，持"非常不认同""不认同""不确定""认同""非常认同"观点的学生分别占到接受调查的此类学生总数的0.6%、0.4%、10.3%、35.6%、53.0%（见表4–25）。可见，有高达88.6%的接受调查的高职退役士兵学生认为，所在高职院校实施了"1+X"证书制度的高职专业，十分注重增进退役士兵学生对"1+X"证书制度的认识。

表4-25　退役士兵学生关于培养实践中增进退役士兵学生对"1+X"证书制度认识情况的看法

观点	人数/人	比例/%
非常不认同	3	0.6
不认同	2	0.4
不确定	51	10.3
认同	176	35.6
非常认同	262	53.0
总计	494	100.0

（五）对退役士兵学生单独编班培养

退役士兵学生具有丰富的实践经验和较好的技能基础，而且身体素质好、纪律意识强、吃苦耐劳，但是他们也具有文化基础差、学习能力不强、急于就业和性格急躁等明显的负面特点。在高职院校"1+X"技术技能人才培养实践中，对于这样的学生，是应该单独编班培养，还是与高职传统生源学生混合编班培养？为了了解退役士兵学生对这个问题的看法，笔者在问卷中设置了题目"高职院校招收的退役士兵学生应该单独编班培养"。这一个题目的平均值为4.24，标准差为0.94。接受调查的高职退役士兵学生中，持"非常不认同""不认同""不确定""认同""非常认同"观点的学生分别占到接受调查的此类学生总数的1.6%、4.9%、10.9%、33.0%、49.6%（见表4-26）。可见，有79.6%的接受调查的高职退役士兵学生认为，高职院校招收的退役士兵学生应该单独编班培养。

表4-26　退役士兵学生对退役士兵学生单独编班培养的看法

观点	人数/人	比例/%
非常不认同	8	1.6
不认同	24	4.9
不确定	54	10.9
认同	163	33.0
非常认同	245	49.6
总计	494	100.0

在高职院校"1+X"技术技能人才培养实践中，高职院校是否对招收的退役士兵学生实施了单独编班培养？为了了解这方面的情况，笔者在问卷中设置了题目"贵校对退役士兵学生实施了单独编班培养"。这一个题目的平均值为4.12，标准差为1.07。接受调查的高职退役士兵学生中，持"非常不认同""不

认同""不确定""认同""非常认同"观点的学生分别占到接受调查的此类学生总数的4.3%、3.8%、15.0%、29.4%、47.6%（见表4-27）。可见，有77.0%的接受调查的高职退役士兵学生认为，所在高职院校对退役士兵学生实施了单独编班培养。

表4-27　退役士兵学生对培养实践中退役士兵学生单独编班培养情况的看法

观点	人数/人	比例/%
非常不认同	21	4.3
不认同	19	3.8
不确定	74	15.0
认同	145	29.4
非常认同	235	47.6
总计	494	100.0

（六）重视教师对学校人才培养工作给出的反馈意见

教师是高职院校"1+X"技术技能人才培养目标实现的重要基础性条件。既然如此，在高职院校"1+X"技术技能人才培养实践中，是否应该重视教师对学校人才培养工作给出的反馈意见？为了了解退役士兵学生对这一问题的看法，笔者在问卷中设置了题目"实施'1+X'证书制度的高职专业，应该重视教师对学校人才培养工作给出的反馈意见"。这一个题目的平均值为4.43，标准差为0.73。接受调查的高职退役士兵学生中，持"非常不认同""不认同""不确定""认同""非常认同"观点的学生分别占到接受调查的此类学生总数的0.8%、0.8%、6.9%、37.2%、54.3%（见表4-28）。可见，有高达91.5%的接受调查的高职退役士兵学生认为，实施"1+X"证书制度的高职专业，应该重视教师对学校人才培养工作给出的反馈意见。

表4-28　退役士兵学生关于重视教师对学校人才培养工作给出的反馈意见的看法

观点	人数/人	比例/%
非常不认同	4	0.8
不认同	4	0.8
不确定	34	6.9
认同	184	37.2
非常认同	268	54.3
总计	494	100.0

在高职院校"1+X"技术技能人才培养实践中，高职院校是否重视教师对学校人才培养工作给出的反馈意见？为了了解这方面的情况，笔者在问卷中设置了题目"贵校实施了'1+X'证书制度的高职专业，十分重视教师对学校人才培养工作给出的反馈意见"。这一个题目的平均值为4.38，标准差为0.76。接受调查的高职退役士兵学生中，持"非常不认同""不认同""不确定""认同""非常认同"观点的学生分别占到接受调查的此类学生总数的0.8%、0.4%、11.3%、35.2%、52.2%（见表4-29）。可见，有87.4%的接受调查的高职退役士兵学生认为，所在高职院校实施了"1+X"证书制度的高职专业，十分重视教师对学校人才培养工作给出的反馈意见。

表4-29　退役士兵学生关于培养实践中重视教师对学校人才培养工作给出反馈意见情况的看法

观点	人数/人	比例/%
非常不认同	4	0.8
不认同	2	0.4
不确定	56	11.3
认同	174	35.2
非常认同	258	52.2
总计	494	100.0

（七）重视退役士兵学生对学校人才培养活动给出的反馈意见

如前所述，在高职院校"1+X"技术技能人才培养实践中，很多学校都十分重视教师对学校人才培养工作给出的反馈意见。那么，他们是不是也应该重视作为这一人才培养活动主要培养对象的退役士兵学生的反馈意见？为了了解退役士兵学生对这一问题的看法，笔者在问卷中设置了题目"实施'1+X'证书制度的高职专业，应该重视退役士兵学生对学校人才培养活动给出的反馈意见"。这一个题目的平均值为4.47，标准差为0.67。接受调查的高职退役士兵学生中，持"非常不认同""不认同""不确定""认同""非常认同"观点的学生分别占到接受调查的此类学生总数的0.4%、0.4%、6.5%、37.0%、55.7%（见表4-30）。可见，有高达92.7%的接受调查的高职退役士兵学生认为，实施"1+X"证书制度的高职专业，应该重视退役士兵学生对学校人才培养工作给出的反馈意见。

表4-30　退役士兵学生关于重视退役士兵学生对学校人才培养工作给出的反馈意见的看法

观点	人数/人	比例/%
非常不认同	2	0.4
不认同	2	0.4
不确定	32	6.5
认同	183	37.0
非常认同	275	55.7
总计	494	100.0

在高职院校"1+X"技术技能人才培养实践中，高职院校是否重视退役士兵学生对学校人才培养工作给出的反馈意见？为了了解这方面的情况，笔者在问卷中设置了题目"贵校实施了'1+X'证书制度的高职专业，十分重视退役士兵学生对学校人才培养活动给出的反馈意见"。这一个题目的平均值为4.36，标准差为0.79。接受调查的高职退役士兵学生中，持"非常不认同""不认同""不确定""认同""非常认同"观点的学生分别占到接受调查的此类学生总数的0.8%、0.8%、11.9%、34.4%、52.0%（见表4-31）。可见，有86.4%的接受调查的高职退役士兵学生认为，所在高职院校实施了"1+X"证书制度的高职专业，十分重视退役士兵学生对学校人才培养工作给出的反馈意见。

表4-31　退役士兵学生关于培养实践中重视退役士兵学生对学校人才培养反馈意见情况的看法

观点	人数/人	比例/%
非常不认同	4	0.8
不认同	4	0.8
不确定	59	11.9
认同	170	34.4
非常认同	257	52.0
总计	494	100.0

（八）重视退役士兵学生对教师的教育教学工作给出的反馈意见

退役士兵学生是教师的教育教学工作的作用对象，他们对教师的教育教学工作比较熟悉。在高职院校"1+X"技术技能人才培养实践中，高职院校是否应该重视退役士兵学生对教师的教育教学工作给出的反馈意见？为了了解退役士兵学生对这一问题的看法，笔者在问卷中设置了题目"实施'1+X'证书制度的高职专业，应该重视退役士兵学生对教师的教育教学工作给出的反馈意见"。这一个题目的平均值为4.47，标准差为0.67。接受调查的高职退役士兵学生中，持"非常不认同""不认同""不确定""认同""非常认同"观点的学生分别占到接受调查的此类学生总数的0.4%、0.4%、6.5%、37.0%、55.7%（见表4-32）。可见，有高达92.7%的接受调查的高职退役士兵学生认为，实施"1+X"证书制度的高职专业，应该重视退役士兵学生对教师的教育教学工作给出的反馈意见。

表4-32　退役士兵学生关于重视退役士兵学生对教师教育教学反馈意见的看法

观点	人数/人	比例/%
非常不认同	2	0.4
不认同	2	0.4
不确定	32	6.5
认同	183	37.0
非常认同	275	55.7
总计	494	100.0

在高职院校"1+X"技术技能人才培养实践中，高职院校是否重视退役士兵学生对教师的教育教学工作给出的反馈意见？为了了解这方面的情况，笔者在问卷中设置了题目"贵校实施了'1+X'证书制度的高职专业，十分重视退役士兵学生对教师的教育教学工作给出的反馈意见"。这一个题目的平均值为4.36，标准差为0.79。接受调查的高职退役士兵学生中，持"非常不认同""不认同""不确定""认同""非常认同"观点的学生分别占到接受调查的此类学生总数的0.8%、1.0%、11.9%、33.8%、52.4%（见表4-33）。可见，有86.2%的接受调查的高职退役士兵学生认为，所在高职院校实施了"1+X"证书制度的高职专业，十分重视退役士兵学生对教师的教育教学工作给出的反馈意见。

表4-33　退役士兵学生关于培养实践中重视退役士兵学生对教师教育教学反馈意见情况的看法

观点	人数/人	比例/%
非常不认同	4	0.8
不认同	5	1.0
不确定	59	11.9
认同	167	33.8
非常认同	259	52.4
总计	494	100.0

（九）对退役士兵学生的个体需求给予持续关注

培养对象的个体需求影响其发展的方向和动力。在高职院校"1+X"技术技能人才培养实践中，高职院校是否应该对退役士兵学生的个体需求给予持续关注？为了了解退役士兵学生对这一问题的看法，笔者在问卷中设置了题目"实施'1+X'证书制度的高职专业，应该对退役士兵学生的个体需求给予持续关注"。这一个题目的平均值为4.46，标准差为0.71。接受调查的高职退役士兵学生中，持"非常不认同""不认同""不确定""认同""非常认同"观点的学生分别占到接受调查的此类学生总数的0.8%、0.2%、7.1%、36.0%、55.9%（见表4-34）。可见，有高达91.9%的接受调查的高职退役士兵学生认为实施"1+X"证书制度的高职专业应该对退役士兵学生的个体需求给予持续关注。

表4-34 退役士兵学生关于对退役士兵学生个体需求给予持续关注的看法

观点	人数/人	比例/%
非常不认同	4	0.8
不认同	1	0.2
不确定	35	7.1
认同	178	36.0
非常认同	276	55.9
总计	494	100.0

在高职院校"1+X"技术技能人才培养实践中，高职院校是否关注退役士兵学生的个体需求？为了了解这方面的情况，笔者在问卷中设置了题目"贵校实施了'1+X'证书制度的高职专业，十分关注退役士兵学生的个体需求"。这一个题目的平均值为4.34，标准差为0.79。接受调查的高职退役士兵学生中，持"非常不认同""不认同""不确定""认同""非常认同"观点的学生分别占到接受调查的此类学生总数的0.8%、0.6%、13.2%、34.2%、51.2%（见表4-35）。可见，有85.4%的接受调查的高职退役士兵学生认为，所在高职院校实施了"1+X"证书制度的高职专业，十分关注退役士兵学生的个体需求。

表4-35 退役士兵学生关于培养实践中十分关注退役士兵学生个体需求情况的看法

观点	人数/人	比例/%
非常不认同	4	0.8
不认同	3	0.6

观点	人数/人	比例/%
不确定	65	13.2
认同	169	34.2
非常认同	253	51.2
总计	494	100.0

（十）开展分层教学

退役士兵学生具有学习基础差的负面特点，面对专业理论知识的学习，他们可能会感到有较大的压力。在高职院校"1+X"技术技能人才培养实践中，高职院校是否有必要根据学生的这个特点开展分层教学？为了了解退役士兵学生对这一问题的看法，笔者在问卷中设置了题目"实施'1+X'证书制度的高职专业，没必要根据退役士兵学生的学习基础开展分层教学"。这一个题目的平均值为1.91，标准差为1.10。从这一数据可以看出，接受调查的高职退役士兵学生对"实施'1+X'证书制度的高职专业，没必要根据退役士兵学生的学习基础开展分层教学"不大认可。另外，接受调查的高职退役士兵学生中，持"非常不认同""不认同""不确定""认同""非常认同"观点的学生分别占到接受调查的此类学生总数的46.2%、32.8%、9.1%、8.1%、3.8%（见表4-36）。可见，对"实施'1+X'证书制度的高职专业，没必要根据退役士兵学生的学习基础开展分层教学"持认同观点的学生只占到接受调查的此类学生总数的11.9%。这表明，接受调查的高职退役士兵学生倾向于认为实施"1+X"证书制度的高职专业有必要根据退役士兵学生的学习基础开展分层教学。

表4-36 退役士兵学生关于开展分层教学的看法

观点	人数/人	比例/%
非常不认同	228	46.2
不认同	162	32.8
不确定	45	9.1
认同	40	8.1
非常认同	19	3.8
总计	494	100.0

在高职院校"1+X"技术技能人才培养实践中，高职院校有没有根据退役士兵学生的学习基础开展分层教学？为了了解这方面的情况，笔者在问卷中设

置了题目"贵校实施了'1+X'证书制度的高职专业，已经全面开展分层教学"。这一个题目的平均值为4.32，标准差为0.81。接受调查的高职退役士兵学生中，持"非常不认同""不认同""不确定""认同""非常认同"观点的学生分别占到接受调查的此类学生总数的0.8%、1.2%、13.6%、33.6%、50.8%（见表4-37）。可见，有84.4%的接受调查的高职退役士兵学生认为，所在高职院校实施了"1+X"证书制度的高职专业，已经全面开展分层教学。

表4-37　退役士兵学生关于培养实践中开展分层教学情况的看法

观点	人数/人	比例/%
非常不认同	4	0.8
不认同	6	1.2
不确定	67	13.6
认同	166	33.6
非常认同	251	50.8
总计	494	100.0

五、关于培养评价

（一）举行学习基础测试

　　准确把握高职退役士兵学生的学习基础有利于教学活动的开展。在高职院校"1+X"技术技能人才培养实践中，高职院校是否有必要对退役士兵学生进行学习基础测试？为了了解退役士兵学生对这一问题的看法，笔者在问卷中设置了题目"实施'1+X'证书制度的高职专业，应该在退役士兵学生刚入学时举行旨在了解其学习基础的测试"。这一个题目的平均值为4.36，标准差为0.77。接受调查的高职退役士兵学生中，持"非常不认同""不认同""不确定""认同""非常认同"观点的学生分别占到接受调查的此类学生总数的0.8%、0.6%、11.5%、35.8%、51.2%（见表4-38）。可见，有87.0%的接受调查的高职退役士兵学生认为实施"1+X"证书制度的高职专业应该在退役士兵学生刚入学时举行旨在了解其学习基础的测试。

表4-38 退役士兵学生对举行基础测试的看法

观点	人数/人	比例/%
非常不认同	4	0.8
不认同	3	0.6
不确定	57	11.5
认同	177	35.8
非常认同	253	51.2
总计	494	100.0

在高职院校"1+X"技术技能人才培养实践中，高职院校有没有对退役士兵学生进行学习基础测试？为了了解这方面的情况，笔者在问卷中设置了题目"贵校实施了'1+X'证书制度的高职专业，在退役士兵学生刚入学时举行了旨在了解其学习基础的测试"。这一个题目的平均值为4.35，标准差为0.78。接受调查的高职退役士兵学生中，持"非常不认同""不认同""不确定""认同""非常认同"观点的学生分别占到接受调查的此类学生总数的0.8%、1.0%、11.1%、36.8%、50.2%（见表4-39）。可见，有87.0%的接受调查的高职退役士兵学生认为所在高职院校实施了"1+X"证书制度的高职专业在退役士兵学生刚入学时举行了旨在了解其学习基础的测试。

表4-39 退役士兵学生对培养实践中举行基础测试情况的看法

观点	人数/人	比例/%
非常不认同	4	0.8
不认同	5	1.0
不确定	55	11.1
认同	182	36.8
非常认同	248	50.2
总计	494	100.0

（二）统筹安排专业课程考试与相关职业技能等级考核

评价是检测高职退役士兵学生培养效果的重要手段。在高职院校"1+X"技术技能人才培养实践中，高职院校是否应该统筹安排专业课程考试与相关职业技能等级考核，使二者同步？为了了解退役士兵学生对这一问题的看法，笔者在问卷中设置了题目"实施'1+X'证书制度的高职专业，应该统筹安排专业课程考试与相关职业技能等级考核，使二者同步"。这一个题目的平均值为

4.40，标准差为0.74。接受调查的高职退役士兵学生中，持"非常不认同""不认同""不确定""认同""非常认同"观点的学生分别占到接受调查的此类学生总数的0.8%、0、10.1%、36.6%、52.4%（见表4-40）。可见，有89.0%的接受调查的高职退役士兵学生认为，实施"1+X"证书制度的高职专业，应该统筹安排专业课程考试与相关职业技能等级考核，使二者同步。

表4-40　退役士兵学生对统筹安排专业课程考试与相关职业技能等级考核的看法

观点	人数/人	比例/%
非常不认同	4	0.8
不认同	0	0
不确定	50	10.1
认同	181	36.6
非常认同	259	52.4
总计	494	100.0

在高职院校"1+X"技术技能人才培养实践中，高职院校统筹安排专业课程考试与相关职业技能等级考核的情况如何？为了了解这方面的情况，笔者在问卷中设置了题目"贵校实施了'1+X'证书制度的高职专业，已经做到了专业课程考试与相关职业技能等级考核同步"。这一个题目的平均值为4.33，标准差为0.78。接受调查的高职退役士兵学生中，持"非常不认同""不认同""不确定""认同""非常认同"观点的学生分别占到接受调查的此类学生总数的0.8%、0.4%、12.8%、36.6%、49.4%（见表4-41）。可见，有86%的接受调查的高职退役士兵学生认为，所在高职院校实施了"1+X"证书制度的高职专业，已经做到了专业课程考试与相关职业技能等级考核同步。

表4-41　退役士兵学生对培养实践中统筹安排专业课程考试与相关职业技能等级考核情况的看法

观点	人数/人	比例/%
非常不认同	4	0.8
不认同	2	0.4
不确定	63	12.8
认同	181	36.6
非常认同	244	49.4
总计	494	100.0

（三）开展分层评价

虽然与高职传统生源学生相比，高职退役士兵学生年龄偏大，学习基础较差，但他们大多吃苦耐劳。在多种因素的作用下，不同退役士兵学生的学习效果呈现出较大的差异，不宜用同样的标准去评价所有的退役士兵学生。在高职院校"1+X"技术技能人才培养实践中，高职院校是否有必要根据退役士兵学生的个体差异开展分层评价？为了了解退役士兵学生对这一问题的看法，笔者在问卷中设置了题目"实施'1+X'证书制度的高职专业，没必要根据退役士兵学生的个体差异开展分层评价"。这一个题目的平均值为1.88，标准差为1.04。从这一数据可以看出，接受调查的高职退役士兵学生对"实施'1+X'证书制度的高职专业，没必要根据退役士兵学生的个体差异开展分层评价"不大认可。另外，接受调查的高职退役士兵学生中，持"非常不认同""不认同""不确定""认同""非常认同"观点的学生分别占到接受调查的此类学生总数的45.5%、33.2%、11.7%、6.7%、2.8%（见表4-42）。可见，对"实施'1+X'证书制度的高职专业，没必要根据退役士兵学生的个体差异开展分层评价"持认同观点的学生只占到接受调查的此类学生总数的9.5%。这表明，很大一部分接受调查的高职退役士兵学生认为，实施"1+X"证书制度的高职专业，有必要根据退役士兵学生的个体差异开展分层评价。

表4-42 退役士兵学生对开展分层评价的看法

观点	人数/人	比例/%
非常不认同	225	45.5
不认同	164	33.2
不确定	58	11.7
认同	33	6.7
非常认同	14	2.8
总计	494	100.0

在高职院校"1+X"技术技能人才培养实践中，高职院校有没有对退役士兵学生进行分层评价？为了了解这方面的情况，笔者在问卷中设置了题目"贵校实施了'1+X'证书制度的高职专业，已经对退役士兵学生进行分层评价"。这一个题目的平均值为4.34，标准差为0.79。接受调查的高职退役士兵学生中，持"非常不认同""不认同""不确定""认同""非常认同"观点的学生分别占到接

受调查的此类学生总数的0.6%、1.0%、13.2%、34.4%、50.8%（见表4-43）。可见，有85.2%的接受调查的高职退役士兵学生认为，所在高职院校实施了"1+X"证书制度的高职专业，已经对退役士兵学生进行分层评价。

表4-43　退役士兵学生对培养实践中开展分层评价情况的看法

观点	人数/人	比例/%
非常不认同	3	0.6
不认同	5	1.0
不确定	65	13.2
认同	170	34.4
非常认同	251	50.8
总计	494	100.0

六、学校类别、就读专业、学生类别、性别、年级和 "上大学前在部队服役年限"在总均分与四个维度上的差异

（一）学校类别在总均分与四个维度上的差异

独立样本t检验（independent-samples t-test）结果显示，不同学校类别（"双高校"和"非双高校"）在总均分与培养目标、培养条件、培养活动三个维度上的差异不显著，在培养评价维度上的差异达到显著性水平。具体情况见表4-44。

表4-44　学校类别在总均分与四个维度上的差异（N=494）

统计项	是否来自双高校（M±SD）		t值
	是	否	
总均分	4.15±0.52	4.14±0.47	0.26
培养目标	4.45±0.67	4.42±0.76	0.41
培养条件	4.16±0.54	4.16±0.62	0.16
培养活动	4.15±0.52	4.13±0.62	0.33
培养评价	3.93±0.49	3.94±0.57	−0.33*

注：*表示在0.05水平上显著。

可见，在接受调查的高职院校退役士兵学生中，不同类别学校的学生对培养评价的看法存在一定差异，来自双高校的学生在培养评价维度的平均得分略低于来自非双高校的学生的平均得分。这表明，在退役士兵学生培养上，双高校并不一定比非双高校强。在职业教育发展中，随着国家双高建设计划的实施，

非双高校与双高校的差距越来越大，它们在"传统项目"上要超越后者的难度也越来越大。因此，非双高校要想实现"弯道超车"，就应该抓住国家实施退役士兵学生培养等"新兴项目"的机遇。

（二）就读专业在总均分与四个维度上的差异

独立样本 t 检验结果显示，不同就读专业（"理工科"专业和"人文社科"专业）在总均分与培养目标、培养条件、培养活动、培养评价四个维度上的差异均不显著。在接受调查的高职院校退役士兵学生中，就读"理工科"专业的学生在总均分与培养目标、培养条件、培养活动、培养评价四个维度上的平均得分略低于就读"人文社科"专业的学生。具体情况见表4-45。

表4-45 就读专业在总均分与四个维度上的差异（N=494）

统计项	就读专业（M±SD）		t值
	理工科	人文社科	
总均分	4.14±0.57	4.16±0.54	-0.30
培养目标	4.43±0.72	4.47±0.69	-0.50
培养条件	4.15±0.59	4.18±0.53	-0.47
培养活动	4.13±0.57	4.15±0.55	-0.20
培养评价	3.94±0.53	3.95±0.50	-0.07

（三）学生类别在总均分与四个维度上的差异

独立样本 t 检验结果显示，不同学生类别（"在校学生"和"已毕业学生"）在总均分与培养目标、培养条件、培养活动、培养评价四个维度上的差异均不显著。在接受调查的高职院校退役士兵学生中，在校的退役士兵学生在总均分与培养目标、培养条件、培养活动、培养评价四个维度上的平均得分略高于已毕业的学生。具体情况见表4-46。

表4-46 学生类别在总均分与四个维度上的差异（N=494）

统计项	学生类别（M±SD）		t值
	在校学生	已毕业学生	
总均分	4.15±0.56	4.11±0.54	0.51
培养目标	4.44±0.71	4.41±0.72	0.27
培养条件	4.17±0.57	4.11±0.58	0.93
培养活动	4.14±0.58	4.12±0.52	0.32
培养评价	3.95±0.52	3.91±0.54	0.56

本次问卷调查的正式实施时间是7月下旬，这时候高职院校毕业年级的学生刚刚离校，新的一年级的学生尚未报到。为了保证调查对象覆盖年级的完整性，所以将"已毕业学生"①也纳入了调查对象范围。调查数据显示，这些学生与"在校学生"在问卷信息的反馈方面并不存在显著差异，这表明将"已毕业学生"纳入调查对象范围是可行的。

（四）性别在总均分与四个维度上的差异

在我国，到部队服役的女性的数量远远少于男性，而且，到部队服役的女性大多是有文艺等特长的，她们退役后比较容易找到合适的就业岗位，选择到高职院校接受职业教育的比较少，所以，高职院校的退役士兵学生中，女性占比较小。独立样本t检验结果显示，不同性别在总均分与培养目标、培养条件、培养活动、培养评价四个维度上的差异均不显著。在接受调查的高职院校退役士兵学生中，男性退役士兵学生在总均分和培养条件、培养活动、培养评价三个维度上的平均得分整体略高于女性退役士兵学生。具体情况见表4-47。

表4-47　性别在总均分与四个维度上的差异（N=494）

统计项	性别（M±SD）		t值
	男	女	
总体情况	4.15±0.57	4.12±0.50	0.47
培养目标	4.44±0.74	4.44±0.58	−0.17
培养条件	4.17±0.59	4.13±0.50	0.53
培养活动	4.14±0.58	4.12±0.52	0.37
培养评价	3.95±0.53	3.89±0.51	1.04

（五）年级在总均分与四个维度上的差异

单因子独立样本变异数分析（One-Way ANOVA）结果显示，年级在总均分与培养目标、培养条件、培养活动、培养评价四个维度上的差异均不显著。在接受调查的高职院校退役士兵学生中，与一、二年级退役士兵学生相比，"三年

① "已毕业学生"既包括高职院校毕业年级刚刚毕业离校的退役士兵学生，也包括高职院校往届退役士兵毕业生。由于笔者是通过相关高职院校在职教师发放问卷，能够联系到的主要是刚刚毕业离校的退役士兵学生，所以本调查中的"已毕业学生"主要是指高职院校毕业年级刚刚毕业离校的退役士兵学生。

级及以上"学生[1]在总均分与培养目标、培养条件、培养活动、培养评价四个维度上的平均得分整体略低。具体情况见表4-48。

表4-48　性别在总均分与四个维度上的差异（N=494）

统计项	年级（M±SD）			F值
	一年级	二年级	三年级及以上	
总均分	4.14±0.55	4.17±0.57	4.12±0.55	0.41
培养目标	4.48±0.67	4.45±0.73	4.40±0.73	0.46
培养条件	4.16±0.57	4.20±0.57	4.11±0.58	1.14
培养活动	4.13±0.56	4.16±0.59	4.12±0.55	0.26
培养评价	3.94±0.53	3.97±0.53	3.92±0.51	0.34

（六）"上大学前在部队服役年限"在总均分与四个维度上的差异

单因子独立样本变异数分析结果显示，"上大学前在部队服役年限"在总均分与培养目标、培养条件、培养活动、培养评价四个维度上的差异均不显著。在接受调查的高职院校退役士兵学生中，上大学前在部队服役年限为"0～2年"和"3～6年"的退役士兵学生，在总均分与培养目标、培养条件、培养活动、培养评价四个维度上的平均得分都要高于上大学前在部队服役年限为"7年及以上"[2]的退役士兵学生。具体情况见表4-49。

表4-49　"上大学前在部队服役年限"在总均分与四个维度上的差异（N=494）

统计项	"上大学前在部队服役年限"（M±SD）			F值
	0～2年	3～6年	7年及以上	
总均分	4.15±0.57	4.17±0.42	4.07±0.59	0.20
培养目标	4.44±0.73	4.44±0.56	4.35±0.72	0.13
培养条件	4.16±0.59	4.19±0.41	4.08±0.57	0.21
培养活动	4.14±0.58	4.19±0.43	4.08±0.62	0.27
培养评价	3.95±0.53	3.92±0.45	3.84±0.54	0.40

---

[1]　在调研对象中，年级为"四年级"的退役士兵学生仅有8人，数量较少，所以在统计时将他们与年级为"三年级"的合并为"三年级及以上"。

[2]　在调研对象中，上大学前在部队服役年限为"7～8年"的有2人，"9～12年"的有4人，"13年及以上"的有11人，这三类群体数量较少，总共才17人，在统计时将他们合并为"7年及以上"。

七、高职院校在运用"1+X"证书制度将退役士兵学生培养成复合型 技术技能人才的过程中"可采取的措施"和"需要注意的问题"

在高职退役士兵学生问卷的最后，笔者设置了开放性问题："高职院校在运用'1+X'证书制度将退役士兵学生培养成复合型技术技能人才的过程中，可以采取哪些措施？需要注意哪些问题？"由于本问卷是通过问卷星填写，考虑到如果将这个题目设置成必答题，可能导致有的学生放弃填写问卷，所以在正式问卷中，将这个题目设计成了选答题。

在494份有效问卷中，有228份回答了这个问题，占比46.2%。笔者对这些答案进行了整理，主要观点如下。

（一）可采取的措施

其一，建立网络学习平台，为退役士兵学生的学习提供相关资源与时间便利，也方便教师为学生的学习提供辅导。

其二，指导培训评价组织梳理细化职业技能等级证书所包含的学习单元，为认证和积累、转换奠定基础。

其三，可以采取课外补习、开设网课等措施，改善退役士兵学生的学习基础。

其四，学校与用人单位深度合作。

其五，全面开展分层教学。

（二）需要注意的问题

其一，增进退役士兵学生对"1+X"证书制度的认识。

其二，重视理论与实践教学的结合，注重实操。

其三，抓紧解决部分退役士兵学生的学习基础较差等问题。

其四，进行教学安排时，适当考虑退役士兵学生的时间，以免冲突。

其五，重视退役士兵学生的感受和意见。

第四节　调查结论

基于上述调查与分析，可以得出如下结论：

第一，绝大多数高职退役士兵学生认为实施"1+X"证书制度可以将退役士兵学生培养成复合型技术技能人才。

在接受调查的高职退役士兵学生中，90.1%的学生认为国家推行"1+X"证书制度的主要目的在于培养复合型技术技能人才，91.5%的学生认为实施"1+X"证书制度的高职专业可以将退役士兵学生培养成复合型技术技能人才。

第二，绝大多数高职退役士兵学生认为实现复合型技术技能人才培养目标的关键在于1和X相互融通。

在接受调查的高职退役士兵学生中，92.5%的学生认为，实施"1+X"证书制度的高职专业，实现复合型技术技能人才培养目标的关键在于1（学历证书）和X（职业技能等级证书）相互融通。

第三，绝大多数高职退役士兵学生认为，实施"1+X"证书制度的高职专业，X证书培训内容应该是专业课程内容的补充、强化和拓展。

在接受调查的高职退役士兵学生中，92.5%的学生认为，实施"1+X"证书制度的高职专业，X证书培训内容应该是专业课程内容的补充、强化和拓展。

第四，绝大多数高职退役士兵学生认为，实施"1+X"证书制度的高职专业，应该开发出1和X融通的教材。

在接受调查的高职退役士兵学生中，92.7%的学生认为，实施"1+X"证书制度的高职专业，应该开发出1和X融通的教材。

第五，绝大多数高职退役士兵学生认为，实施"1+X"证书制度的高职专业，应该建设一个能够实施教学、培训和评价的教师团队。

在接受调查的高职退役士兵学生中，93.9%的学生认为，实施"1+X"证书制度的高职专业，应该建设一个能够实施教学、培训和评价的教师团队。

第六，绝大多数高职退役士兵学生倾向于认为，实施"1+X"证书制度的高职专业，有必要根据退役士兵学生职业技能等级证书备考需要加强实训基地建设。

在接受调查的高职退役士兵学生中，对"实施'1+X'证书制度的高职专业，没必要根据退役士兵学生职业技能等级证书备考需要加强实训基地建设"持认同态度（"认同"和"非常认同"）的学生占比9.3%，持不认同态度（"非常不认同"和"不认同"）的学生占比83.4%。学生们倾向于认为，实施"1+X"证书制度的高职专业，有必要根据退役士兵学生职业技能等级证书备考需要加强实训基地建设。

第七，绝大多数高职退役士兵学生认为，在运用"1+X"证书制度将退役士兵学生培养成复合型技术技能人才时，应建立功能完善的"1+X"证书信息管理服务平台。

在接受调查的高职退役士兵学生中，93.6%的学生认为，在运用"1+X"证书制度将退役士兵学生培养成复合型技术技能人才时，应建立功能完善的"1+X"证书信息管理服务平台。

第八，绝大多数高职退役士兵学生倾向于认为，实施"1+X"证书制度的高职专业，有必要对企业等用人单位的人才需求进行调查。

在接受调查的高职退役士兵学生中，对"实施'1+X'证书制度的高职专业，没必要对企业等用人单位的人才需求进行调查"持认同态度（"认同"和"非常认同"）的学生占比14.4%，持不认同态度（"非常不认同"和"不认同"）的学生占比76.8%。学生们倾向于认为，实施"1+X"证书制度的高职专业，有必要对企业等用人单位的人才需求进行调查。

第九，绝大多数高职退役士兵学生认为，实施'1+X'证书制度的高职专业，应该与企业等用人单位进行深度合作。

在接受调查的高职退役士兵学生中，92.0%的学生认为，实施"1+X"证书制度的高职专业，应该与企业等用人单位进行深度合作。

第十，绝大多数高职退役士兵学生认为，实施"1+X"证书制度的高职专业，应该增进教师对"1+X"证书制度的认识。

在接受调查的高职退役士兵学生中，92.4%的学生认为，实施"1+X"证书制度的高职专业，应该增进教师对"1+X"证书制度的认识。

第十一，绝大多数高职退役士兵学生认为，实施"1+X"证书制度的高职专业，应该增进退役士兵学生对"1+X"证书制度的认识。

在接受调查的高职退役士兵学生中，92.3%的学生认为，实施"1+X"证书制度的高职专业，应该增进退役士兵学生对"1+X"证书制度的认识。

第十二，大多数高职退役士兵学生认为，高职院校招收的退役士兵学生应该单独编班培养。

在接受调查的高职退役士兵学生中，79.6%的学生认为高职院校招收的退役士兵学生应该单独编班培养。

第十三，绝大多数高职退役士兵学生认为，实施"1+X"证书制度的高职专业，应该重视教师对学校人才培养工作给出的反馈意见。

在接受调查的高职退役士兵学生中，91.5%的学生认为，实施"1+X"证书制度的高职专业，应该重视教师对学校人才培养工作给出的反馈意见。

第十四，绝大多数高职退役士兵学生认为，实施"1+X"证书制度的高职专业，应该重视退役士兵学生对学校人才培养工作给出的反馈意见。

在接受调查的高职退役士兵学生中，92.7%的学生认为，实施"1+X"证书制度的高职专业，应该重视退役士兵学生对学校人才培养工作给出的反馈意见。

第十五，绝大多数高职退役士兵学生认为，实施"1+X"证书制度的高职专业，应该重视退役士兵学生对教师的教育教学工作给出的反馈意见。

在接受调查的高职退役士兵学生中，92.7%的学生认为，实施"1+X"证书制度的高职专业，应该重视退役士兵学生对教师的教育教学工作给出的反馈意见。

第十六，绝大多数高职退役士兵学生认为，实施"1+X"证书制度的高职专业，应该对退役士兵学生的个体需求给予持续关注。

在接受调查的高职退役士兵学生中，91.9%的学生认为，实施"1+X"证书制度的高职专业，应该对退役士兵学生的个体需求给予持续关注。

第十七，绝大多数高职退役士兵学生倾向于认为，实施"1+X"证书制度的高职专业，有必要根据退役士兵学生的学习基础开展分层教学。

在接受调查的高职退役士兵学生中，对"实施'1+X'证书制度的高职专业，没必要根据退役士兵学生的学习基础开展分层教学"持认同态度（"认同"和"非常认同"）的学生占比11.9%，持不认同态度（"非常不认同"和"不认同"）的学生占比79.0%，学生们倾向于认为，实施"1+X"证书制度的高职专业，有必要根据退役士兵学生的学习基础开展分层教学。

第十八，绝大多数高职退役士兵学生认为，实施"1+X"证书制度的高职专业，应该在退役士兵学生刚入学时举行旨在了解其学习基础的测试。

在接受调查的高职退役士兵学生中，87.0%的学生认为，实施"1+X"证书制度的高职专业，应该在退役士兵学生刚入学时举行旨在了解其学习基础的测试。

第十九，绝大多数高职退役士兵学生认为，实施"1+X"证书制度的高职专业，应该统筹安排专业课程考试与相关职业技能等级考核，使二者同步。

在接受调查的高职退役士兵学生中，89.0%的学生认为，实施"1+X"证书制度的高职专业，应该统筹安排专业课程考试与相关职业技能等级考核，使二者同步。

第二十，绝大多数高职退役士兵学生倾向于认为，实施"1+X"证书制度的高职专业，有必要根据退役士兵学生的个体差异开展分层评价。

在接受调查的高职退役士兵学生中，对"实施'1+X'证书制度的高职专业，没必要根据退役士兵学生的个体差异开展分层评价"持认同态度（"认同"和"非常认同"）的学生占比9.5%，持不认同态度（"非常不认同"和"不认同"）的学生占比78.7%，学生们倾向于认为，实施"1+X"证书制度的高职专业，有必要根据退役士兵学生的个体差异开展分层评价。

第二十一，绝大多数高职退役士兵学生对所在高职院校开展退役士兵学生培养情况评价较好。

在接受调查的高职退役士兵学生中，90.7%的学生认为，其所在高职院校实施了"1+X"证书制度的高职专业，X证书培训内容是专业课程内容的补充、强化和拓展；88.2%的学生认为，所在高职院校实施"1+X"证书制度的高职专业，已经开发出了1和X融通的教材；88.4%的学生认为，所在高职院校实施了"1+X"证书制度的高职专业，建设了一个能够实施教学、培训和评价的教师团队；88.8%的学生认为，所在高职院校实施了"1+X"证书制度的高职专业，实训基地能够满足退役士兵学生职业技能等级证书备考需要；85.2%的学生认为，"1+X"证书信息管理服务平台的功能已经比较完善。

在接受调查的高职退役士兵学生中，89.6%的学生认为，所在高职院校实施了"1+X"证书制度的高职专业，十分重视对企业等用人单位的人才需求进行调查；89.0%的学生认为，所在高职院校实施了"1+X"证书制度的高职专业，与企业等用人单位进行了深度合作；89.2%的学生认为，所在高职院校实施了"1+X"证书制度的高职专业，十分注重增进教师对"1+X"证书制度的认识；88.6%的学生认为，所在高职院校实施了"1+X"证书制度的高职专业，十分注重增进退役士兵学生对"1+X"证书制度的认识；77.0%的学生认为，所在高职院校对退役士兵学生实施了单独编班培养；87.4%的学生认为，所在高职院校实施了"1+X"证书制度的高职专业，十分重视教师对学校人才培养工作给出的反馈意见；86.4%的学生认为，所在高职院校实施了"1+X"证书制度的高职专业，十分重视退役士兵学生对学校人才培养工作给出的反馈意见；86.2%的学生认为，所在高职院校实施了"1+X"证书制度的高职专业，十分重视退役士兵学生对教师的教育教学工作给出的反馈意见。

在接受调查的高职退役士兵学生中，85.4%的学生认为，所在高职院校实施了"1+X"证书制度的高职专业，十分关注退役士兵学生的个体需求；84.4%的学生认为，所在高职院校实施了"1+X"证书制度的高职专业，已经全面开展分层教学；87.0%的学生认为，所在高职院校实施了"1+X"证书制度的高职专业，在退役士兵学生刚入学时举行了旨在了解其学习基础的测试；86%的学生认为，所在高职院校实施了"1+X"证书制度的高职专业，已经做到了专业课程考试与相关职业技能等级考核同步；85.2%的学生认为，所在高职院校实施了"1+X"证书制度的高职专业，已经对退役士兵学生进行分层评价；91.5%的学生认为，所在高职院校实施了"1+X"证书制度的高职专业培养出来的退役士兵学生是复合型技术技能人才。

第二十二，学校类别对高职退役士兵学生在关于退役士兵学生培养的看法上具有一定影响。

调查发现，不同学校类别（"双高校"和"非双高校"）在培养评价维度上的差异达到显著性水平。可见，学校类别对高职退役士兵学生在关于退役士兵学生培养的看法上具有一定影响。

第二十三，退役士兵学生对高职院校在运用"1+X"证书制度将退役士兵学生培养成复合型技术技能人才的过程中可采取的措施提出了建议。

在针对高职退役士兵学生的问卷最后的开放性问题中，退役士兵学生对高职院校在运用"1+X"证书制度将退役士兵学生培养成复合型技术技能人才的过程中"可采取的措施"，从网络学习平台、职业技能等级证书、改善退役士兵学生学习基础、校企合作和分层教学等方面提出了建议。

第二十四，退役士兵学生对高职院校在运用"1+X"证书制度将退役士兵学生培养成复合型技术技能人才的过程中需要注意的问题提出了建议。

在针对高职退役士兵学生的问卷最后的开放性问题中，退役士兵学生对高职院校在运用"1+X"证书制度将退役士兵学生培养成复合型技术技能人才的过程中"需要注意的问题"，从对"1+X"证书制度的认识、理论与实践教学结合、退役士兵学生的学习基础与特点、教学安排以及退役士兵学生的感受和意见等方面提出了建议。

第五章

基于退役士兵生源的高职"1+X"技术技能人才培养现状调研二
——以传统生源学生为对象

高职传统生源学生是高职技术技能人才培养的主要对象，是高职院校技术技能人才培养相关理论、模式和条件等形成的重要影响因素，他们对高职退役士兵学生及其培养的认识，有助于基于退役士兵生源的高职"1+X"技术技能人才培养理论、模式和条件等的形成。在这一章，我们将运用自编问卷《基于退役士兵生源的高职"1+X"技术技能人才培养情况调查问卷（高职传统生源学生）》，对基于退役士兵生源的高职"1+X"技术技能人才培养现状进行调研。

第一节　调查问卷编制

一、调查问卷初稿编制

本次调查是为了了解高职传统生源学生对基于退役士兵生源的高职"1+X"技术技能人才培养的看法以及学生所在学校的相关情况。根据研究的需要，本研究运用综合型问卷《基于退役士兵生源的高职"1+X"技术技能人才培养情况调查问卷（高职传统生源学生）》对高职传统生源学生进行调查。根据调查目的，笔者在前期研究的基础上编制了由41个问题组成的调查问卷初稿，其中，第

1～40题为选择式问题，备选项均为"A.非常不认同 B.不认同 C.不确定 D.认同 E.非常认同"；第41题为开放性问题。选择式问题部分采用李克特5点计分量表，对"非常不认同""不认同""不确定""认同""非常认同"分别记5分、4分、3分、2分、1分。

二、试测与分析

（一）试测

在对《基于退役士兵生源的高职"1+X"技术技能人才培养情况调查问卷（高职传统生源学生）》初稿进行反复修改的基础上，笔者请高职院校学生进行了试测。张红霞在《教育科学研究方法》一书中指出，试测对象"一般30人左右"[①]。笔者采用整群随机抽样法，通过"问卷星"在全国高职院校发放并回收问卷62份。剔除答题时间少于100秒而且整份问卷全部选择同一选项的问卷，共剔除无效问卷18份，得到有效问卷44份，问卷回收有效率为70.97%。

（二）题项分析

为了检测《基于退役士兵生源的高职"1+X"技术技能人才培养情况调查问卷（高职传统生源学生）》中各个题目的质量，并删除不符合标准的题目，笔者对试测问卷进行了题项分析。题项分析一般采取临界比法和相关分析法。其中，临界比法运用独立样本t检验，查看问卷总分高分组（总分前27%）与低分组（总分后27%）在每个题目上的差异，将未达到显著差异的题目删除；相关分析法将被试在每个题目上的得分与问卷总分的相关系数作为鉴别力指数，将相关系数低于0.2的题目删除。在这里，笔者运用相关分析法对问卷进行题项分析。经检验，有2道题（第19题和第29题）需要删除。

（三）信度检验

笔者采用克朗巴哈系数（Cronbach's α）检验《基于退役士兵生源的高职"1+X"技术技能人才培养情况调查问卷（高职传统生源学生）》的内部信度。总问卷的克朗巴哈系数0.8以上比较理想，各因子的克朗巴哈系数0.7以上比较理想，克朗巴哈系数0.6以下不能接受。自编问卷《基于退役士兵生源的高职

---

① 张红霞.教育科学研究方法[M].北京：教育科学出版社，2009：221.

"1+X"技术技能人才培养情况调查问卷（高职传统生源学生）》的克朗巴哈系数为0.952，"培养目标"因子的克朗巴哈系数为0.842，"培养条件"因子的克朗巴哈系数为0.870，"培养活动"因子的克朗巴哈系数为0.899，"培养评价"因子的克朗巴哈系数为0.600。可见，自编问卷《基于退役士兵生源的高职"1+X"技术技能人才培养情况调查问卷（高职传统生源学生）》具有较为理想的信度。

（四）效度检验

笔者采用相关分析法检验《基于退役士兵生源的高职"1+X"技术技能人才培养情况调查问卷（高职传统生源学生）》的结构效度。总问卷与4个因子的相关系数、4个因子之间的相关系数见表5–1。可见，总问卷与4个因子的相关系数高于4个因子之间的相关系数。这表明4个因子之间既具有一定的独立性，又能够较好反映问卷所要测查的内容。因此，自编问卷《基于退役士兵生源的高职"1+X"技术技能人才培养情况调查问卷（高职传统生源学生）》具有较好的效度。

表5–1　高职传统生源学生问卷及其各因子之间的相关系数（N=44）

	高职传统生源学生	培养目标	培养条件	培养活动	培养评价
高职传统生源学生	1	0.864*	0.934*	0.964*	0.899*
培养目标		1	0.856*	0.752*	0.672*
培养条件			1	0.822*	0.781*
培养活动				1	0.876*
培养评价					1

注：*表示在0.01水平上显著。

三、正式施测问卷

在上述工作的基础上，笔者确定了《基于退役士兵生源的高职"1+X"技术技能人才培养情况调查问卷（高职传统生源学生）》的正式施测版本，它包含培养目标、培养条件、培养活动和培养评价等4个维度，由39个问题组成。其中，培养目标维度包括第1～4题，培养条件维度包括第5～14题，培养活动维度包括第15～32题，培养评价维度包括第33～38题。前面38个选择式问题中，第8、15、23和35题为反向计分题，其余为正向计分题；第39题的设置目的是了解高职传统生源学生对高职院校在运用"1+X"证书制度将退役士兵学生培养成复合型技术技能人才的过程中"可以采取措施"和"需要注意问题"的看法。

第二节　调查过程

本次调查对象为高职传统生源学生，包括在校学生和已毕业学生[①]。《基于退役士兵生源的高职"1+X"技术技能人才培养情况调查问卷（高职传统生源学生）》（见附录二）完成后，笔者先是选取了浙江、广东、重庆、辽宁和湖北等5个省市9所高职院校的有关老师，请他们找传统生源学生填写。由于正式施测时间在暑假，因而填写问卷的人比较少。为了适当增加样本的数量，并保证调查结果具有一定的代表性，笔者增加了这5个省份的调查问卷发放数量，并扩大了调查省份的数量。

这次调查采用整群随机抽样法，通过"问卷星"向高职院校传统生源学生发放。回收问卷2489份，剔除无效问卷560份，得到有效问卷1929份，问卷回收有效率为77.50%。被试基本构成情况见表5-2。问卷数据运用SPSS23.0进行录入与处理。

表5-2　传统生源学生问卷正式施测被试基本构成情况

题项	选项	人数/人	比例/%
是否来自双高校	是	1226	63.6
	否	703	36.4
就读专业	理工科	1349	69.9
	人文社科	580	30.1
性别	男	1209	62.7
	女	720	37.3
学生类别	在校	1857	96.3
	已毕业	72	3.7
年级	一年级	792	41.1
	二年级	879	45.6
	三年级及以上	258	13.4
上大学前就读学校类型	普通高中	1222	63.3
	中职	707	36.7

注：1."双高校"是指"中国特色高水平高职学校和专业建设计划"建设单位，既包括国家层面的高水平高职学校建设单位和高水平高职专业群建设单位，也包括省级层面的高水平高职学校建设单位

[①] 由于正式试测时间是暑假，原来的毕业年级学生已经毕业，而新的一年级学生尚未报到，所以将"已毕业学生"也纳入调查对象范围，这一类学生的"年级"选择"毕业时所在年级"。

和高水平高职专业群建设单位。

2.在问卷中，"就读专业"部分的备选项为"A.农林牧渔类专业 B.资源环境与安全类专业 C.能源动力与材料类专业 D.土木建筑类专业 E.水利类专业 F.装备制造类专业 G.生物与化工类专业 H.轻工纺织类专业 I.食品药品与粮食类专业 J.交通运输类专业 K.电子与信息类专业 L.医药卫生类专业 M.财经商贸类专业 N.旅游类专业 O.文化艺术类专业 P.新闻传播类专业 Q.教育与体育类专业 R.公安与司法类专业 S.公共管理与服务类专业"。为了便于分析，统计时将相关专业分为"理工科"和"人文社科"两类。

3.在调研对象中，年级为"四年级"的有17人，占比仅为0.9%，故"四年级"与"三年级"两项合并为"三年级及以上"。

第三节　调查结果与分析

一、传统生源学生问卷的总体状况

《基于退役士兵生源的高职"1+X"技术技能人才培养情况（高职传统生源学生）》整体平均值为3.95，标准差为0.57；在该问卷的4个因子中，"培养目标""培养条件""培养活动""培养评价"的平均值分别为4.20、3.96、3.94、3.79，标准差分别为0.76、0.60、0.58、0.52（见表5-3）。可见，《基于退役士兵生源的高职"1+X"技术技能人才培养情况（高职传统生源学生）》的平均得分远高于3，这表明问卷的总体情况较好。

表5-3　传统生源学生问卷总体情况（N=1929）

统计项	总体情况	培养目标	培养条件	培养活动	培养评价
平均值（M）	3.95	4.20	3.96	3.94	3.79
标准差（SD）	0.57	0.76	0.60	0.58	0.52

二、关于培养目标

（一）退役士兵学生培养目标

国家推行"1+X"证书制度的主要目的是什么？为了了解高职传统生源学生对这个问题的看法，笔者在问卷中设置了题目"国家推行'1+X'证书制度的主要目的在于培养复合型技术技能人才"。这一个题目的平均值为4.19，标准差为0.84。接受调查的高职传统生源学生中，持"非常不认同""不认同""不确定""认同""非常认同"观点的学生分别占到接受调查的此类学生总数的2.2%、0.5%、12.4%、45.4%、39.5%（见表5-4）。可见，有超过八成（84.9%）的接受调查的高职传统生源学生认为国家推行"1+X"证书制度的主要目的在于培养复合型技术技能人才。这表明绝大多数接受调查的高职传统生源学生对"1+X"证书制度的实施目的比较了解。

表5-4 传统生源学生对培养目标的看法

观点	人数/人	比例/%
非常不认同	43	2.2
不认同	10	0.5
不确定	239	12.4
认同	876	45.4
非常认同	761	39.5
总计	1929	100.0

另外，笔者在问卷中设置了题目"实施'1+X'证书制度的高职专业，可以将退役士兵学生培养成复合型技术技能人才"。这一个题目的平均值为4.19，标准差为0.82。接受调查的高职传统生源学生中，持"非常不认同""不认同""不确定""认同""非常认同"观点的学生分别占到接受调查的此类学生总数的1.6%、0.8%、13.9%、44.2%、39.6%（见表5-5）。可见，有超过八成（83.8%）的接受调查的高职传统生源学生认为实施"1+X"证书制度的高职专业可以将退役士兵学生培养成复合型技术技能人才。这表明绝大多数接受调查的高职传统生源学生对高职专业运用"1+X"证书制度将退役士兵学生培养成复合型技术技能人才有信心。

表5-5 传统生源学生对将退役士兵学生培养成复合型技术技能人才可能性的看法

观点	人数/人	比例/%
非常不认同	30	1.6
不认同	15	0.8
不确定	268	13.9
认同	853	44.2
非常认同	763	39.6
总计	1929	100.0

　　为了了解高职院校运用"1+X"证书制度培养复合型技术技能人才的实际情况，笔者在问卷中设置了题目"贵校实施了'1+X'证书制度的高职专业，培养出来的退役士兵学生是复合型技术技能人才"。这一个题目的平均值为4.18，标准差为0.80。接受调查的高职传统生源学生中，持"非常不认同""不认同""不确定""认同""非常认同"观点的学生分别占到接受调查的此类学生总数的1.2%、0.6%、15.1%、45.0%、38.1%（见表5-6）。可见，有超过八成（83.1%）的接受调查的高职传统生源学生认为，其所在高职院校实施了"1+X"证书制度的高职专业，培养出来的退役士兵学生是复合型技术技能人才。这表明这些高职传统生源学生对学校退役士兵学生培养目标实现情况比较认可。

表5-6　传统生源学生对高职退役士兵学生培养目标实现情况的看法

观点	人数/人	比例/%
非常不认同	24	1.2
不认同	12	0.6
不确定	291	15.1
认同	868	45.0
非常认同	734	38.1
总计	1929	100.0

（二）实现复合型技术技能人才培养目标的关键

　　高职院校运用"1+X"证书制度培养复合型技术技能人才的关键是什么？为了了解高职传统生源学生对这个问题的看法，笔者在问卷中设置了题目"实施'1+X'证书制度的高职专业，实现复合型技术技能人才培养目标的关键在于1（学历证书）和X（职业技能等级证书）相互融通"。这一个题目的平均值为4.22，标准差为0.79。接受调查的高职传统生源学生中，持"非常不认同""不认同""不确定""认同""非常认同"观点的学生分别占到接受调查的此类学生总数的1.3%、0.8%、12.9%、45.3%、39.8%（见表5-7）。可见，有超过八成（85.1%）的接受调查的高职传统生源学生对"实施'1+X'证书制度的高职专业，实现复合型技术技能人才培养目标的关键在于1（学历证书）和X（职业技能等级证书）相互融通"这个问题持肯定看法。

表5-7　传统生源学生对实现复合型技术技能人才培养目标关键问题的看法

观点	人数/人	比例/%
非常不认同	25	1.3
不认同	15	0.8
不确定	248	12.9
认同	873	45.3
非常认同	768	39.8
总计	1929	100.0

三、关于培养条件

（一）X证书培训内容与专业课程内容的关系

在高职院校"1+X"技术技能人才培养实践中，X证书培训内容与专业课程内容的关系是怎样的？为了了解高职传统生源学生对这个问题的看法，笔者在问卷中设置了题目"实施'1+X'证书制度的高职专业，X证书培训内容应该是专业课程内容的补充、强化和拓展"。这一个题目的平均值为4.23，标准差为0.77。接受调查的高职传统生源学生中，持"非常不认同""不认同""不确定""认同""非常认同"观点的学生分别占到接受调查的此类学生总数的1.1%、0.6%、12.5%、46.2%、39.6%（见表5-8）。可见，有超过八成（85.8%）的接受调查的高职传统生源学生认为，实施"1+X"证书制度的高职专业，X证书培训内容应该是专业课程内容的补充、强化和拓展。

表5-8　传统生源学生对X证书培训内容与专业课程内容之间关系的看法

观点	人数/人	比例/%
非常不认同	21	1.1
不认同	12	0.6
不确定	241	12.5
认同	891	46.2
非常认同	764	39.6
总计	1929	100.0

在高职院校"1+X"技术技能人才培养实践中，X证书培训内容与专业课程内容的关系实际上是怎样的？为了了解高职传统生源学生对这个问题的看法，笔者在问卷中设置了题目"贵校实施了'1+X'证书制度的高职专业，X证书培

训内容是专业课程内容的补充、强化和拓展"。这一个题目的平均值为4.19，标准差为0.78。接受调查的高职传统生源学生中，持"非常不认同""不认同""不确定""认同""非常认同"观点的学生分别占到接受调查的此类学生总数的1.0%、0.6%、15.0%、45.4%、38.0%（见表5-9）。可见，有超过八成（83.4%）的接受调查的高职传统生源学生认为，其所在学校实施了"1+X"证书制度的高职专业，X证书培训内容是专业课程内容的补充、强化和拓展。

表5-9 传统生源学生对培养实践中X证书培训内容与专业课程内容之间关系的看法

观点	人数/人	比例/%
非常不认同	19	1.0
不认同	12	0.6
不确定	289	15.0
认同	876	45.4
非常认同	733	38.0
总计	1929	100.0

（二）教材开发

教材是高职退役士兵学生培养的重要条件。在高职院校"1+X"技术技能人才培养实践中，高职院校如何进行教材开发，才能更好地实现退役士兵学生培养目标？为了了解高职传统生源学生对这一问题的看法，笔者在问卷中设置了题目"实施'1+X'证书制度的高职专业，应该开发出1和X融通的教材"。这一个题目的平均值为4.21，标准差为0.77。接受调查的高职传统生源学生中，持"非常不认同""不认同""不确定""认同""非常认同"观点的学生分别占到接受调查的此类学生总数的1.0%、0.8%、12.8%、46.6%、38.8%（见表5-10）。可见，有超过八成（85.4%）的接受调查的高职传统生源学生认为，实施"1+X"证书制度的高职专业，应该开发出1和X融通的教材。

表5-10 传统生源学生对教材开发的看法

观点	人数/人	比例/%
非常不认同	19	1.0
不认同	16	0.8
不确定	247	12.8
认同	898	46.6

续表

观点	人数/人	比例/%
非常认同	749	38.8
总计	1929	100.0

那么，在高职院校"1+X"技术技能人才培养实践中，高职院校是如何进行教材开发的？为了了解这一情况，笔者在问卷中设置了题目"贵校实施了'1+X'证书制度的高职专业，已经开发出了1和X融通的教材"。这一个题目的平均值为4.13，标准差为0.82。接受调查的高职传统生源学生中，持"非常不认同""不认同""不确定""认同""非常认同"观点的学生分别占到接受调查的此类学生总数的1.1%、1.0%、18.6%、42.5%、36.8%（见表5-11）。可见，有79.3%的接受调查的高职传统生源学生认为，其所在学校实施"1+X"证书制度的高职专业，已经开发出了1和X融通的教材。不过，持非肯定观点（"非常不认同""不认同""不确定"）的学生也占到接受调查的此类学生总数的20.7%，这表明在1和X融通教材的开发上，实施了"1+X"证书制度的高职专业可能并未采取一致的做法，而是存在多种教材选用方式并存的状况。

表5-11 传统生源学生对培养实践中教材开发情况的看法

观点	人数/人	比例/%
非常不认同	21	1.1
不认同	20	1.0
不确定	358	18.6
认同	820	42.5
非常认同	710	36.8
总计	1929	100.0

（三）教师团队建设

在实施"1+X"证书制度后，高职院校的教师不仅要能够实施"教学"，还要能够实施"培训"和"评价"。当然，要求教师个体同时具备实施教学、培训和评价的能力是一个比较高的要求，因而要求教师团队具备这样的能力则成了一个阶段性的做法。在高职院校"1+X"技术技能人才培养实践中，应该建设一支怎样的教师团队？为了了解高职传统生源学生对这一问题的看法，笔者在问卷中设置了题目"实施'1+X'证书制度的高职专业，应该建设一个能够实施教学、培训和评价的教师团队"。这一个题目的平均值为4.24，标准差为0.76。接受调查的高职传统生源学生中，持"非常不认同""不认同""不确定""认同""非常认同"观点的学生分别占到接受调查的此类学生总数的1.0%、0.5%、11.9%、46.7%、39.9%（见表5-12）。可见，有超过八成（86.6%）的接受调查的高职传统生源学生认为，实施"1+X"证书制度的高职专业，应该建设一个能够实施教学、培训和评价的教师团队。

表5-12　传统生源学生对教师团队建设的看法

观点	人数/人	比例/%
非常不认同	20	1.0
不认同	9	0.5
不确定	229	11.9
认同	901	46.7
非常认同	770	39.9
总计	1929	100.0

从前面的分析可以看出，接受调查的绝大多数高职传统生源学生都认同实施"1+X"证书制度的高职专业，应该建设一个能够实施教学、培训和评价的教师团队。那么，在高职院校"1+X"技术技能人才培养实践中，实际情况是怎样的？为了了解这方面的情况，笔者在问卷中设置了题目"贵校实施了'1+X'证书制度的高职专业，已经建成了一个能够实施教学、培训和评价的教师团队"。这一个题目的平均值为4.14，标准差为0.81。接受调查的高职传统生源学生中，持"非常不认同""不认同""不确定""认同""非常认同"观点的学生分别占到接受调查的此类学生总数的1.1%、0.8%、17.6%、43.7%、36.9%（见表5-13）。可见，有80.6%的接受调查的高职传统生源学生认为，所在学校实施了"1+X"证书制度的高职专业，建设了一个能够实施教学、培训和评价的教师团队。虽然这个比例已经比较高了，但是与前面对"实施'1+X'证书制度的高职专业，应该建设一个能够实施教学、培训和评价的教师团队"持肯定态度的学生占比情况相比少了6.0%，这说明可能有些实施了"1+X"证书制度的高职专业还未建设成一个能够实施教学、培训和评价的教师团队。这与对高职退役士兵学生所进行的调查发现的情况相似。

表5-13　传统生源学生对培养实践中教师团队建设情况的看法

观点	人数/人	比例/%
非常不认同	21	1.1
不认同	15	0.8
不确定	339	17.6
认同	843	43.7
非常认同	711	36.9
总计	1929	100.0

（四）实训基地建设

　　实训基地是技术技能人才培养所需要的一种重要条件。在高职院校"1+X"技术技能人才培养实践中，实训基地建设有没有必要根据退役士兵学生职业技能等级证书备考需要进行调整？为了了解高职传统生源学生对这一问题的看法，笔者在问卷中设置了题目"实施'1+X'证书制度的高职专业，没必要根据退役士兵学生职业技能等级证书备考需要加强实训基地建设"。这一个题目的平均值为1.97，标准差为0.97。从这一数据可以看出，接受调查的高职传统生源学生对"实施'1+X'证书制度的高职专业，没必要根据退役士兵学生职业技能等级证书备考需要加强实训基地建设"不大认可。另外，接受调查的高职传统生源学生中，持"非常不认同""不认同""不确定""认同""非常认同"观点的学生分别占到接受调查的此类学生总数的35.6%、41.6%、15.2%、5.0%、2.6%（见表5-14），可见，对"实施'1+X'证书制度的高职专业，没必要根据退役士兵学生职业技能等级证书备考需要加强实训基地建设"持认同观点的学生只占到接受调查的此类学生总数的7.6%。这表明，接受调查的高职传统生源学生倾向于认为，实施"1+X"证书制度的高职专业，有必要根据退役士兵学生职业技能等级证书备考需要加强实训基地建设。

表5-14　传统生源学生对实训基地建设的看法

观点	人数/人	比例/%
非常不认同	686	35.6
不认同	803	41.6
不确定	294	15.2
认同	96	5.0
非常认同	50	2.6
总计	1929	100.0

在退役士兵学生培养实践中，高职院校实训基地建设情况如何？为了了解这方面的情况，笔者在问卷中设置了题目"贵校实施了'1+X'证书制度的高职专业，实训基地能够满足退役士兵学生职业技能等级证书备考需要"。这一个题目的平均值为4.16，标准差为0.80。接受调查的高职传统生源学生中，持"非常不认同""不认同""不确定""认同""非常认同"观点的学生分别占到接受调查的此类学生总数的1.0%、0.8%、16.8%、44.3%、37.1%（见表5-15）。可见，有81.4%的接受调查的高职传统生源学生认为，所在学校实施了"1+X"证书制度的高职专业，实训基地能够满足退役士兵学生职业技能等级证书备考需要。

表5-15　传统生源学生对培养实践中实训基地建设情况的看法

观点	人数/人	比例/%
非常不认同	19	1.0
不认同	15	0.8
不确定	325	16.8
认同	855	44.3
非常认同	715	37.1
总计	1929	100.0

（五）信息管理服务平台建设

信息管理服务平台是"1+X"证书制度实施中的一个重要环节。为了了解高职传统生源学生对基于退役士兵生源的高职"1+X"技术技能人才培养中信息管理服务平台建设问题的看法，笔者在问卷中设置了题目"在运用'1+X'证书制度将退役士兵学生培养成复合型技术技能人才时，应建立功能完善的'1+X'证书信息管理服务平台"。这一个题目的平均值为4.22，标准差为0.76。接受调查的高职传统生源学生中，持"非常不认同""不认同""不确定""认同""非常认同"观点的学生分别占到接受调查的此类学生总数的1.0%、0.5%、12.8%、46.8%、38.9%（见表5-16）。可见，有85.7%的接受调查的高职传统生源学生认为，在运用"1+X"证书制度将退役士兵学生培养成复合型技术技能人才时，应建立功能完善的'1+X'证书信息管理服务平台。

表5-16 传统生源学生对信息管理服务平台建设的看法

观点	人数/人	比例/%
非常不认同	20	1.0
不认同	10	0.5
不确定	246	12.8
认同	902	46.8
非常认同	751	38.9
总计	1929	100.0

信息管理服务平台是技术技能人才培养所需要的一种重要条件。那么，当前"1+X"证书信息管理服务平台建设得怎么样？为了了解这方面的情况，笔者在问卷中设置了题目"'1+X'证书信息管理服务平台的功能已经比较完善"。这一个题目的平均值为4.10，标准差为0.82。接受调查的高职传统生源学生中，持"非常不认同""不认同""不确定""认同""非常认同"观点的学生分别占到接受调查的此类学生总数的1.0%、1.2%、19.6%、43.4%、34.8%（见表5-17）。可见，有78.2%的接受调查的高职传统生源学生认为，"1+X"证书信息管理服务平台的功能已经比较完善，当然，也有21.8%的高职传统生源学生不认同这样的观点。

表5-17 传统生源学生对培养实践中信息管理服务平台建设情况的看法

观点	人数/人	比例/%
非常不认同	19	1.0
不认同	23	1.2
不确定	379	19.6
认同	837	43.4
非常认同	671	34.8
总计	1929	100.0

四、关于培养活动

（一）对企业等用人单位的人才需求进行调查

了解企业等用人单位的人才需求是高职院校技术技能人才培养的重要基础性工作。在高职院校"1+X"技术技能人才培养实践中，高职院校是否有必要对企业等用人单位的人才需求进行调查？为了了解高职传统生源学生对这个问题的看法，笔者在问卷中设置了题目"实施'1+X'证书制度的高职专业，没必要对企业等用人单位的人才需求进行调查"。这一个题目的平均值为2.13，标准差为1.09。从这一数据可以看出，接受调查的高职传统生源学生对"实施'1+X'证书制度的高职专业，没必要对企业等用人单位的人才需求进行调查"不大认可。另外，接受调查的高职传统生源学生中，持"非常不认同""不认同""不确定""认同""非常认同"观点的学生分别占到接受调查的此类学生总数的32.3%、38.8%、16.4%、8.3%、4.1%（见表5-18）。可见，对"实施'1+X'证书制度的高职专业，没必要对企业等用人单位的人才需求进行调查"持认同观点的学生只占到接受调查的此类学生总数的12.4%。这表明，接受调查的高职传统生源学生倾向于认为，实施"1+X"证书制度的高职专业，有必要对企业等用人单位的人才需求进行调查。

表5-18　传统生源学生对用人单位人才需求调查的看法

观点	人数/人	比例/%
非常不认同	623	32.3
不认同	749	38.8
不确定	316	16.4
认同	161	8.3
非常认同	80	4.1
总计	1929	100.0

在高职院校"1+X"技术技能人才培养实践中，学校对调查企业等用人单位的人才需求的重视程度如何？为了了解这方面的情况，笔者在问卷中设置了题目"贵校实施了'1+X'证书制度的高职专业，十分重视对企业等用人单位的人才需求进行调查"。这一个题目的平均值为4.16，标准差为0.79。接受调查的高职传统生源学生中，持"非常不认同""不认同""不确定""认同""非常认同"观点的学生分别占到接受调查的此类学生总数的0.9%、0.8%、16.4%、45.5%、36.4%（见表5-19）。可见，有81.9%的接受调查的高职传统生源学生认为，所在高职院校实施了"1+X"证书制度的高职专业，十分重视对企业等用人单位的人才需求进行调查。

表5-19　传统生源学生对培养实践中开展用人单位人才需求调查情况的看法

观点	人数/人	比例/%
非常不认同	18	0.9
不认同	15	0.8
不确定	317	16.4
认同	877	45.5
非常认同	702	36.4
总计	1929	100.0

（二）与企业等用人单位进行深度合作

在高职院校"1+X"技术技能人才培养实践中，高职院校是否应该与企业等用人单位进行深度合作？为了了解高职传统生源学生对这个问题的看法，笔者在问卷中设置了题目"实施'1+X'证书制度的高职专业，应该与企业等用人单位进行深度合作"。这一个题目的平均值为4.18，标准差为0.77。接受调查的高职传统生源学生中，持"非常不认同""不认同""不确定""认同""非常认同"观点的学生分别占到接受调查的此类学生总数的0.9%、0.7%、15.3%、46.0%、37.1%（见表5-20）。可见，有83.1%的接受调查的高职传统生源学生认为，实施"1+X"证书制度的高职专业，应该与企业等用人单位进行深度合作。

表5-20　传统生源学生对学校与用人单位进行合作情况的看法

观点	人数/人	比例/%
非常不认同	17	0.9
不认同	13	0.7
不确定	295	15.3
认同	888	46.0
非常认同	716	37.1
总计	1929	100.0

在高职院校"1+X"技术技能人才培养实践中，高职院校与企业等用人单位进行合作的情况如何？为了了解这方面的情况，笔者在问卷中设置了题目"贵校实施了'1+X'证书制度的高职专业，与企业等用人单位进行了深度合作"。这一个题目的平均值为4.15，标准差为0.79。接受调查的高职传统生源学生中，持"非常不认同""不认同""不确定""认同""非常认同"观点的学生分别占到接受调查的此类学生总数的0.9%、0.4%、18.1%、44.4%、36.2%（见表5-21）。

可见，有80.6%的接受调查的高职传统生源学生认为，所在高职院校实施了"1+X"证书制度的高职专业，与企业等用人单位进行了深度合作。

表5-21　传统生源学生对培养实践中学校与用人单位进行合作的看法

观点	人数/人	比例/%
非常不认同	18	0.9
不认同	7	0.4
不确定	350	18.1
认同	856	44.4
非常认同	698	36.2
总计	1929	100.0

（三）增进教师对"1+X"证书制度的认识

在高职院校"1+X"技术技能人才培养实践中，高职院校是否应该增进教师对"1+X"证书制度的认识？为了了解高职传统生源学生对这个问题的看法，笔者在问卷中设置了题目"实施'1+X'证书制度的高职专业，应该增进教师对'1+X'证书制度的认识"。这一个题目的平均值为4.22，标准差为0.75。接受调查的高职传统生源学生中，持"非常不认同""不认同""不确定""认同""非常认同"观点的学生分别占到接受调查的此类学生总数的0.9%、0.4%、13.4%、47.1%、38.3%（见表5-22）。可见，有85.4%的接受调查的高职传统生源学生认为，实施"1+X"证书制度的高职专业，应该增进教师对"1+X"证书制度的认识。

表5-22　传统生源学生关于增进教师对"1+X"证书制度认识的看法

观点	人数/人	比例/%
非常不认同	17	0.9
不认同	7	0.4
不确定	258	13.4
认同	909	47.1
非常认同	738	38.3
总计	1929	100.0

在高职院校"1+X"技术技能人才培养实践中，高职院校在增进教师对"1+X"证书制度的认识方面做得怎样？为了了解这方面的情况，笔者在问卷中设置了题目"贵校实施了'1+X'证书制度的高职专业，十分注重增进教师对'1+X'证书制度的认识"。这一个题目的平均值为4.16，标准差为0.79。接受调

查的高职传统生源学生中，持"非常不认同""不认同""不确定""认同""非常认同"观点的学生分别占到接受调查的此类学生总数的0.9%、0.7%、16.7%、45.4%、36.3%（见表5-23）。可见，有81.7%的接受调查的高职传统生源学生认为，所在高职院校实施了"1+X"证书制度的高职专业，十分注重增进教师对"1+X"证书制度的认识。

表5-23　传统生源学生关于培养实践中增进教师对"1+X"证书制度认识情况的看法

观点	人数/人	比例/%
非常不认同	18	0.9
不认同	13	0.7
不确定	322	16.7
认同	875	45.4
非常认同	701	36.3
总计	1929	100.0

（四）增进退役士兵学生对"1+X"证书制度的认识

在高职院校"1+X"技术技能人才培养实践中，高职院校是否应该增进退役士兵学生对"1+X"证书制度的认识？为了了解高职传统生源学生对这个问题的看法，笔者在问卷中设置了题目"实施'1+X'证书制度的高职专业，应该增进退役士兵学生对'1+X'证书制度的认识"。这一个题目的平均值为4.21，标准差为0.76。接受调查的高职传统生源学生中，持"非常不认同""不认同""不确定""认同""非常认同"观点的学生分别占到接受调查的此类学生总数的0.9%、0.6%、13.4%、46.9%、38.3%（见表5-24）。可见，有85.2%的接受调查的高职传统生源学生认为，实施"1+X"证书制度的高职专业，应该增进退役士兵学生对"1+X"证书制度的认识。

表5-24　传统生源学生关于增进退役士兵学生对"1+X"证书制度认识的看法

观点	人数/人	比例/%
非常不认同	17	0.9
不认同	11	0.6
不确定	259	13.4
认同	904	46.9
非常认同	738	38.3
总计	1929	100.0

在高职院校"1+X"技术技能人才培养实践中，高职院校在增进退役士兵学生对"1+X"证书制度的认识方面做得怎样？为了了解这方面的情况，笔者在问卷中设置了题目"贵校实施了'1+X'证书制度的高职专业，十分注重增进退役士兵学生对'1+X'证书制度的认识"。这一个题目的平均值为4.15，标准差为0.80。接受调查的高职传统生源学生中，持"非常不认同""不认同""不确定""认同""非常认同"观点的学生分别占到接受调查的此类学生总数的0.9%、0.7%、17.5%、44.1%、36.8%（见表5-25）。可见，有80.9%的接受调查的高职传统生源学生认为，所在高职院校实施了"1+X"证书制度的高职专业，十分注重增进退役士兵学生对"1+X"证书制度的认识。

表5-25　传统生源学生关于培养实践中增进退役士兵学生对"1+X"证书制度认识情况的看法

观点	人数/人	比例/%
非常不认同	18	0.9
不认同	13	0.7
不确定	338	17.5
认同	851	44.1
非常认同	709	36.8
总计	1929	100.0

（五）重视教师对学校人才培养工作给出的反馈意见

教师是高职院校"1+X"技术技能人才培养目标实现的重要基础性条件。在高职院校"1+X"技术技能人才培养实践中，是否应该重视教师对学校人才培养工作给出的反馈意见？为了了解高职传统生源学生对这一问题的看法，笔者在问卷中设置了题目"实施'1+X'证书制度的高职专业，应该重视教师对学校人才培养工作给出的反馈意见"。这一个题目的平均值为4.21，标准差为0.76。接受调查的高职传统生源学生中，持"非常不认同""不认同""不确定""认同""非常认同"观点的学生分别占到接受调查的此类学生总数的0.9%、0.5%、13.4%、46.7%、38.5%（见表5-26）。可见，有85.2%的接受调查的高职传统生源学生认为，实施"1+X"证书制度的高职专业，应该重视教师对学校人才培养工作给出的反馈意见。

表5-26 传统生源学生关于重视教师对学校人才培养反馈意见的看法

观点	人数/人	比例/%
非常不认同	18	0.9
不认同	9	0.5
不确定	259	13.4
认同	901	46.7
非常认同	742	38.5
总计	1929	100.0

在高职院校"1+X"技术技能人才培养实践中，高职院校是否重视教师对学校人才培养工作给出的反馈意见？为了了解这方面的情况，笔者在问卷中设置了题目"贵校实施了'1+X'证书制度的高职专业，十分重视教师对学校人才培养工作给出的反馈意见"。这一个题目的平均值为4.15，标准差为0.78。接受调查的高职传统生源学生中，持"非常不认同""不认同""不确定""认同""非常认同"观点的学生分别占到接受调查的此类学生总数的0.7%、0.9%、17.5%、44.7%、36.2%（见表5-27）。可见，有80.9%的接受调查的高职传统生源学生认为，所在高职院校实施了"1+X"证书制度的高职专业，十分重视教师对学校人才培养工作给出的反馈意见。

表5-27 传统生源学生关于培养实践中重视教师对学校人才培养反馈意见情况的看法

观点	人数/人	比例/%
非常不认同	13	0.7
不认同	18	0.9
不确定	338	17.5
认同	862	44.7
非常认同	698	36.2
总计	1929	100.0

（六）重视退役士兵学生对学校人才培养活动给出的反馈意见

在高职院校"1+X"技术技能人才培养实践中，高职院校是否应该重视退役士兵学生对学校人才培养工作给出的反馈意见？为了了解高职传统生源学生对这一问题的看法，笔者在问卷中设置了题目"实施'1+X'证书制度的高职专业，应该重视退役士兵学生对学校人才培养活动给出的反馈意见"。这一个题目的平均值为4.19，标准差为0.77。接受调查的高职传统生源学生中，持"非常不认同""不认同""不确定""认同""非常认同"观点的学生分别占到接受调查的此类学生总数的0.8%、0.9%、14.2%、46.3%、37.8%（见表5-28）。可见，有84.1%的接受调查的高职传统生源学生认为，实施"1+X"证书制度的高职专业，应该重视退役士兵学生对学校人才培养工作给出的反馈意见。

表5-28　传统生源学生关于重视退役士兵学生对学校人才培养工作反馈意见的看法

观点	人数/人	比例/%
非常不认同	16	0.8
不认同	17	0.9
不确定	273	14.2
认同	894	46.3
非常认同	729	37.8
总计	1929	100.0

在高职院校"1+X"技术技能人才培养实践中，高职院校是否重视退役士兵学生对学校人才培养工作给出的反馈意见？为了了解这方面的情况，笔者在问卷中设置了题目"贵校实施了'1+X'证书制度的高职专业，十分重视退役士兵学生对学校人才培养活动给出的反馈意见"。这一个题目的平均值为4.15，标准差为0.79。接受调查的高职传统生源学生中，持"非常不认同""不认同""不确定""认同""非常认同"观点的学生分别占到接受调查的此类学生总数的0.8%、0.7%、17.7%、44.2%、36.7%（见表5-29）。可见，有80.9%的接受调查的高职传统生源学生认为，所在高职院校实施了"1+X"证书制度的高职专业，十分重视退役士兵学生对学校人才培养工作给出的反馈意见。

表5-29　传统生源学生关于培养实践中重视退役士兵学生对学校人才培养反馈意见情况的看法

观点	人数/人	比例/%
非常不认同	15	0.8
不认同	13	0.7
不确定	341	17.7
认同	853	44.2
非常认同	707	36.7
总计	1929	100.0

（七）重视退役士兵学生对教师的教育教学工作给出的反馈意见

在高职院校"1+X"技术技能人才培养实践中，高职院校是否应该重视退役士兵学生对教师的教育教学工作给出的反馈意见？为了了解高职传统生源学生对这一问题的看法，笔者在问卷中设置了题目"实施'1+X'证书制度的高职专业，应该重视退役士兵学生对教师的教育教学工作给出的反馈意见"。这一个题目的平均值为4.20，标准差为0.76。接受调查的高职传统生源学生中，持"非常不认同""不认同""不确定""认同""非常认同"观点的学生分别占到接受调查的此类学生总数的0.8%、0.8%、13.8%、46.9%、37.7%（见表5-30）。可见，有84.6%的接受调查的高职传统生源学生认为，实施"1+X"证书制度的高职专业，应该重视退役士兵学生对教师的教育教学工作给出的反馈意见。

表5-30　传统生源学生关于重视退役士兵学生对教师教育教学工作反馈意见的看法

观点	人数/人	比例/%
非常不认同	16	0.8
不认同	16	0.8
不确定	266	13.8
认同	904	46.9
非常认同	727	37.7
总计	1929	100.0

在高职退役士兵学生培养实践中，高职院校是否重视退役士兵学生对教师的教育教学工作给出的反馈意见？为了了解这方面的情况，笔者在问卷中设置了题目"贵校实施了'1+X'证书制度的高职专业，十分重视退役士兵学生对教师的教育教学工作给出的反馈意见"。这一个题目的平均值为4.16，标准差为0.78。接受调查的高职传统生源学生中，持"非常不认同""不认同""不确定""认同""非常认同"观点的学生分别占到接受调查的此类学生总数的0.8%、0.6%、17.2%、44.7%、36.7%（见表5-31）。可见，有81.4%的接受调查的高职传统生源学生认为，所在高职院校实施了"1+X"证书制度的高职专业，十分重视退役士兵学生对教师的教育教学工作给出的反馈意见。

表5-31　传统生源学生关于培养实践中重视退役士兵学生对教师教育教学反馈意见情况的看法

观点	人数/人	比例/%
非常不认同	16	0.8
不认同	12	0.6
不确定	331	17.2

续表

观点	人数/人	比例/%
认同	863	44.7
非常认同	707	36.7
总计	1929	100.0

（八）对退役士兵学生的个体需求给予持续关注

在高职院校"1+X"技术技能人才培养实践中，高职院校是否应该对退役士兵学生的个体需求给予持续关注？为了了解高职传统生源学生对这一问题的看法，笔者在问卷中设置了题目"实施'1+X'证书制度的高职专业，应该对退役士兵学生的个体需求给予持续关注"。这一个题目的平均值为4.19，标准差为0.76。接受调查的高职传统生源学生中，持"非常不认同""不认同""不确定""认同""非常认同"观点的学生分别占到接受调查的此类学生总数的0.7%、0.8%、14.4%、46.9%、37.2%（见表5-32）。可见，有84.1%的接受调查的高职传统生源学生认为，实施"1+X"证书制度的高职专业，应该对退役士兵学生的个体需求给予持续关注。

表5-32　传统生源学生关于对退役士兵学生个体需求给予持续关注的看法

观点	人数/人	比例/%
非常不认同	14	0.7
不认同	15	0.8
不确定	277	14.4
认同	905	46.9
非常认同	718	37.2
总计	1929	100.0

在高职院校"1+X"技术技能人才培养实践中，高职院校是否关注退役士兵学生的个体需求？为了了解这方面的情况，笔者在问卷中设置了题目"贵校实施了'1+X'证书制度的高职专业，十分关注退役士兵学生的个体需求"。这一个题目的平均值为4.14，标准差为0.79。接受调查的高职传统生源学生中，持"非常不认同""不认同""不确定""认同""非常认同"观点的学生分别占到接受调查的此类学生总数的0.8%、0.9%、18.1%、44.1%、36.1%（见表5-33）。可见，有80.2%的接受调查的高职传统生源学生认为，所在高职院校实施了"1+X"证

书制度的高职专业，十分关注退役士兵学生的个体需求。

表5-33　传统生源学生关于培养实践中十分关注退役士兵学生个体需求情况的看法

观点	人数/人	比例/%
非常不认同	15	0.8
不认同	17	0.9
不确定	349	18.1
认同	851	44.1
非常认同	697	36.1
总计	1929	100.0

（九）开展分层教学

在高职院校"1+X"技术技能人才培养实践中，高职院校是否有必要根据学生的学习基础开展分层教学？为了了解高职传统生源学生对这一问题的看法，笔者在问卷中设置了题目"实施'1+X'证书制度的高职专业，没必要根据退役士兵学生的学习基础开展分层教学"。这一个题目的平均值为2.07，标准差为1.03。从这一数据可以看出，接受调查的高职传统生源学生对"实施'1+X'证书制度的高职专业，没必要根据退役士兵学生的学习基础开展分层教学"不大认可。另外，接受调查的高职传统生源学生中，持"非常不认同""不认同""不确定""认同""非常认同"观点的学生分别占到接受调查的此类学生总数的32.7%、41.3%、16.2%、6.0%、3.8%（见表5-34）。可见，对"实施'1+X'证书制度的高职专业，没必要根据退役士兵学生的学习基础开展分层教学"持认同观点的学生只占到接受调查的此类学生总数的9.8%。这表明，接受调查的高职传统生源学生倾向于认为，实施"1+X"证书制度的高职专业，有必要根据退役士兵学生的学习基础开展分层教学。

表5-34　传统生源学生关于开展分层教学的看法

观点	人数/人	比例/%
非常不认同	630	32.7
不认同	797	41.3
不确定	313	16.2
认同	116	6.0
非常认同	73	3.8
总计	1929	100.0

在高职院校"1+X"技术技能人才培养实践中,高职院校有没有根据退役士兵学生的学习基础开展分层教学?为了了解这方面的情况,笔者在问卷中设置了题目"贵校实施了'1+X'证书制度的高职专业,已经全面开展分层教学"。这一个题目的平均值为4.12,标准差为0.83。接受调查的高职传统生源学生中,持"非常不认同""不认同""不确定""认同""非常认同"观点的学生分别占到接受调查的此类学生总数的1.2%、0.6%、19.5%、42.4%、36.3%(见表5-35)。可见,有78.7%的接受调查的高职传统生源学生认为,所在高职院校实施了"1+X"证书制度的高职专业,已经全面开展分层教学。

表5-35　传统生源学生关于培养实践中开展分层教学情况的看法

观点	人数/人	比例/%
非常不认同	24	1.2
不认同	12	0.6
不确定	376	19.5
认同	817	42.4
非常认同	700	36.3
总计	1929	100.0

五、关于培养评价

(一)举行学习基础测试

在高职院校"1+X"技术技能人才培养实践中,高职院校是否应该在退役士兵学生刚入学时举行旨在了解其学习基础的测试?为了了解高职传统生源学生对这一问题的看法,笔者在问卷中设置了题目"实施'1+X'证书制度的高职专业,应该在退役士兵学生刚入学时举行旨在了解其学习基础的测试"。这一个题目的平均值为4.16,标准差为0.78。接受调查的高职传统生源学生中,持"非常不认同""不认同""不确定""认同""非常认同"观点的学生分别占到接受调查的此类学生总数的0.8%、0.7%、16.5%、45.5%、36.6%(见表5-36)。可见,有82.1%的接受调查的高职传统生源学生认为,实施"1+X"证书制度的高职专业,应该在退役士兵学生刚入学时举行旨在了解其学习基础的测试。

表5-36 传统生源学生关于举行学习基础测试的看法

观点	人数/人	比例/%
非常不认同	15	0.8
不认同	13	0.7
不确定	318	16.5
认同	877	45.5
非常认同	706	36.6
总计	1929	100.0

在高职院校"1+X"技术技能人才培养实践中，高职院校有没有在退役士兵学生入学时进行学习基础测试？为了了解这方面的情况，笔者在问卷中设置了题目"贵校实施了'1+X'证书制度的高职专业，在退役士兵学生刚入学时举行了旨在了解其学习基础的测试"。这一个题目的平均值为4.14，标准差为0.79。接受调查的高职传统生源学生中，持"非常不认同""不认同""不确定""认同""非常认同"观点的学生分别占到接受调查的此类学生总数的0.8%、0.7%、18.0%、44.5%、36.1%（见表5-37）。可见，有80.6%的接受调查的高职传统生源学生认为，所在高职院校实施了"1+X"证书制度的高职专业，在退役士兵学生刚入学时举行了旨在了解其学习基础的测试。

表5-37 传统生源学生关于培养实践中举行学习基础测试情况的看法

观点	人数/人	比例/%
非常不认同	15	0.8
不认同	13	0.7
不确定	347	18.0
认同	858	44.5
非常认同	696	36.1
总计	1929	100.0

（二）统筹安排专业课程考试与相关职业技能等级考核

在高职院校"1+X"技术技能人才培养实践中，高职院校是否应该统筹安排专业课程考试与相关职业技能等级考核，使二者同步？为了了解高职传统生源学生对这一问题的看法，笔者在问卷中设置了题目"实施'1+X'证书制度的高职专业，应该统筹安排专业课程考试与相关职业技能等级考核，使二者同步"。这一个题目的平均值为4.18，标准差为0.76。接受调查的高职传统生源学生中，持"非常不认同""不认同""不确定""认同""非常认同"观点的学生分别占到接受调查的此类学生总数的0.7%、0.7%、15.0%、47.1%、36.5%（见表5-38）。可见，有83.6%的接受调查的高职传统生源学生认为，实施"1+X"证书制度的高职专业，应该统筹安排专业课程考试与相关职业技能等级考核，使二者同步。

表5-38　传统生源学生对统筹安排专业课程考试与相关职业技能等级考核的看法

观点	人数/人	比例/%
非常不认同	14	0.7
不认同	14	0.7
不确定	289	15.0
认同	908	47.1
非常认同	704	36.5
总计	1929	100.0

在高职院校"1+X"技术技能人才培养实践中，高职院校统筹安排专业课程考试与相关职业技能等级考核的情况如何？为了了解这方面的情况，笔者在问卷中设置了题目"贵校实施了'1+X'证书制度的高职专业，已经做到了专业课程考试与相关职业技能等级考核同步"。这一个题目的平均值为4.13，标准差为0.80。接受调查的高职传统生源学生中，持"非常不认同""不认同""不确定""认同""非常认同"观点的学生分别占到接受调查的此类学生总数的0.9%、0.9%、18.7%、43.8%、35.7%（见表5-39）。可见，有79.5%的接受调查的高职传统生源学生认为，所在高职院校实施了"1+X"证书制度的高职专业，已经做到了专业课程考试与相关职业技能等级考核同步。

表5-39　传统生源学生对培养实践中统筹安排专业课程考试与相关职业技能等级考核情况的看法

观点	人数/人	比例/%
非常不认同	17	0.9
不认同	17	0.9
不确定	361	18.7
认同	845	43.8
非常认同	689	35.7
总计	1929	100.0

（三）开展分层评价

在高职院校"1+X"技术技能人才培养实践中，高职院校是否有必要根据退役士兵学生的个体差异开展分层评价？为了了解高职传统生源学生对这一问题的看法，笔者在问卷中设置了题目"实施'1+X'证书制度的高职专业，没必要根据退役士兵学生的个体差异开展分层评价"。这一个题目的平均值为2.03，标准差为0.99。从这一数据可以看出，接受调查的高职传统生源学生对"实施'1+X'证书制度的高职专业，没必要根据退役士兵学生的个体差异开展分层评价"不大认可。另外，接受调查的高职传统生源学生中，持"非常不认同""不认同""不确定""认同""非常认同"观点的学生分别占到接受调查的此类学生总数的33.3%、41.6%、17.0%、5.0%、3.1%（见表5-40）。可见，对"实施'1+X'证书制度的高职专业，没必要根据退役士兵学生的个体差异开展分层评价"持认同观点的学生只占到接受调查的此类学生总数的8.1%。这表明，接受调查的高职传统生源学生倾向于认为，实施"1+X"证书制度的高职专业，有必要根据退役士兵学生的个体差异开展分层评价。

表5-40　传统生源学生关于开展分层评价的看法

观点	人数/人	比例/%
非常不认同	642	33.3
不认同	802	41.6
不确定	328	17.0
认同	97	5.0
非常认同	60	3.1
总计	1929	100.0

在高职院校"1+X"技术技能人才培养实践中，高职院校是否对退役士兵学生进行了分层评价？为了了解这方面的情况，笔者在问卷中设置了题目"贵校实施了'1+X'证书制度的高职专业，已经对退役士兵学生进行分层评价"。这一个题目的平均值为4.12，标准差为0.80。接受调查的高职传统生源学生中，持"非常不认同""不认同""不确定""认同""非常认同"观点的学生分别占到接受调查的此类学生总数的0.8%、0.6%、20.3%、42.3%、36.0%（见表5-41）。可见，有78.3%的接受调查的高职传统生源学生认为，所在高职院校实施了"1+X"证书制度的高职专业，已经对退役士兵学生进行分层评价。

表5-41　传统生源学生对培养实践中开展分层评价情况的看法

观点	人数/人	比例/%
非常不认同	15	0.8
不认同	12	0.6
不确定	391	20.3
认同	816	42.3
非常认同	695	36.0
总计	1929	100.0

六、学校类别、就读专业、性别、学生类别、年级和 "上大学前就读学校类型"在总均分与四个维度上的差异

（一）学校类别在总均分与四个维度上的差异

独立样本 t 检验结果显示，不同学校类别（"双高校"和"非双高校"）在总均分与培养活动、培养评价两个维度上的差异不显著，在培养目标和培养条件两个维度上的差异达到显著性水平；在培养目标和培养条件两个维度，来自双高校的被试的平均得分，都高于来自非双高校的被试的平均得分。具体情况见表5-42。

表5-42　学校类别在总均分与四个维度上的差异（N=1929）

统计项	是否来自双高校（M±SD）		t值
	是	否	
总均分	3.97±0.58	3.92±0.57	1.93
培养目标	4.22±0.75	4.15±0.77	1.97*
培养条件	3.98±0.59	3.92±0.60	2.01*
培养活动	3.96±0.58	3.91±0.58	1.75
培养评价	3.81±0.53	3.76±0.52	1.85

注：*表示在0.05水平上显著。

可见，在接受调查的高职传统生源学生中，不同类别学校的学生对培养目标和培养条件的看法存在一定差异，来自双高校的学生在培养目标和培养条件两个维度的平均得分，都高于来自非双高校的学生的平均得分。这可能是由于双高校在培养目标和培养条件两个方面的相关工作做得比较好，因而这些学校的高职传统生源学生对相关问题的认同度比较高。

（二）就读专业在总均分与四个维度上的差异

独立样本t检验结果显示，不同就读专业（"理工科"专业和"人文社科"专业）在总均分与培养目标、培养条件、培养活动、培养评价四个维度上的差异均不显著。在接受调查的高职传统生源学生中，就读"理工科"专业的学生在总均分和培养目标、培养条件、培养活动、培养评价四个维度上的平均得分略高于就读"人文社科"专业的学生。具体情况见表5-43。

表5-43　就读专业在总均分与四个维度上的差异（N=1929）

统计项	就读专业（M±SD）		t值
	理工科	人文社科	
总均分	3.96±0.60	3.92±0.51	1.81
培养目标	4.21±0.80	4.16±0.67	1.60
培养条件	3.97±0.63	3.93±0.52	1.77
培养活动	3.95±0.61	3.91±0.52	1.74
培养评价	3.81±0.54	3.76±0.48	1.86

（三）性别在总均分与四个维度上的差异

独立样本t检验结果显示，不同性别在总均分与培养目标、培养条件、培养活动、培养评价四个维度上的差异均不显著。在接受调查的高职传统生源学生中，男生在总均分与培养目标、培养条件、培养活动、培养评价四个维度上的平均得分略高于女生。具体情况见表5-44。

表5-44　性别在总均分与四个维度上的差异（N=1929）

统计项	性别（M±SD）		t值
	男	女	
总均分	3.97±0.61	3.92±0.50	1.78
培养目标	4.21±0.82	4.17±0.65	1.24
培养条件	3.98±0.64	3.93±0.52	1.84
培养活动	3.96±0.62	3.91±0.52	1.76
培养评价	3.81±0.55	3.77±0.47	1.81

（四）学生类别在总均分与四个维度上的差异

独立样本t检验结果显示，不同学生类别（"在校"和"已毕业"）在总均分与培养目标、培养条件、培养活动、培养评价四个维度上的差异均不显著。在接受调查的高职传统生源学生中，在校学生在培养目标维度上的平均得分略高于已毕业学生，在总均分与培养条件、培养活动、培养评价三个维度上的平均得分均低于已毕业学生。具体情况见表5-45。

表5-45 学生类别在总均分与四个维度上的差异（N=1929）

统计项	学生类别（M±SD）		t值
	在校	已毕业	
总体情况	3.95±0.58	3.99±0.52	-0.55
培养目标	4.20±0.76	4.19±0.73	0.01
培养条件	3.96±0.60	3.99±0.57	-0.45
培养活动	3.94±0.58	3.98±0.52	-0.66
培养评价	3.79±0.53	3.84±0.46	-0.76

（五）年级在总均分与四个维度上的差异

单因子独立样本变异数分析结果显示，年级在总均分与培养目标、培养条件、培养活动、培养评价四个维度上的差异均不显著。在接受调查的高职传统生源学生中，与其他年级退役士兵学生相比，二年级学生在总均分与培养目标、培养条件、培养活动、培养评价四个维度上的平均得分整体略高一点。具体情况见表5-46。

表5-46 年级在总均分与四个维度上的差异（N=494）

统计项	年级（M±SD）			F值
	一年级	二年级	三年级及以上	
总均分	3.94±0.56	3.96±0.57	3.95±0.61	0.41
培养目标	4.18±0.77	4.21±0.74	4.19±0.83	0.42
培养条件	3.95±0.59	3.98±0.59	3.95±0.64	0.63
培养活动	3.93±0.57	3.95±0.58	3.94±0.61	0.28
培养评价	3.78±0.50	3.81±0.54	3.80±0.54	0.51

（六）"上大学前就读学校类型"在总均分与四个维度上的差异

独立样本t检验结果显示，"上大学前就读学校类型"（"普通高中"和"中职"）在总均分与培养目标、培养评价两个维度上的差异达到显著性水平，在培养条件和培养活动两个维度上的差异不显著。具体情况见表5-47。

表5-47 "上大学前就读学校类型"在总均分与四个维度上的差异（N=1929）

统计项	上大学前就读学校类型（M±SD）		t值
	普通高中	中职	
总均分	3.97±0.57	3.92±0.58	1.98*
培养目标	4.20±0.75	4.15±0.78	1.99*
培养条件	3.98±0.59	3.93±0.60	1.83
培养活动	3.96±0.58	3.91±0.58	1.85
培养评价	3.81±0.53	3.76±0.50	2.23*

注：*表示在0.05水平上显著。

可见，在接受调查的高职传统生源学生中，"上大学前就读学校类型"不同的学生在整体上以及培养目标、培养评价两个维度上的看法存在显著差异，上大学前就读学校类型为"普通高中"的被试的平均得分，都明显高于上大学前就读学校类型为"中职"的被试的平均得分；在培养条件和培养活动两个维度上，虽然不存在显著差异，但是上大学前就读学校类型为"普通高中"的被试的平均得分，也都高于上大学前就读学校类型为"中职"的被试的平均得分。这表明来自"普通高中"的学生可能能够更好地理解基于退役士兵生源的高职"1+X"技术技能人才培养相关问题。

七、高职院校在运用"1+X"证书制度将退役士兵学生培养成复合型技术技能人才的过程中"可采取的措施"和"需要注意的问题"

在高职传统生源学生问卷的最后，笔者设置了开放性问题："高职院校在运用'1+X'证书制度将退役士兵学生培养成复合型技术技能人才的过程中，可以采取哪些措施？需要注意哪些问题？"为了不影响被试填写问卷的积极性，在正式问卷中，我们将这个题设计成了选答题。

在1929份有效问卷中，有1891份回答了这个问题，占比98.0%。笔者对这些答案进行了整理，主要观点如下：

（一）可采取的措施

其一，将职业技能等级证书相关内容纳入退役士兵学生培养方案，落实到日常课程的教学之中，促进学生深入学习有关内容。

其二，为退役士兵学生开展文化基础、技术训练和就业指导等专项培训。

其三，根据退役士兵学生特点设计教学活动，开展分层教学。

其四，加强实践训练，让学生在真实的职业活动中成长为复合型技术技能人才。

其五，根据退役士兵学生培养情况开展分层评价。

其六，将退役士兵学生分散在传统生源学生班级中，让其更快融入大学生活。

（二）需要注意的问题

其一，关注退役士兵学生的个体需求，对他们进行有针对性的培养。

其二，对退役士兵学生给予心理关怀和支持，帮助他们适应学习和生活环境。

其三，为退役士兵学生提供职业生涯规划、就业指导等服务，降低他们的就业焦虑，帮助他们顺利就业。

其四，对学生的学习情况多加关注，适时提供指导与帮助。

其五，根据退役士兵学生特点改进课程内容及教学方式，增强人才培养效果。

其六，严格落实相关管理制度，保证退役士兵学生顺利完成学业。

第四节　调查结论

基于上述调查与分析，可以得出如下结论：

第一，绝大多数高职传统生源学生认为实施"1+X"证书制度可以将退役士兵学生培养成复合型技术技能人才。

在接受调查的高职传统生源学生中，84.9%的学生认为国家推行"1+X"证书制度的主要目的在于培养复合型技术技能人才，83.8%的学生认为实施"1+X"证书制度的高职专业可以将退役士兵学生培养成复合型技术技能人才。

第二，绝大多数高职传统生源学生认为实现复合型技术技能人才培养目标的关键在于1和X相互融通。

在接受调查的高职传统生源学生中，85.1%的学生认为，实施"1+X"证书制度的高职专业，实现复合型技术技能人才培养目标的关键在于1（学历证书）和X（职业技能等级证书）相互融通。

第三，绝大多数高职传统生源学生认为，实施"1+X"证书制度的高职专业，X证书培训内容应该是专业课程内容的补充、强化和拓展。

在接受调查的高职传统生源学生中，85.8%的学生认为，实施"1+X"证书制度的高职专业，X证书培训内容应该是专业课程内容的补充、强化和拓展。

第四，绝大多数高职传统生源学生认为，实施"1+X"证书制度的高职专业，应该开发出1和X融通的教材。

在接受调查的高职传统生源学生中，85.4%的学生认为，实施"1+X"证书制度的高职专业，应该开发出1和X融通的教材。

第五，绝大多数高职传统生源学生认为，实施"1+X"证书制度的高职专业，应该建设一个能够实施教学、培训和评价的教师团队。

在接受调查的高职传统生源学生中，86.6%的学生认为，实施"1+X"证书制度的高职专业，应该建设一个能够实施教学、培训和评价的教师团队。

第六，大多数高职传统生源学生倾向于认为，实施"1+X"证书制度的高职专业，有必要根据退役士兵学生职业技能等级证书的备考需要加强实训基地建设。

在接受调查的高职传统生源学生中，对"实施'1+X'证书制度的高职专业，没必要根据退役士兵学生职业技能等级证书备考需要加强实训基地建设"持认同态度（"认同"和"非常认同"）的学生占比7.6%，持不认同态度（"非常不认同"和"不认同"）的学生占比77.2%；学生们倾向于认为，实施"1+X"证书制度的高职专业，有必要根据退役士兵学生职业技能等级证书备考需要加强实训基地建设。

第七，绝大多数高职传统生源学生认为，在运用"1+X"证书制度将退役士兵学生培养成复合型技术技能人才时，应建立功能完善的"1+X"证书信息管理服务平台。

在接受调查的高职传统生源学生中，85.7%的学生认为，在运用"1+X"证书制度将退役士兵学生培养成复合型技术技能人才时，应建立功能完善的"1+X"证书信息管理服务平台。

第八，大多数高职传统生源学生倾向于认为，实施"1+X"证书制度的高职专业，有必要对企业等用人单位的人才需求进行调查。

在接受调查的高职传统生源学生中，对"实施'1+X'证书制度的高职专业，没必要对企业等用人单位的人才需求进行调查"持认同态度（"认同"和"非常认同"）的学生占比12.4%，持不认同态度（"非常不认同"和"不认同"）的学生占比71.1%；学生们倾向于认为，实施"1+X"证书制度的高职专业，有必要对企业等用人单位的人才需求进行调查。

第九，绝大多数高职传统生源学生认为，实施"1+X"证书制度的高职专业，应该与企业等用人单位进行深度合作。

在接受调查的高职传统生源学生中，83.1%的学生认为，实施"1+X"证书制度的高职专业，应该与企业等用人单位进行深度合作。

第十，绝大多数高职传统生源学生认为，实施"1+X"证书制度的高职专业，应该增进教师对"1+X"证书制度的认识。

在接受调查的高职传统生源学生中，85.4%的学生认为，实施"1+X"证书制度的高职专业，应该增进教师对"1+X"证书制度的认识。

第十一，绝大多数高职传统生源学生认为，实施"1+X"证书制度的高职专业，应该增进退役士兵学生对"1+X"证书制度的认识。

在接受调查的高职传统生源学生中，85.2%的学生认为，实施"1+X"证书制度的高职专业，应该增进退役士兵学生对"1+X"证书制度的认识。

第十二，绝大多数高职传统生源学生认为，实施"1+X"证书制度的高职专业，应该重视教师对学校人才培养工作给出的反馈意见。

在接受调查的高职传统生源学生中，85.2%的学生认为，实施"1+X"证书制度的高职专业，应该重视教师对学校人才培养工作给出的反馈意见。

第十三，绝大多数高职传统生源学生认为，实施"1+X"证书制度的高职专业，应该重视退役士兵学生对学校人才培养工作给出的反馈意见。

在接受调查的高职传统生源学生中，84.1%的学生认为，实施"1+X"证书制度的高职专业，应该重视退役士兵学生对学校人才培养工作给出的反馈意见。

第十四，绝大多数高职传统生源学生认为，实施"1+X"证书制度的高职专业，应该重视退役士兵学生对教师的教育教学工作给出的反馈意见。

在接受调查的高职传统生源学生中，84.6%的学生认为，实施"1+X"证书制度的高职专业，应该重视退役士兵学生对教师的教育教学工作给出的反馈意见。

第十五，绝大多数高职传统生源学生认为，实施"1+X"证书制度的高职专业，应该对退役士兵学生的个体需求给予持续关注。

在接受调查的高职传统生源学生中，84.1%的学生认为，实施"1+X"证书制度的高职专业，应该对退役士兵学生的个体需求给予持续关注。

第十六，大多数高职传统生源学生倾向于认为，实施"1+X"证书制度的高职专业，有必要根据退役士兵学生的学习基础开展分层教学。

在接受调查的高职传统生源学生中，对"实施'1+X'证书制度的高职专业，没必要根据退役士兵学生的学习基础开展分层教学"持认同态度（"认同"和"非常认同"）的学生占比9.8%，持不认同态度（"非常不认同"和"不认同"）的学生占比74.0%；学生们倾向于认为，实施"1+X"证书制度的高职专业，有必要根据退役士兵学生的学习基础开展分层教学。

第十七，绝大多数高职传统生源学生认为，实施"1+X"证书制度的高职专业，应该在退役士兵学生刚入学时举行旨在了解其学习基础的测试。

在接受调查的高职传统生源学生中，82.1%的学生认为，实施"1+X"证书制度的高职专业，应该在退役士兵学生刚入学时举行旨在了解其学习基础的测试。

第十八，绝大多数高职传统生源学生认为，实施"1+X"证书制度的高职专业，应该统筹安排专业课程考试与相关职业技能等级考核，使二者同步。

在接受调查的高职传统生源学生中，83.6%的学生认为，实施"1+X"证书制度的高职专业，应该统筹安排专业课程考试与相关职业技能等级考核，使二者同步。

第十九，大多数高职传统生源学生倾向于认为，实施"1+X"证书制度的高职专业，有必要根据退役士兵学生的个体差异开展分层评价。

在接受调查的高职传统生源学生中，对"实施'1+X'证书制度的高职专业，没必要根据退役士兵学生的个体差异开展分层评价"持认同态度（"认同"和"非常认同"）的学生占比8.1%，持不认同态度（"非常不认同"和"不认同")的学生占比74.9%，学生们倾向于认为，实施"1+X"证书制度的高职专业，有必要根据退役士兵学生的个体差异开展分层评价。

第二十，绝大多数高职传统生源学生对所在高职院校开展退役士兵学生培养情况评价较好。

在接受调查的高职传统生源学生中，83.4%的学生认为，所在高职院校实施了"1+X"证书制度的高职专业，X证书培训内容是专业课程内容的补充、强化和拓展；79.3%的学生认为，所在高职院校实施了"1+X"证书制度的高职专业，已经开发出了1和X融通的教材；80.6%的学生认为，所在高职院校实施了"1+X"证书制度的高职专业，建设了一个能够实施教学、培训和评价的教师团队；81.4%的学生认为，所在高职院校实施了"1+X"证书制度的高职专业，实训基地能够满足退役士兵学生职业技能等级证书备考需要；78.2%的学生认为，"1+X"证书信息管理服务平台的功能已经比较完善。

在接受调查的高职传统生源学生中，81.9%的学生认为，所在高职院校实施了"1+X"证书制度的高职专业，十分重视对企业等用人单位的人才需求进行调查；80.6%的学生认为，所在高职院校实施了"1+X"证书制度的高职专业，与企业等用人单位进行了深度合作；81.7%的学生认为，所在高职院校实施了"1+X"证书制度的高职专业，十分注重增进教师对"1+X"证书制度的认识；80.9%的学生认为，所在高职院校实施了"1+X"证书制度的高职专业，十分注重增进退役士兵学生对"1+X"证书制度的认识；80.9%的学生认为，所在高职院校实施了"1+X"证书制度的高职专业，十分重视教师对学校人才培养工作给出的反馈意见；80.9%的学生认为，所在高职院校实施了"1+X"证书制度的高职专业，十分重视退役士兵学生对学校人才培养工作给出的反馈意见；81.4%的学生认为，所在高职院校实施了"1+X"证书制度的高职专业，十分重视退役士兵学生对教师的教育教学工作给出的反馈意见。

在接受调查的高职传统生源学生中，80.2%的学生认为，所在高职院校实施了"1+X"证书制度的高职专业，十分关注退役士兵学生的个体需求；78.7%的学生认为，所在高职院校实施了"1+X"证书制度的高职专业，已经全面开展分层教学；80.6%的学生认为，所在高职院校实施了"1+X"证书制度的高职专业，在退役士兵学生刚入学时举行了旨在了解其学习基础的测试；79.5%的学生认为，所在高职院校实施了"1+X"证书制度的高职专业，已经做到了专业课程考试与相关职业技能等级考核同步；78.3%的学生认为，所在高职院校实施了"1+X"证书制度的高职专业，已经对退役士兵学生进行分层评价；83.1%的学生认为，所在高职院校实施了"1+X"证书制度的高职专业培养出来的退役士兵学生是复合型技术技能人才。

第二十一，"学校类别"和"上大学前就读学校类型"两个因素对高职传统生源学生关于退役士兵学生培养的看法具有一定影响。

调查发现，不同学校类别（"双高校"和"非双高校"）在培养目标和培养条件两个维度上的差异达到显著性水平，"上大学前就读学校类型"（"普通高中"和"中职"）在总均分和培养目标、培养评价两个维度上的差异达到显著性水平。可见，"学校类别"和"上大学前就读学校类型"两个因素对高职传统生源学生关于退役士兵学生培养的看法具有一定影响。

第二十二，高职传统生源学生对高职院校在运用"1+X"证书制度将退役士兵学生培养成复合型技术技能人才的过程中可采取的措施提出了建议。

在高职传统生源学生问卷最后的开放性问题中，高职传统生源学生对高职院校在运用"1+X"证书制度将退役士兵学生培养成复合型技术技能人才的过程中"可采取的措施"，从职业技能等级证书、专项培训、分层教学、实践训练、分层评价和退役士兵学生管理等方面提出了建议。

第二十三，高职传统生源学生对高职院校在运用"1+X"证书制度将退役士兵学生培养成复合型技术技能人才的过程中需要注意的问题提出了建议。

在高职传统生源学生问卷最后的开放性问题中，高职传统生源学生对高职院校在运用"1+X"证书制度将退役士兵学生培养成复合型技术技能人才的过程中"需要注意的问题"，从退役士兵学生的个体需求、退役士兵学生的学习情况、退役士兵学生的就业、退役士兵学生培养中的课程内容和教学方式，以及退役士兵学生管理等方面提出了建议。

第六章

基于退役士兵生源的高职"1+X"技术技能人才培养现状调研三
——以高职教师为对象

高职教师是高职"1+X"技术技能人才培养的重要主体，他们是高职院校退役士兵学生成长为复合型技术技能人才的重要引导者和见证人，且对高职退役士兵学生及其培养有着深入的认识。在这一章，我们将运用自编问卷《基于退役士兵生源的高职"1+X"技术技能人才培养情况调查问卷（高职教师）》对高职教师进行调查，以了解基于退役士兵生源的高职"1+X"技术技能人才培养的现状。

第一节　调查问卷编制

一、调查问卷初稿编制

本次调查是为了了解高职教师对基于退役士兵生源的高职"1+X"技术技能人才培养的看法以及教师所在学校的相关情况。根据研究的需要，本研究运用综合型问卷《基于退役士兵生源的高职"1+X"技术技能人才培养情况调查问卷（高职教师）》对高职院校教师进行调查。根据调查目的，笔者在前期研究的基础上编制了由54个问题组成的调查问卷初稿，其中，第1～53题为选择式问题，备选项均为"A.非常不认同 B.不认同 C.不确定 D.认同 E.非常认同"，第54题为开放性问题。选择式问题部分采用李克特5点计分量表，对"非常不认同""不认同""不确定""认同""非常认同"分别记5分、4分、3分、2分、1分。

二、试测与分析

（一）试测

在对《基于退役士兵生源的高职"1+X"技术技能人才培养情况调查问卷（高职教师）》初稿进行反复修改的基础上，笔者请高职院校教师进行了试测。张红霞在《教育科学研究方法》一书中指出，试测对象"一般30人左右"[①]。笔者采用整群随机抽样法，通过"问卷星"在高职院校发放并回收问卷75份。剔除答题时间少于100秒而且整份问卷全部选择同一选项的问卷，共剔除无效问卷10份，得到有效问卷65份，问卷回收有效率为86.67%。

（二）题项分析

为了检测《基于退役士兵生源的高职"1+X"技术技能人才培养情况调查问卷（高职教师）》中各个题目的质量，并删除不符合标准的题目，笔者对试测问卷进行了题项分析。题项分析一般采取临界比法和相关分析法。其中，临界比法运用独立样本 t 检验，查看问卷总分高分组（总分前27%）与低分组（总分后27%）在每个题目上的差异，将未达到显著差异的题目删除；相关分析法将被试在每个题目上的得分与问卷总分的相关系数作为鉴别力指数，将相关系数低于0.2的题目删除。在这里，笔者运用相关分析法对问卷进行题项分析。经检验，有9道题（第8、9、10、11、12、13、14、32和42题）需要删除。

（三）信度检验

笔者采用克朗巴哈系数（Cronbach's α）检验《基于退役士兵生源的高职"1+X"技术技能人才培养情况调查问卷（高职教师）》的内部信度。总问卷的克朗巴哈系数0.8以上比较理想，各因子的克朗巴哈系数0.7以上比较理想，克朗巴哈系数0.6以下不能接受。自编问卷《基于退役士兵生源的高职"1+X"技术技能人才培养情况调查问卷（高职教师）》的克朗巴哈系数为0.937，"培养对象"

---

① 张红霞.教育科学研究方法[M].北京：教育科学出版社，2009：221.

因子的克朗巴哈系数为0.759，"培养目标"因子的克朗巴哈系数为0.800，"培养条件"因子的克朗巴哈系数为0.747，"培养活动"因子的克朗巴哈系数为0.917，"培养评价"因子的克朗巴哈系数为0.679。可见，自编问卷《基于退役士兵生源的高职"1+X"技术技能人才培养情况调查问卷（高职教师）》具有较为理想的信度。

（四）效度检验

笔者采用相关分析法检验《基于退役士兵生源的高职"1+X"技术技能人才培养情况调查问卷（高职教师）》的结构效度。总问卷与5个因子的相关系数、5个因子之间的相关系数见表6-1。可见，总问卷与5个因子的相关系数高于5个因子之间的相关系数。这表明5个因子之间既具有一定的独立性，又能够较好反映问卷所要测查的内容。因此，自编问卷《基于退役士兵生源的高职"1+X"技术技能人才培养情况调查问卷（高职教师）》具有较好的效度。

表6-1　高职教师问卷及其各因子之间的相关系数（N=65）

	教师	培养对象	培养目标	培养条件	培养活动	培养评价
教师	1	0.636*	0.631*	0.887*	0.928*	0.775*
培养对象		1	0.495*	0.455*	0.433*	0.347*
培养目标			1	0.523*	0.458*	0.455*
培养条件				1	0.775*	0.678*
培养活动					1	0.651*
培养评价						1

注：*表示在0.01水平上显著。

三、正式施测问卷

在上述工作的基础上，笔者确定了《基于退役士兵生源的高职"1+X"技术技能人才培养情况调查问卷（高职教师）》的正式施测版本，它包含培养对象、培养目标、培养条件、培养活动和培养评价等5个维度，由45个问题组成。其中，培养对象维度包括第1～7题，培养目标维度包括第8～10题，培养条件维度包括第11～20题，培养活动维度包括第21～38题，培养评价维度包括第39～44题。前面44个选择式问题中，第14、21、29和41题为反向计分题，其余为正向计分题；第45题的设置目的是了解高职教师对高职院校在运用"1+X"

证书制度将退役士兵学生培养成复合型技术技能人才的过程中"可以采取措施"和"需要注意问题"的看法。

第二节　调查过程

本次调查主要针对高职院校教师，包括公共基础课教师、专业理论课教师和实践教学课教师。《基于退役士兵生源的高职"1+X"技术技能人才培养情况调查问卷（高职教师）》（见附录三）完成后，笔者先是选取了浙江、广东、重庆、辽宁和湖北等5省市9所高职院校的有关老师，请他们找各自学校相关教师填写。由于正式施测时间在暑假，因而填写问卷的教师比较少。为了适当增加样本的数量，并保证调查结果具有一定的代表性，笔者增加了这5个省份的调查问卷发放数量，并扩大了调查省份的数量。

这次调查采用整群随机抽样法，通过"问卷星"向高职院校教师发放。回收问卷809份，剔除无效问卷195份，得到有效问卷614份，问卷回收有效率为75.90%。被试基本构成见表6-2。问卷数据运用SPSS 23.0进行录入与处理。

表6-2　高职教师问卷正式施测被试基本构成情况

题项	选项	人数/人	比例/%
是否来自双高校	是	377	61.4
	否	237	38.6
性别	男	215	35.0
	女	399	65.0
任教专业	理工科	304	49.5
	人文社科	310	50.5
教龄	0～5年	209	34.0
	6～10年	109	17.8
	11～15年	97	15.8
	16～20年	109	17.8
	21年及以上	90	14.7
职称	正高	76	12.4
	副高	149	24.3

题项	选项	人数/人	比例/%
职称	中级	230	37.5
	初级	69	11.2
	其他	90	14.7

注：1."双高校"是指"中国特色高水平高职学校和专业建设计划"建设单位，既包括国家层面的高水平高职学校建设单位和高水平高职专业群建设单位，也包括省级层面的高水平高职学校建设单位和高水平高职专业群建设单位。

2.在问卷中，"任教专业"部分的备选项为"A.农林牧渔类专业　B.资源环境与安全类专业　C.能源动力与材料类专业　D.土木建筑类专业　E.水利类专业　F.装备制造类专业　G.生物与化工类专业　H.轻工纺织类专业　I.食品药品与粮食类专业　J.交通运输类专业　K.电子与信息类专业　L.医药卫生类专业　M.财经商贸类专业　N.旅游类专业　O.文化艺术类专业　P.新闻传播类专业　Q.教育与体育类专业　R.公安与司法类专业　S.公共管理与服务类专业"。为了便于分析，统计时将相关专业分为"理工科"和"人文社科"两类。

第三节　调查结果与分析

一、高职教师问卷的总体状况

《基于退役士兵生源的高职"1+X"技术技能人才培养情况（高职教师）》整体平均值为3.71，标准差为0.47。在该问卷的5个因子中，"培养对象""培养目标""培养条件""培养活动""培养评价"的平均值分别为3.66、3.75、3.68、3.79和3.56，标准差分别为0.57、0.70、0.51、0.53、0.49（见表6-3）。可见，《基于退役士兵生源的高职"1+X"技术技能人才培养情况（高职教师）》的平均得分高于临界值3，这表明问卷的总体情况较好。

表6-3　高职教师问卷总体情况（N=614）

统计项	总体情况	培养对象	培养目标	培养条件	培养活动	培养评价
平均值（M）	3.71	3.66	3.75	3.68	3.79	3.56
标准差（SD）	0.47	0.57	0.70	0.51	0.53	0.49

二、关于培养对象

（一）退役士兵学生的实践经验

具有一定的实践经验有利于退役士兵学生成长为复合型技术技能人才。为了了解高职教师对基于退役士兵生源的高职"1+X"技术技能人才培养中退役士兵学生拥有实践经验问题的看法，笔者在问卷中设置了题目"与传统生源高职学生相比，退役士兵学生具有丰富的实践经验"。这一个题目的平均值为3.40，标准差为0.94。接受调查的高职教师中，持"非常不认同""不认同""不确定""认同""非常认同"观点的教师分别占到接受调查的教师总数的2.4%、14.3%、34.2%、38.8%、10.3%（见表6-4）。可见，只有49.1%的接受调查的高职教师认为，与传统生源高职学生相比，退役士兵学生具有丰富的实践经验。这表明接受调查的高职教师对"与传统生源高职学生相比，退役士兵学生具有丰富的实践经验"这个观点的认同度并不是很高。这可能是由于接受调查的高职教师接触到的退役士兵学生所具有的实践经验与传统生源高职学生相比并没有太明显的优势。

表6-4 高职教师对退役士兵学生实践经验的看法

观点	人数/人	比例/%
非常不认同	15	2.4
不认同	88	14.3
不确定	210	34.2
认同	238	38.8
非常认同	63	10.3
总计	614	100.0

（二）退役士兵学生的技能基础

具有一定的技能基础也有利于退役士兵学生成长为复合型技术技能人才。为了了解高职教师对基于退役士兵生源的高职"1+X"技术技能人才培养中退役士兵学生技能基础问题的看法，笔者在问卷中设置了题目"与传统生源高职学生相比，退役士兵学生具有较好的技能基础"。这一个题目的平均值为3.24，标准差为0.92。接受调查的高职教师中，持"非常不认同""不认同""不确定""认同""非常认同"观点的教师分别占到接受调查的教师总数的2.6%、18.2%、38.9%、33.1%、7.2%（见表6-5）。可见，有40.3%的接受调查的高职教师认为，与传统生源高职学生相比，退役士兵学生具有较好的技能基础。这表明接受调查的高职教师对"与传统生源高职学生相比，退役士兵学生具有较好的技能基础"这个观点的认同度并不是很高。这可能是由于接受调查的高职教师接触到的退役士兵学生所具有的技能基础与传统生源高职学生相比并没有太明显的优势。

表6-5 高职教师对退役士兵学生技能基础的看法

观点	人数/人	比例/%
非常不认同	16	2.6
不认同	112	18.2
不确定	239	38.9
认同	203	33.1
非常认同	44	7.2
总计	614	100.0

（三）退役士兵学生的身体素质

与实践经验和技能基础相比，身体素质对退役士兵学生成长为复合型技术技能人才的影响要小一些，但是也具有一定的作用。为了了解高职教师对基于退役士兵生源的高职"1+X"技术技能人才培养中退役士兵学生身体素质问题的看法，笔者在问卷中设置了题目"与传统生源高职学生相比，退役士兵学生身体素质好"。这一个题目的平均值为4.20，标准差为0.75。接受调查的高职教师中，持"非常不认同""不认同""不确定""认同""非常认同"观点的教师分别占到接受调查的教师总数的0.5%、1.8%、12.1%、49.0%、36.6%（见表6-6）。可见，有85.6%的接受调查的高职教师认为，与传统生源高职学生相比，退役士兵学生身体素质好。与实践经验和技能基础相比，接受调查的高职教师对退役士兵学生身体素质好的认同度明显偏高，这可能是由于退役士兵学生的身体素质与传统生源高职学生相比具有明显优势。

表6-6 高职教师对退役士兵学生身体素质的看法

观点	人数/人	比例/%
非常不认同	3	0.5
不认同	11	1.8
不确定	74	12.1
认同	301	49.0
非常认同	225	36.6
总计	614	100.0

（四）退役士兵学生的纪律意识

具有较强的纪律意识是退役士兵学生成长为复合型技术技能人才的一个独特优势。为了了解高职教师对基于退役士兵生源的高职"1+X"技术技能人才培养中退役士兵学生纪律意识问题的看法，笔者在问卷中设置了题目"与传统生源高职学生相比，退役士兵学生纪律意识强"。这一个题目的平均值为3.95，标准差为0.85。接受调查的高职教师中，持"非常不认同""不认同""不确定""认同""非常认同"观点的教师分别占到接受调查的教师总数的0.8%、5.0%、19.1%、48.5%、26.5%（见表6-7）。可见，有75.0%的接受调查的高职教师认为，与传统生源高职学生相比，退役士兵学生纪律意识强。这是退役士兵学生在部队服役期间长期训练的结果，高职教师对退役士兵学生的这一素质的认同度也比较高。当然，退役之后，有一些人的纪律意识可能会减弱。

表6-7 高职教师对退役士兵学生纪律意识的看法

观点	人数/人	比例/%
非常不认同	5	0.8
不认同	31	5.0
不确定	117	19.1
认同	298	48.5
非常认同	163	26.5
总计	614	100.0

（五）退役士兵学生的吃苦耐劳品质

具有吃苦耐劳的品质有利于退役士兵学生的专业理论知识学习、专业技能训练和复合素质形成。为了了解高职教师对基于退役士兵生源的高职"1+X"技术技能人才培养中退役士兵学生吃苦耐劳品质问题的看法，笔者在问卷中设置了题目"与传统生源高职学生相比,退役士兵学生能够吃苦耐劳"。这一个题目的平均值为3.94,标准差为0.80。接受调查的高职教师中,持"非常不认同""不认同""不确定""认同""非常认同"观点的教师分别占到接受调查的教师总数的0.7%、3.6%、20.8%、51.0%、23.9%(见表6-8)。可见,有74.9%的接受调查的高职教师认为,与传统生源高职学生相比,退役士兵学生能够吃苦耐劳。然而传统生源高职学生特别是来自贫困家庭的学生可能也会具备吃苦耐劳的品质,因而尽管退役士兵学生在这方面整体表现得不错,但是接受调查的高职教师对其认同度并不是很高。

表6-8　高职教师对退役士兵学生吃苦耐劳品质的看法

观点	人数/人	比例/%
非常不认同	4	0.7
不认同	22	3.6
不确定	128	20.8
认同	313	51.0
非常认同	147	23.9
总计	614	100.0

(六)退役士兵学生对传统生源高职学生成长为复合型技术技能人才的影响

退役士兵学生具有丰富的实践经验,较好的技能基础,以及身体素质好、纪律意识强和能够吃苦耐劳等特点,他们有可能通过专业技能学习和素质提升带动传统生源学生成长为复合型技术技能人才。在基于退役士兵生源的高职"1+X"技术技能人才培养中,退役士兵学生是否可以对传统生源高职学生成长为复合型技术技能人才产生积极影响?为了了解高职教师对这一问题的看法,笔者在问卷中设置了题目"退役士兵学生可以对传统生源高职学生成长为复合型技术技能人才产生积极影响"。这一个题目的平均值为3.73,标准差为0.80。接受调查的高职教师中,持"非常不认同""不认同""不确定""认同""非常认同"观点的教师分别占到接受调查的教师总数的0.8%、3.4%、34.0%、45.6%、16.1%(见表6-9)。可见,有61.7%的接受调查的高职教师认为,退役士兵学生可以对传统生源高职学生成长为复合型技术技能人才产生积极影响,持认同态度的高职教师在接受调查的教师中占比并不是很高,这可能是由于退役士兵学生对传统生源高职学生成长为复合型技术技能人才的影响并不容易实现。

表6-9　高职教师关于退役士兵学生对传统生源学生影响的看法

观点	人数/人	比例/%
非常不认同	5	0.8
不认同	21	3.4
不确定	209	34.0
认同	280	45.6
非常认同	99	16.1
总计	614	100.0

（七）退役士兵学生的文化基础

在传统认识中，有一些退役士兵学生的文化基础可能比较差。为了了解高职教师对基于退役士兵生源的高职"1+X"技术技能人才培养中退役士兵学生文化基础问题的看法，笔者在问卷中设置了题目"与传统生源高职学生相比，退役士兵学生文化基础较差"。这一个题目的平均值为3.15，标准差为0.90。接受调查的高职教师中，持"非常不认同""不认同""不确定""认同""非常认同"观点的教师分别占到接受调查的教师总数的2.1%、21.3%、41.9%、28.5%、6.2%（见表6-10）。

表6-10　高职教师对退役士兵学生文化基础的看法

观点	人数/人	比例/%
非常不认同	13	2.1
不认同	131	21.3
不确定	257	41.9
认同	175	28.5
非常认同	38	6.2
总计	614	100.0

可见，只有34.7%的接受调查的高职教师认为，与传统生源高职学生相比，退役士兵学生文化基础较差，有高达41.9%的接受调查的高职教师表示"不确定"，这表明人们印象中"学习不好的人才去当兵"的情况可能已经悄然发生改变，有的人选择去当兵，可能并不是像很多人想象的那样是因为学习成绩不好。实际上，近年来世界各国的大学生正在不断走进士兵队伍，士兵队伍的人才结构已经发生了较大的变化；在未来的战争中，"知识士兵"将成为军队力量组成

中的重要部分，对战争胜负起到十分重要的作用①。

三、关于培养目标

（一）退役士兵学生培养目标

对"1+X"证书制度的了解情况可能影响到高职教师对相关问题的判断。为了了解高职教师对"1+X"证书制度的了解情况，笔者在问卷中设置了题目"实施'1+X'证书制度的高职专业，可以将退役士兵学生培养成复合型技术技能人才"。这一个题目的平均值为3.72，标准差为0.79。接受调查的高职教师中，持"非常不认同""不认同""不确定""认同""非常认同"观点的教师分别占到接受调查的教师总数的1.6%、3.1%、30.0%、52.3%、13.0%（见表6-11）。可见，有65.3%的接受调查的高职教师认为，实施"1+X"证书制度的高职专业，可以将退役士兵学生培养成复合型技术技能人才，也有30.0%的接受调查的高职教师表示"不确定"。

表6-11　高职教师对退役士兵学生培养目标实现可能性的看法

观点	人数/人	比例/%
非常不认同	10	1.6
不认同	19	3.1
不确定	184	30.0
认同	321	52.3
非常认同	80	13.0
总计	614	100.0

为了了解高职院校运用"1+X"证书制度培养复合型技术技能人才的实际情况，笔者在问卷中设置了题目"贵校实施了'1+X'证书制度的高职专业，培养出来的退役士兵学生是复合型技术技能人才"。这一个题目的平均值为3.68，标准差为0.77。接受调查的高职教师中，持"非常不认同""不认同""不确定""认同""非常认同"观点的教师分别占到接受调查的教师总数的1.1%、2.4%、36.3%、47.1%、13.0%（见表6-12）。可见，有60.1%的接受调查的高职教师认为，其所在高职院校实施了"1+X"证书制度的高职专业，培养出来的退

---

① 赵渊.士兵突击：单兵技能训练与装备揭秘[M].北京：化学工业出版社，2014：3.

役士兵学生是复合型技术技能人才，也有36.3%的接受调查的高职教师表示"不确定"。

表6-12 高职教师对退役士兵学生培养目标实现情况的看法

观点	人数/人	比例/%
非常不认同	7	1.1
不认同	15	2.4
不确定	223	36.3
认同	289	47.1
非常认同	80	13.0
总计	614	100.0

（二）实现复合型技术技能人才培养目标的关键

实施"1+X"证书制度的高职专业，实现复合型技术技能人才培养目标的关键是什么？为了了解高职教师对这个问题的看法，笔者在问卷中设置了题目"实施'1+X'证书制度的高职专业，实现复合型技术技能人才培养目标的关键在于1（学历证书）和X（职业技能等级证书）相互融通"。这一个题目的平均值为3.84，标准差为0.75。接受调查的高职教师中，持"非常不认同""不认同""不确定""认同""非常认同"观点的教师分别占到接受调查的教师总数的1.1%、2.0%、24.9%、55.7%、16.3%（见表6-13）。可见，有72.0%的接受调查的高职教师认为，实施"1+X"证书制度的高职专业，实现复合型技术技能人才培养目标的关键在于1（学历证书）和X（职业技能等级证书）相互融通。虽然还有24.9%的接受调查的高职教师表示"不确定"，但持否定看法（"非常不认同"和"不认同"）的高职教师只占3.1%，这表明接受调查的高职教师对"实施'1+X'证书制度的高职专业，实现复合型技术技能人才培养目标的关键在于1（学历证书）和X（职业技能等级证书）相互融通"这个观点比较认同。

表6-13 高职教师对实现复合型技术技能人才培养目标关键问题的看法

观点	人数/人	比例/%
非常不认同	7	1.1
不认同	12	2.0
不确定	153	24.9
认同	342	55.7

观点	人数/人	比例/%
非常认同	100	16.3
总计	614	100.0

四、关于培养条件

（一）X证书培训内容与专业课程内容的关系

在高职院校运用"1+X"证书制度培养复合型技术技能人才时，X证书培训内容与专业课程内容的关系是怎样的？为了了解高职教师对这个问题的看法，笔者在问卷中设置了题目"实施'1+X'证书制度的高职专业，X证书培训内容应该是专业课程内容的补充、强化和拓展"。这一个题目的平均值为3.90，标准差为0.72。接受调查的高职教师中，持"非常不认同""不认同""不确定""认同""非常认同"观点的教师分别占到接受调查的教师总数的1.0%、1.3%、21.3%、59.1%、17.3%（见表6-14）。可见，有76.4%接受调查的高职教师认为，实施"1+X"证书制度的高职专业，X证书培训内容应该是专业课程内容的补充、强化和拓展。

表6-14　高职教师对X证书培训内容与专业课程内容之间关系的看法

观点	人数/人	比例/%
非常不认同	6	1.0
不认同	8	1.3
不确定	131	21.3
认同	363	59.1
非常认同	106	17.3
总计	614	100.0

那么，在高职院校运用"1+X"证书制度培养复合型技术技能人才的实践中，X证书培训内容与专业课程内容的关系是怎样的？笔者在问卷中设置了题目"贵校实施了'1+X'证书制度的高职专业，X证书培训内容是专业课程内容的补充、强化和拓展"。这一个题目的平均值为3.91，标准差为0.72。接受调查的高职教师中，持"非常不认同""不认同""不确定""认同""非常认同"观点的教师分别占到接受调查的教师总数的0.7%、2.1%、20.5%、59.4%、17.3%（见表6-15）。

可见，有76.7%的接受调查的高职教师认为，其所在高职院校实施了"1+X"证书制度的高职专业，X证书培训内容是专业课程内容的补充、强化和拓展。

表6-15　高职教师对培养实践中X证书培训内容与专业课程内容之间关系的看法

观点	人数/人	比例/%
非常不认同	4	0.7
不认同	13	2.1
不确定	126	20.5
认同	365	59.4
非常认同	106	17.3
总计	614	100.0

（二）教材开发

　　教材是高职退役士兵学生培养的重要条件。高职院校如何进行教材开发，才能更好实现高职退役士兵学生培养目标？为了了解高职教师对这个问题的看法，笔者在问卷中设置了题目"实施'1+X'证书制度的高职专业，应该开发出1和X融通的教材"。这一个题目的平均值为3.87，标准差为0.76。接受调查的高职教师中，持"非常不认同""不认同""不确定""认同""非常认同"观点的教师分别占到接受调查的教师总数的1.1%、2.8%、20.8%、58.3%、16.9%（见表6-16）。可见，有75.2%的接受调查的高职教师认为，实施"1+X"证书制度的高职专业，应该开发出1和X融通的教材。

表6-16　高职教师对教材开发的看法

观点	人数/人	比例/%
非常不认同	7	1.1
不认同	17	2.8
不确定	128	20.8
认同	358	58.3
非常认同	104	16.9
总计	614	100.0

　　在退役士兵学生培养实践中，高职院校是如何进行教材开发的呢？为了了解这一情况，笔者在问卷中设置了题目"贵校实施了'1+X'证书制度的高职专业，已经开发出了1和X融通的教材"。这一个题目的平均值为3.58，标准差为0.82。接受调查的高职教师中，持"非常不认同""不认同""不确定""认

同""非常认同"观点的教师分别占到接受调查的教师总数的1.0%、5.9%、39.4%、41.2%、12.5%（见表6-17）。可见，有53.7%的接受调查的高职教师认为，所在学校实施"1+X"证书制度的高职专业，已经开发出了1和X融通的教材，有高达39.4%的接受调查的高职教师表示"不确定"。这表明，高职院校实施了"1+X"证书制度的高职专业，已经开发出1和X融通教材的并不是很多。

表6-17　高职教师对培养实践中教材开发情况的看法

观点	人数/人	比例/%
非常不认同	6	1.0
不认同	36	5.9
不确定	242	39.4
认同	253	41.2
非常认同	77	12.5
总计	614	100.0

（三）教师团队建设

在实施"1+X"证书制度后，高职院校的教师不仅要能够实施"教学"，还要能够实施"培训"和"评价"。为了了解高职教师对高职院校"1+X"技术技能人才培养中教师团队建设问题的看法，笔者在问卷中设置了题目"实施'1+X'证书制度的高职专业，应该建设一个能够实施教学、培训和评价的教师团队"。这一个题目的平均值为4.00，标准差为0.71。接受调查的高职教师中，持"非常不认同""不认同""不确定""认同""非常认同"观点的教师分别占到接受调查的教师总数的0.7%、1.3%、16.9%、59.3%、21.8%（见表6-18）。可见，有81.1%的接受调查的高职教师认为，实施"1+X"证书制度的高职专业，应该建设一个能够实施教学、培训和评价的教师团队。

表6-18　高职教师对教师团队建设的看法

观点	人数/人	比例/%
非常不认同	4	0.7
不认同	8	1.3
不确定	104	16.9
认同	364	59.3
非常认同	134	21.8
总计	614	100.0

在高职院校"1+X"技术技能人才培养实践中，教师团队建设的情况是怎样的？为了了解这方面的情况，笔者在问卷中设置了题目"贵校实施了'1+X'证书制度的高职专业，已经建成了一个能够实施教学、培训和评价的教师团队"。这一个题目的平均值为3.76，标准差为0.76。接受调查的高职教师中，持"非常不认同""不认同""不确定""认同""非常认同"观点的教师分别占到接受调查的教师总数的0.5%、3.3%、31.1%、50.3%、14.8%（见表6–19）。可见，有65.1%的接受调查的高职教师认为，所在学校实施了"1+X"证书制度的高职专业，建设了一个能够实施教学、培训和评价的教师团队，但也有31.1%的接受调查的高职教师表示"不确定"。

表6-19　高职教师对培养实践中教师团队建设情况的看法

观点	人数/人	比例/%
非常不认同	3	0.5
不认同	20	3.3
不确定	191	31.1
认同	309	50.3
非常认同	91	14.8
总计	614	100.0

（四）实训基地建设

实施了"1+X"证书制度的高职专业，其实训基地建设有没有必要根据退役士兵学生职业技能等级证书的备考需要进行调整？为了了解高职教师对这一问题的看法，笔者在问卷中设置了题目"实施'1+X'证书制度的高职专业，没必要根据退役士兵学生职业技能等级证书备考需要加强实训基地建设"。这一个题目的平均值为2.54，标准差为1.02。从这一数据可以看出，接受调查的高职教师对"实施'1+X'证书制度的高职专业，没必要根据退役士兵学生职业技能等级证书备考需要加强实训基地建设"这个观点不大认可。另外，接受调查的高职教师中，持"非常不认同""不认同""不确定""认同""非常认同"观点的教师分别占到接受调查的教师总数的13.8%、40.7%、26.2%、16.0%、3.3%（见表6–20）。可见，对"实施'1+X'证书制度的高职专业，没必要根据退役士兵学生职业技能等级证书备考需要加强实训基地建设"这个观点持认同态度（"认同"和"非常认同"）的高职教师只占到接受调查的教师总数的19.3%，而持不认同态度（"非常不认同"和"不认同"）的占比54.5%。这表明，接受调查的高职教师倾向于认为，实施"1+X"证书制度的高职专业，有必要根据退役士兵学生职业技能等级证书备考需要加强实训基地建设。

表6-20　高职教师对实训基地建设的看法

观点	人数/人	比例/%
非常不认同	85	13.8
不认同	250	40.7
不确定	161	26.2
认同	98	16.0
非常认同	20	3.3
总计	614	100.0

在高职院校"1+X"技术技能人才培养实践中，高职院校是如何开展实训基地建设的？为了了解这方面的情况，笔者在问卷中设置了题目"贵校实施了'1+X'证书制度的高职专业，实训基地能够满足退役士兵学生职业技能等级证书备考需要"。这一个题目的平均值为3.79，标准差为0.73。接受调查的高职教师中，持"非常不认同""不认同""不确定""认同""非常认同"观点的教师分别占到接受调查的教师总数的0.5%、2.3%、29.8%、52.9%、14.5%（见表6-21）。可见，有67.4%的接受调查的高职教师认为，所在学校实施了"1+X"证书制度的高职专业，实训基地能够满足退役士兵学生职业技能等级证书备考需要。

表6-21　高职教师对培养实践中实训基地建设情况的看法

观点	人数/人	比例/%
非常不认同	3	0.5
不认同	14	2.3
不确定	183	29.8
认同	325	52.9
非常认同	89	14.5
总计	614	100.0

（五）信息管理服务平台建设

信息管理服务平台是"1+X"证书制度实施中的一个重要环节。为了了解高职教师对基于退役士兵生源的高职"1+X"技术技能人才培养中信息管理服务平台建设问题的看法，笔者在问卷中设置了题目"在运用'1+X'证书制度将退役士兵学生培养成复合型技术技能人才时，应建立功能完善的'1+X'证书信息管理服务平台"。这一个题目的平均值为3.92，标准差为0.73。接受调查的高职教师中，持"非常不认同""不认同""不确定""认同""非常认同"观点的教师分别占到接受调查的教师总数的1.0%、1.8%、19.5%、59.3%、18.4%（见表6-22）。可见，有77.7%的接受调查的高职教师认为，在运用"1+X"证书制度将退役士兵学生培养成复合型技术技能人才时，应建立功能完善的"1+X"证书信息管理服务平台。

表6-22　高职教师对信息管理服务平台建设的看法

观点	人数/人	比例/%
非常不认同	6	1.0
不认同	11	1.8
不确定	120	19.5
认同	364	59.3
非常认同	113	18.4
总计	614	100.0

在高职院校"1+X"技术技能人才培养实践中，"1+X"证书信息管理服务平台建设得怎么样？为了了解这方面的情况，笔者在问卷中设置了题目"'1+X'证书信息管理服务平台的功能已经比较完善"。这一个题目的平均值为3.52，标准差为0.81。接受调查的高职教师中，持"非常不认同""不认同""不确定""认同""非常认同"观点的教师分别占到接受调查的教师总数的0.8%、7.7%、39.9%、41.7%、9.9%（见表6-23）。可见，有51.6%的接受调查的高职教师认为，"1+X"证书信息管理服务平台的功能已经比较完善，当然，也有39.9%的接受调查的高职教师表示"不确定"。这表明，接受调查的高职教师对"1+X"证书信息管理服务平台的功能的认同度并不是很高。

表6-23　高职教师对培养实践中信息管理服务平台建设情况的看法

观点	人数/人	比例/%
非常不认同	5	0.8
不认同	47	7.7
不确定	245	39.9
认同	256	41.7
非常认同	61	9.9
总计	614	100.0

五、关于培养活动

（一）对企业等用人单位的人才需求进行调查

了解企业等用人单位的人才需求是高职院校"1+X"技术技能人才培养实践中的一项重要基础性工作。在高职院校"1+X"技术技能人才培养实践中，高职院校是否有必要对企业等用人单位的人才需求进行调查？为了了解高职教师对这一问题的看法，笔者在问卷中设置了题目"实施'1+X'证书制度的高职专业，没必要对企业等用人单位的人才需求进行调查"。这一个题目的平均值为3.20，标准差为1.17。接受调查的高职教师中，持"非常不认同""不认同""不确定""认同""非常认同"观点的教师分别占到接受调查的教师总数的7.2%、25.2%、22.3%、31.3%、14.0%（见表6-24）。可见，对"实施'1+X'证书制度的高职专业，没必要对企业等用人单位的人才需求进行调查"持认同态度（"认同""非常认同"）的教师占比（45.3%），高于持不认同态度（"非常不认同""不认同"）的教师占比（32.4%），另外还有22.3%的接受调查的高职教师对这一观点持不确定态度。这表明，接受调查的高职教师倾向于认为，实施"1+X"证书制度的高职专业，没必要对企业等用人单位的人才需求进行调查。这个结果与我们关于高职院校技术技能人才培养的传统认知不同。这可能是由于接受调查的高职教师对高职院校运用"1+X"证书制度培养退役士兵学生存在一定的误解。

表6-24　高职教师对用人单位人才需求调查的看法

观点	人数/人	比例/%
非常不认同	44	7.2
不认同	155	25.2
不确定	137	22.3
认同	192	31.3
非常认同	86	14.0
总计	614	100.0

在高职院校"1+X"技术技能人才培养实践中，学校对调查企业等用人单位的人才需求的重视程度如何？为了了解这方面的情况，笔者在问卷中设置了题目"贵校实施了'1+X'证书制度的高职专业，十分重视对企业等用人单位的人

才需求进行调查"。这一个题目的平均值为3.90，标准差为0.73。接受调查的高职教师中，持"非常不认同""不认同""不确定""认同""非常认同"观点的教师分别占到接受调查的教师总数的0.5%、2.0%、23.3%、55.4%、18.9%（见表6-25）。可见，有74.3%的接受调查的高职教师认为，所在高职院校实施了"1+X"证书制度的高职专业，十分重视对企业等用人单位的人才需求进行调查。

表6-25　高职教师对培养实践中开展用人单位人才需求调查情况的看法

观点	人数/人	比例/%
非常不认同	3	0.5
不认同	12	2.0
不确定	143	23.3
认同	340	55.4
非常认同	116	18.9
总计	614	100.0

（二）与企业等用人单位进行深度合作

在高职院校"1+X"技术技能人才培养实践中，高职院校是否应该与企业等用人单位进行深度合作？为了了解高职教师对这个问题的看法，笔者在问卷中设置了题目"实施'1+X'证书制度的高职专业，应该与企业等用人单位进行深度合作"。这一个题目的平均值为4.03，标准差为0.74。接受调查的高职教师中，持"非常不认同""不认同""不确定""认同""非常认同"观点的教师分别占到接受调查的教师总数的0.7%、1.1%、18.6%、53.6%、26.1%（见表6-26）。可见，有79.7%的接受调查的高职教师认为，实施"1+X"证书制度的高职专业，应该与企业等用人单位进行深度合作。

表6-26　高职教师对高职院校与企业等用人单位进行合作情况的看法

观点	人数/人	比例/%
非常不认同	4	0.7
不认同	7	1.1
不确定	114	18.6
认同	329	53.6
非常认同	160	26.1
总计	614	100.0

在高职院校"1+X"技术技能人才培养实践中，高职院校与企业等用人单位

进行合作的情况如何？为了了解这方面的情况，笔者在问卷中设置了题目"贵校实施了'1+X'证书制度的高职专业，与企业等用人单位进行了深度合作"。这一个题目的平均值为3.85，标准差为0.74。接受调查的高职教师中，持"非常不认同""不认同""不确定""认同""非常认同"观点的教师分别占到接受调查的教师总数的0.5%、1.8%、27.4%、52.6%、17.8%（见表6-27）。可见，有70.4%的接受调查的高职教师认为，所在高职院校实施了"1+X"证书制度的高职专业，与企业等用人单位进行了深度合作；也有27.4%的接受调查的高职教师对此表示"不确定"，这可能是由于部分接受调查的高职教师所在高职院校，与企业等用人单位并没有进行深度合作。

表6-27　高职教师对培养实践中学校与企业等用人单位进行合作的看法

观点	人数/人	比例/%
非常不认同	3	0.5
不认同	11	1.8
不确定	168	27.4
认同	323	52.6
非常认同	109	17.8
总计	614	100.0

（三）增进教师对"1+X"证书制度的认识

在高职院校"1+X"技术技能人才培养实践中，高职院校是否应该增进教师对"1+X"证书制度的认识？为了了解高职教师对这个问题的看法，笔者在问卷中设置了题目"实施'1+X'证书制度的高职专业，应该增进教师对'1+X'证书制度的认识"。这一个题目的平均值为4.03，标准差为0.68。接受调查的高职教师中，持"非常不认同""不认同""不确定""认同""非常认同"观点的教师分别占到接受调查的教师总数的0.5%、0.5%、17.4%、58.8%、22.8%（见表6-28）。可见，有81.6%的接受调查的高职教师认为，实施"1+X"证书制度的高职专业，应该增进教师对"1+X"证书制度的认识。

表6-28　高职教师关于增进教师对"1+X"证书制度认识的看法

观点	人数/人	比例/%
非常不认同	3	0.5
不认同	3	0.5

续表

观点	人数/人	比例/%
不确定	107	17.4
认同	361	58.8
非常认同	140	22.8
总计	614	100.0

在高职院校"1+X"技术技能人才培养实践中，高职院校在增进教师对"1+X"证书制度的认识方面做得怎样？为了了解这方面的情况，笔者在问卷中设置了题目"贵校实施了'1+X'证书制度的高职专业，十分注重增进教师对'1+X'证书制度的认识"。这一个题目的平均值为3.89，标准差为0.72。接受调查的高职教师中，持"非常不认同""不认同""不确定""认同""非常认同"观点的教师分别占到接受调查的教师总数的0.5%、1.8%、23.6%、56.4%、17.8%（见表6-29）。可见，有74.2%的接受调查的高职教师认为，所在高职院校实施了"1+X"证书制度的高职专业，十分注重增进教师对"1+X"证书制度的认识。

表6-29　高职教师关于培养实践中增进教师对"1+X"证书制度认识情况的看法

观点	人数/人	比例/%
非常不认同	3	0.5
不认同	11	1.8
不确定	145	23.6
认同	346	56.4
非常认同	109	17.8
总计	614	100.0

（四）增进退役士兵学生对"1+X"证书制度的认识

退役士兵学生对"1+X"证书制度的认识对该制度的实施效果具有重要影响。在高职院校"1+X"技术技能人才培养实践中，高职院校是否应该增进退役士兵学生对"1+X"证书制度的认识？为了了解高职教师对这个问题的看法，笔者在问卷中设置了题目"实施'1+X'证书制度的高职专业，应该增进退役士兵学生对'1+X'证书制度的认识"。这一个题目的平均值为4.00，标准差为0.69。接受调查的高职教师中，持"非常不认同""不认同""不确定""认同""非常认同"观点的教师分别占到接受调查的教师总数的0.5%、0.7%、18.7%、58.5%、

21.7%（见表6–30）。可见，有80.2%的接受调查的高职教师认为，实施"1+X"证书制度的高职专业，应该增进退役士兵学生对"1+X"证书制度的认识。

表6–30 高职教师关于增进退役士兵学生对"1+X"证书制度认识的看法

观点	人数/人	比例/%
非常不认同	3	0.5
不认同	4	0.7
不确定	115	18.7
认同	359	58.5
非常认同	133	21.7
总计	614	100.0

在高职院校"1+X"技术技能人才培养实践中，高职院校在增进退役士兵学生对"1+X"证书制度的认识方面做得怎样？为了了解这方面的情况，笔者在问卷中设置了题目"贵校实施了'1+X'证书制度的高职专业，十分注重增进退役士兵学生对'1+X'证书制度的认识"。这一个题目的平均值为3.82，标准差为0.72。接受调查的高职教师中，持"非常不认同""不认同""不确定""认同""非常认同"观点的教师分别占到接受调查的教师总数的0.3%、1.8%、29.3%、52.6%、16.0%（见表6–31）。可见，有68.6%的接受调查的高职教师认为，所在高职院校实施了"1+X"证书制度的高职专业，十分注重增进退役士兵学生对"1+X"证书制度的认识；但是，也有29.3%的接受调查的高职教师对此表示"不确定"。

表6–31 高职教师关于培养实践中增进退役士兵学生对"1+X"证书制度认识情况的看法

观点	人数/人	比例/%
非常不认同	2	0.3
不认同	11	1.8
不确定	180	29.3
认同	323	52.6
非常认同	98	16.0
总计	614	100.0

（五）重视教师对学校人才培养工作给出的反馈意见

教师对学校人才培养工作给出的反馈意见有助于人才培养目标的实现。在高职院校"1+X"技术技能人才培养实践中，高职院校是否应该重视教师对学校人才培养工作给出的反馈意见？为了了解高职教师对这个问题的看法，笔者在问卷中设置了题目"实施'1+X'证书制度的高职专业，应该重视教师对学校人才培养工作给出的反馈意见"。这一个题目的平均值为4.04，标准差为0.69。接受调查的高职教师中，持"非常不认同""不认同""不确定""认同""非常认同"观点的教师分别占到接受调查的教师总数的0.5%、0.7%、16.4%、58.8%、23.6%（见表6-32）。可见，有82.4%的接受调查的高职教师认为，实施"1+X"证书制度的高职专业，应该重视教师对学校人才培养工作给出的反馈意见。

表6-32　高职教师关于重视教师对学校人才培养工作反馈意见的看法

观点	人数/人	比例/%
非常不认同	3	0.5
不认同	4	0.7
不确定	101	16.4
认同	361	58.8
非常认同	145	23.6
总计	614	100.0

在高职院校"1+X"技术技能人才培养实践中，高职院校是否重视教师对学校人才培养工作给出的反馈意见？为了了解这方面的情况，笔者在问卷中设置了题目"贵校实施了'1+X'证书制度的高职专业，十分重视教师对学校人才培养工作给出的反馈意见"。这一个题目的平均值为3.89，标准差为0.73。接受调查的高职教师中，持"非常不认同""不认同""不确定""认同""非常认同"观点的教师分别占到接受调查的教师总数的0.5%、2.4%、23.0%、56.2%、17.9%（见表6-33）。可见，有74.1%的接受调查的高职教师认为，所在高职院校实施了"1+X"证书制度的高职专业，十分重视教师对学校人才培养工作给出的反馈意见，也有23.0%的接受调查的高职教师对此表示"不确定"。

表6-33　高职教师关于培养实践中重视教师对学校人才培养反馈意见情况的看法

观点	人数/人	比例/%
非常不认同	3	0.5
不认同	15	2.4
不确定	141	23.0
认同	345	56.2
非常认同	110	17.9
总计	614	100.0

（六）重视退役士兵学生对学校人才培养活动给出的反馈意见

退役士兵学生对学校人才培养工作给出的反馈意见对于人才培养目标的实现也很重要。在高职院校"1+X"技术技能人才培养实践中，高职院校是否应该重视退役士兵学生对学校人才培养工作给出的反馈意见？为了了解高职教师对这个问题的看法，笔者在问卷中设置了题目"实施'1+X'证书制度的高职专业，应该重视退役士兵学生对学校人才培养活动给出的反馈意见"。这一个题目的平均值为4.00，标准差为0.67。接受调查的高职教师中，持"非常不认同""不认同""不确定""认同""非常认同"观点的教师分别占到接受调查的教师总数的0.5%、0.5%、17.8%、60.6%、20.7%（见表6-34）。可见，有81.3%的接受调查的高职教师认为，实施"1+X"证书制度的高职专业，应该重视退役士兵学生对学校人才培养工作给出的反馈意见。

表6-34　高职教师关于重视退役士兵学生对学校人才培养反馈意见的看法

观点	人数/人	比例/%
非常不认同	3	0.5
不认同	3	0.5
不确定	109	17.8
认同	372	60.6
非常认同	127	20.7
总计	614	100.0

在高职院校"1+X"技术技能人才培养实践中，高职院校是否重视退役士兵学生对学校人才培养工作给出的反馈意见？为了了解这方面的情况，笔者在问卷中设置了题目"贵校实施了'1+X'证书制度的高职专业，十分重视退役士兵学生对学校人才培养活动给出的反馈意见"。这一个题目的平均值为3.82，标准差为0.74。接受调查的高职教师中，持"非常不认同""不认同""不确定""认同""非常认同"观点的教师分别占到接受调查的教师总数的0.3%、2.4%、28.7%、52.0%、16.6%（见表6-35）。可见，有68.6%的接受调查的高职教师认为，所在高职院校实施了"1+X"证书制度的高职专业，十分重视退役士兵学生对学校人才培养工作给出的反馈意见，也有28.7%的接受调查的高职教师对此表示"不确定"。

表6-35　高职教师关于培养实践中重视退役士兵学生对学校人才培养反馈意见情况的看法

观点	人数/人	比例/%
非常不认同	2	0.3
不认同	15	2.4
不确定	176	28.7
认同	319	52.0
非常认同	102	16.6
总计	614	100.0

（七）重视退役士兵学生对教师的教育教学工作给出的反馈意见

退役士兵学生对教师的教育教学工作给出的反馈意见有助于人才培养目标的实现。在高职院校"1+X"技术技能人才培养实践中，高职院校是否应该重视退役士兵学生对教师的教育教学工作给出的反馈意见？为了了解高职教师对这个问题的看法，笔者在问卷中设置了题目"实施'1+X'证书制度的高职专业，应该重视退役士兵学生对教师的教育教学工作给出的反馈意见"。这一个题目的平均值为3.99，标准差为0.69。接受调查的高职教师中，持"非常不认同""不认同""不确定""认同""非常认同"观点的教师分别占到接受调查的教师总数的0.7%、0.7%、18.4%、59.3%、21.0%（见表6-36）。可见，有80.3%的接受调查的高职教师认为，实施"1+X"证书制度的高职专业，应该重视退役士兵学生对教师的教育教学工作给出的反馈意见。

表6-36　高职教师关于重视退役士兵学生对教师教育教学工作反馈意见的看法

观点	人数/人	比例/%
非常不认同	4	0.7
不认同	4	0.7
不确定	113	18.4
认同	364	59.3
非常认同	129	21.0
总计	614	100.0

在高职院校"1+X"技术技能人才培养实践中，高职院校是否重视退役士兵学生对教师的教育教学工作给出的反馈意见？为了了解这方面的情况，笔者在问卷中设置了题目"贵校实施了'1+X'证书制度的高职专业，十分重视退役士兵学生对教师的教育教学工作给出的反馈意见"。这一个题目的平均值为

3.83，标准差为0.73。接受调查的高职教师中，持"非常不认同""不认同""不确定""认同""非常认同"观点的教师分别占到接受调查的教师总数的0.3%、2.8%、26.5%、54.4%、16.0%（见表6-37）。可见，有70.4%的接受调查的高职教师认为，所在高职院校实施了"1+X"证书制度的高职专业，十分重视退役士兵学生对教师的教育教学工作给出的反馈意见；但是，也有26.5%的接受调查的高职教师对此表示"不确定"。这表明有很多实施了"1+X"证书制度的高职专业十分重视退役士兵学生对教师的教育教学工作给出的反馈意见，但是这项工作还需要进一步加强。

表6-37 高职教师关于培养实践中重视退役士兵学生对教师教育教学工作反馈意见情况的看法

观点	人数/人	比例/%
非常不认同	2	0.3
不认同	17	2.8
不确定	163	26.5
认同	334	54.4
非常认同	98	16.0
总计	614	100.0

（八）对退役士兵学生的个体需求给予持续关注

退役士兵学生的个体需求对高职退役士兵学生培养目标的实现具有重要影响。在高职院校"1+X"技术技能人才培养实践中，高职院校是否应该对退役士兵学生的个体需求给予持续关注？为了了解高职教师对这一问题的看法，笔者在问卷中设置了题目"实施'1+X'证书制度的高职专业，应该对退役士兵学生的个体需求给予持续关注"。这一个题目的平均值为3.93，标准差为0.69。接受调查的高职教师中，持"非常不认同""不认同""不确定""认同""非常认同"观点的教师分别占到接受调查的教师总数的0.7%、0.8%、21.2%、59.3%、18.1%（见表6-38）。可见，有77.4%的接受调查的高职教师认为，实施"1+X"证书制度的高职专业，应该对退役士兵学生的个体需求给予持续关注。

表6-38 高职教师关于对退役士兵学生个体需求给予持续关注的看法

观点	人数/人	比例/%
非常不认同	4	0.7
不认同	5	0.8

续表

观点	人数/人	比例/%
不确定	130	21.2
认同	364	59.3
非常认同	111	18.1
总计	614	100.0

在高职院校"1+X"技术技能人才培养实践中，高职院校是否关注退役士兵学生的个体需求？为了了解这方面的情况，笔者在问卷中设置了题目"贵校实施了'1+X'证书制度的高职专业，十分关注退役士兵学生的个体需求"。这一个题目的平均值为3.77，标准差为0.75。接受调查的高职教师中，持"非常不认同""不认同""不确定""认同""非常认同"观点的教师分别占到接受调查的教师总数的0.3%、3.1%、31.6%、49.7%、15.3%（见表6-39）。可见，有65.0%的接受调查的高职教师认为，所在高职院校实施了"1+X"证书制度的高职专业，十分关注退役士兵学生的个体需求，也有31.6%的接受调查的高职教师对此表示"不确定"。

表6-39 高职教师关于培养实践中十分关注退役士兵学生个体需求情况的看法

观点	人数/人	比例/%
非常不认同	2	0.3
不认同	19	3.1
不确定	194	31.6
认同	305	49.7
非常认同	94	15.3
总计	614	100.0

（九）开展分层教学

在基于退役士兵学生的高职院校"1+X"技术技能人才培养实践中，高职院校是否有必要根据退役士兵学生的学习基础开展分层教学？为了了解高职教师对这一问题的看法，笔者在问卷中设置了题目"实施'1+X'证书制度的高职专业，没必要根据退役士兵学生的学习基础开展分层教学"。这一个题目的平均值为3.53，标准差为0.84。接受调查的高职教师中，持"非常不认同""不认同""不确定""认同""非常认同"观点的教师分别占到接受调查的教师总数的9.9%、37.1%、27.0%、20.7%、5.2%（见表6-40）。可见，对"实施'1+X'

证书制度的高职专业，没必要根据退役士兵学生的学习基础开展分层教学"这一观点持认同态度（"认同"和"非常认同"）的高职教师只占到接受调查的高职教师总数的25.9%，而对这一观点持不认同（"非常不认同"和"不认同"）态度的高职教师占比47.0%。这表明，接受调查的高职教师倾向于认为，实施"1+X"证书制度的高职专业，有必要根据退役士兵学生的学习基础开展分层教学。

表6-40　高职教师关于开展分层教学的看法

观点	人数/人	比例/%
非常不认同	61	9.9
不认同	228	37.1
不确定	166	27.0
认同	127	20.7
非常认同	32	5.2
总计	614	100.0

在基于退役士兵学生的高职院校"1+X"技术技能人才培养实践中，高职院校有没有根据退役士兵学生的学习基础开展分层教学？为了了解这方面的情况，笔者在问卷中设置了题目"贵校实施了'1+X'证书制度的高职专业，已经全面开展分层教学"。这一个题目的平均值为3.53，标准差为0.84。接受调查的高职教师中，持"非常不认同""不认同""不确定""认同""非常认同"观点的教师分别占到接受调查的教师总数的1.0%、8.0%、39.3%、40.2%、11.6%（见表6-41）。可见，有51.8%的接受调查的高职教师认为，所在高职院校实施了"1+X"证书制度的高职专业，已经全面开展分层教学，也有39.3%的接受调查的高职教师对此表示"不确定"。

表6-41　高职教师关于培养实践中开展分层教学情况的看法

观点	人数/人	比例/%
非常不认同	6	1.0
不认同	49	8.0
不确定	241	39.3
认同	247	40.2
非常认同	71	11.6
总计	614	100.0

六、关于培养评价

（一）举行学习基础测试

在基于退役士兵学生的高职院校"1+X"技术技能人才培养实践中，高职院校是否应该在退役士兵学生刚入学时举行旨在了解其学习基础的测试？为了了解高职教师对这一问题的看法，笔者在问卷中设置了题目"实施'1+X'证书制度的高职专业，应该在退役士兵学生刚入学时举行旨在了解其学习基础的测试"。这一个题目的平均值为3.85，标准差为0.74。接受调查的高职教师中，持"非常不认同""不认同""不确定""认同""非常认同"观点的教师分别占到接受调查的教师总数的0.5%、2.6%、25.2%、55.2%、16.4%（见表6-42）。可见，有71.6%的接受调查的高职教师认为，实施"1+X"证书制度的高职专业，应该在退役士兵学生刚入学时举行旨在了解其学习基础的测试。

表6-42　高职教师关于举行基础测试的看法

观点	人数/人	比例/%
非常不认同	3	0.5
不认同	16	2.6
不确定	155	25.2
认同	339	55.2
非常认同	101	16.4
总计	614	100.0

在基于退役士兵学生的高职院校"1+X"技术技能人才培养实践中，高职院校有没有对退役士兵学生进行学习基础测试？为了了解这方面的情况，笔者在问卷中设置了题目"贵校实施了'1+X'证书制度的高职专业，在退役士兵学生刚入学时举行了旨在了解其学习基础的测试"。这一个题目的平均值为3.64，标准差为0.84。接受调查的高职教师中，持"非常不认同""不认同""不确定""认同""非常认同"观点的教师分别占到接受调查的教师总数的1.8%、5.7%、31.6%、48.4%、12.5%（见表6-43）。可见，有60.9%的接受调查的高职教师认为，所在高职院校实施了"1+X"证书制度的高职专业，在退役士兵学生刚入学时举行了旨在了解其学习基础的测试，也有31.6%的接受调查的高职教师对此表示"不确定"。

表6-43　高职教师关于培养实践中举行基础测试情况的看法

观点	人数/人	比例/%
非常不认同	11	1.8
不认同	35	5.7
不确定	194	31.6
认同	297	48.4
非常认同	77	12.5
总计	614	100.0

（二）统筹安排专业课程考试与相关职业技能等级考核

在高职院校"1+X"技术技能人才培养实践中，高职院校是否应该统筹安排专业课程考试与相关职业技能等级考核，使二者同步？为了了解这方面的情况，笔者在问卷中设置了题目"实施'1+X'证书制度的高职专业，应该统筹安排专业课程考试与相关职业技能等级考核，使二者同步"。这一个题目的平均值为3.92，标准差为0.70。接受调查的高职教师中，持"非常不认同""不认同""不确定""认同""非常认同"观点的教师分别占到接受调查的教师总数的0.7%、1.1%、21.2%、59.6%、17.4%（见表6-44）。可见，有77.0%的接受调查的高职教师认为，实施"1+X"证书制度的高职专业，应该统筹安排专业课程考试与相关职业技能等级考核，使二者同步。

表6-44　高职教师对统筹安排专业课程考试与相关职业技能等级考核的看法

观点	人数/人	比例/%
非常不认同	4	0.7
不认同	7	1.1
不确定	130	21.2
认同	366	59.6
非常认同	107	17.4
总计	614	100.0

在高职退役士兵学生培养实践中，高职院校统筹安排专业课程考试与相关职业技能等级考核的情况如何？为了了解这方面的情况，笔者在问卷中设置了题目"贵校实施了'1+X'证书制度的高职专业，已经做到了专业课程考试与相关职业技能等级考核同步"。这一个题目的平均值为3.75，标准差为0.74。接受调查的高职教师中，持"非常不认同""不认同""不确定""认同""非常认同"

观点的教师分别占到接受调查的教师总数的0.7%、2.3%、32.2%、51.1%、13.7%（见表6-45）。可见，有64.8%的接受调查的高职教师认为，所在高职院校实施了"1+X"证书制度的高职专业，已经做到了专业课程考试与相关职业技能等级考核同步；但是，也有32.2%的接受调查的高职教师对此表示"不确定"。这表明有一些实施了"1+X"证书制度的高职专业，已经做到了专业课程考试与相关职业技能等级考核同步，但是这一项工作还需要进一步加强。

表6-45　高职教师对培养实践中统筹安排专业课程考试与相关职业技能等级考核情况的看法

观点	人数/人	比例/%
非常不认同	4	0.7
不认同	14	2.3
不确定	198	32.2
认同	314	51.1
非常认同	84	13.7
总计	614	100.0

（三）开展分层评价

在基于退役士兵学生的高职院校"1+X"技术技能人才培养实践中，高职院校是否有必要根据退役士兵学生的个体差异开展分层评价？为了了解高职教师对这一问题的看法，笔者在问卷中设置了题目"实施'1+X'证书制度的高职专业，没必要根据退役士兵学生的个体差异开展分层评价"。这一个题目的平均值为2.72，标准差为1.04。从这一数据可以看出，接受调查的高职教师对"实施'1+X'证书制度的高职专业，没必要根据退役士兵学生的个体差异开展分层评价"不大认可。另外，接受调查的高职教师中，持"非常不认同""不认同""不确定""认同""非常认同"观点的教师分别占到接受调查的教师总数的10.1%、37.3%、28.0%、20.0%、4.6%（见表6-46）。可见，对"实施'1+X'证书制度的高职专业，没必要根据退役士兵学生的个体差异开展分层评价"这个观点持认同态度的高职教师只占到接受调查的高职教师总数的24.6%，而持不认同（"非常不认同"和"不认同"）态度的高职教师占比47.4%。这表明，接受调查的高职教师倾向于认为，有必要根据退役士兵学生的个体差异开展分层评价。

表6-46　高职教师关于开展分层评价的看法

观点	人数/人	比例/%
非常不认同	62	10.1
不认同	229	37.3
不确定	172	28.0
认同	123	20.0
非常认同	28	4.6
总计	614	100.0

在基于退役士兵学生的高职院校"1+X"技术技能人才培养实践中，高职院校是否对退役士兵学生进行了分层评价？为了了解这方面的情况，笔者在问卷中设置了题目"贵校实施了'1+X'证书制度的高职专业，已经对退役士兵学生进行分层评价"。这一个题目的平均值为3.47，标准差为0.85。接受调查的高职教师中，持"非常不认同""不认同""不确定""认同""非常认同"观点的教师分别占到接受调查的教师总数的2.1%、7.3%、41.7%、39.3%、9.6%（见表6-47）。可见，有48.9%的接受调查的高职教师认为，所在高职院校实施了"1+X"证书制度的高职专业，已经对退役士兵学生进行分层评价，也有41.7%的接受调查的高职教师对此表示"不确定"。

表6-47　高职教师对培养实践中开展分层评价情况的看法

观点	人数/人	比例/%
非常不认同	13	2.1
不认同	45	7.3
不确定	256	41.7
认同	241	39.3
非常认同	59	9.6
总计	614	100.0

七、学校类别、任教专业、性别、职称和教龄在总均分与五个维度上的差异

（一）学校类别在总均分与五个维度上的差异

独立样本 t 检验结果显示，不同学校类别（"双高校"和"非双高校"）在总均分与培养目标、培养评价两个维度上的差异不显著，在培养对象、培养条件

和培养活动三个维度上的差异达到显著性水平；在培养对象维度，来自非双高校的被试的平均得分，高于来自双高校的被试的平均得分，二者的差异达到非常显著水平；在培养条件和培养活动维度，来自双高校的被试的平均得分，都高于来自非双高校的被试的平均得分。具体情况见表6-48。

表6-48　学校类别在总均分与五个维度上的差异（N=614）

统计项	是否来自双高校（M±SD）		t值
	是	否	
总均分	3.72±0.47	3.68±0.47	1.14
培养对象	3.61±0.55	3.74±0.59	-2.75**
培养目标	3.74±0.72	3.76±0.67	-0.28
培养条件	3.71±0.52	3.63±0.49	1.96*
培养活动	3.83±0.53	3.73±0.52	2.37*
培养评价	3.57±0.50	3.54±0.47	0.87

注：*表示在0.05水平上显著，**表示在0.01水平上显著。

可见，在接受调查的高职教师中，不同学校类别的教师对培养对象、培养条件和培养活动的看法存在一定差异，而且这样的差异呈现出不同的特点，来自双高校的被试对培养条件和培养活动相关问题的认同度整体高于来自非双高校的被试，但是对培养对象相关问题的认同度整体低于来自非双高校的被试。这可能是由于不同学校的条件不同，其教师对相关问题的认识也不相同。因此，在对高职教师关于退役士兵学生培养相关问题进行分析时，要认真考虑所在学校的特点。

（二）任教专业在总均分与五个维度上的差异

独立样本t检验结果显示，不同任教专业（"理工科"专业和"人文社科"专业）在总均分与培养对象、培养目标、培养条件和培养评价四个维度上的差异不显著，在培养活动维度上的差异达到显著性水平；在培养活动维度，"理工科"专业教师被试的平均得分，整体高于"人文社科"专业教师被试的平均得分。具体情况见表6-49。

表6-49 任教专业在总均分与五个维度上的差异（N=614）

统计项	任教专业（M±SD）		t值
	理工科	人文社科	
总均分	3.74±0.46	3.68±0.48	1.78
培养对象	3.63±0.57	3.68±0.57	−1.02
培养目标	3.77±0.70	3.73±0.70	0.68
培养条件	3.70±0.51	3.66±0.51	1.17
培养活动	3.86±0.51	3.73±0.54	2.94*
培养评价	3.59±0.51	3.52±0.47	1.87

注：*表示在0.05水平上显著。

可见，在接受调查的高职教师中，不同任教专业的教师对培养活动的看法存在一定差异，"理工科"专业教师被试对培养活动相关问题的认同度要高一些。这可能是由于退役士兵学生培养活动相关安排比较严密，比较契合"理工科"专业教师的思维习惯。因此，在基于退役士兵学生的高职院校"1+X"技术技能人才培养实践中，在进行培养活动的设计与安排时，应兼顾不同专业教师的特点。

（三）性别在总均分与五个维度上的差异

独立样本t检验结果显示，不同性别高职教师在总均分与培养对象、培养目标、培养条件、培养活动和培养评价五个维度上的差异都不显著。具体情况见表6-50。可见，在基于退役士兵学生的高职院校"1+X"技术技能人才培养实践中，不同性别的教师对相关问题的看法并未存在明显的差异。

表6-50 性别在总均分与五个维度上的差异（N=614）

统计项	性别（M±SD）		t值
	男	女	
总均分	3.72±0.52	3.70±0.44	0.53
培养对象	3.66±0.62	3.66±0.54	−0.09
培养目标	3.74±0.79	3.75±0.65	−0.13
培养条件	3.68±0.55	3.68±0.49	0.13
培养活动	3.82±0.58	3.78±0.50	1.01
培养评价	3.57±0.54	3.55±0.46	0.47

（四）职称在总均分与五个维度上的差异

单因子独立样本变异数分析结果显示，不同职称高职教师在总均分与培养对象、培养目标、培养条件和培养评价四个维度上的差异均不显著，在培养活动维度上的差异达到显著水平。在培养活动维度，其他职称被试的平均得分显著低于副高和中级职称的被试。具体情况见表6-51。

表6-51　职称在总均分与五个维度上的差异（N=614）

统计项	职称（M±SD）					F值	Scheffe
	正高	副高	中级	初级	其他		
总均分	3.65±0.50	3.75±0.43	3.76±0.47	3.71±0.44	3.58±0.48	3.05	
培养对象	3.62±0.66	3.66±0.53	3.69±0.59	3.67±0.52	3.60±0.52	0.43	
培养目标	3.64±0.83	3.78±0.65	3.79±0.72	3.86±0.65	3.61±0.64	2.00	
培养条件	3.61±0.56	3.71±0.48	3.72±0.53	3.70±0.47	3.54±0.48	2.60	
培养活动	3.72±0.55	3.87±0.50	3.85±0.53	3.76±0.49	3.61±0.54	4.80*	E＜B、E＜C
培养评价	3.52±0.43	3.57±0.51	3.58±0.49	3.56±0.50	3.49±0.50	0.64	

注：*表示在0.05水平上显著。

可见，在接受调查的高职教师中，不同职称的教师对培养活动的看法存在一定差异，除了正高职称之外，被试对培养活动相关问题的认同度与职称成正比；正高职称被试对培养活动相关问题的认同度比初级职称的被试还低。这可能是由于正高职称的被试在评上职称后，处于一种疲惫甚至"躺平"的状态，对相关问题的看法发生了较大的改变。因此，在基于退役士兵学生的高职院校"1+X"技术技能人才培养实践中，在进行培养活动的设计与安排时，要考虑到职称这个因素，并对正高职称教师给予特别的关注，以充分发挥其积极作用。

（五）教龄在总均分与五个维度上的差异

单因子独立样本变异数分析结果显示，教龄在总均分与培养对象、培养目标、培养条件、培养活动和培养评价五个维度上的差异均不显著。在接受调查的高职教师中，与"20年及以下"教龄的高职教师相比，"21年及以上"教龄的高职教师在总均分与培养对象、培养目标、培养条件、培养活动、培养评价五个维度上的平均得分整体要高一些。具体情况见表6-52。

表6-52　教龄在总均分与五个维度上的差异（N=614）

统计项	教龄（M±SD）					F值
	0～5年	6～10年	11～15年	16～20年	21年及以上	
总均分	3.67±0.49	3.68±0.46	3.74±0.46	3.70±0.43	3.81±0.49	1.52
培养对象	3.66±0.58	3.56±0.58	3.71±0.55	3.61±0.52	3.77±0.59	2.05

续表

统计项	教龄（M±SD）					F值
	0～5年	6～10年	11～15年	16～20年	21年及以上	
培养目标	3.74±0.68	3.71±0.71	3.72±0.73	3.73±0.70	3.86±0.71	0.74
培养条件	3.64±0.52	3.66±0.53	3.70±0.49	3.67±0.46	3.78±0.55	1.37
培养活动	3.73±0.54	3.78±0.52	3.84±0.52	3.81±0.51	3.89±0.52	1.73
培养评价	3.54±0.47	3.56±0.50	3.57±0.51	3.52±0.48	3.62±0.50	0.61

八、高职院校在运用"1+X"证书制度将退役士兵学生培养成复合型技术技能人才的过程中"可采取的措施"和"需要注意的问题"

在高职教师问卷的最后，笔者设置了开放性问题："高职院校在运用'1+X'证书制度将退役士兵学生培养成复合型技术技能人才的过程中，可以采取哪些措施？需要注意哪些问题？"为了不影响被试填写问卷的积极性，在正式问卷中，我们将这个题目设计成了选答题。

在614份有效问卷中，有570份回答了这个问题，占比92.8%。笔者对这些答案进行了整理，主要观点如下：

（一）可采取的措施

其一，增进退役士兵学生对"1+X"证书制度的认识，全面提升他们的文化素养和专业技能。

其二，跟企业等用人单位合作，定向培养退役士兵学生，开发专门的课程。

其三，专业课程考试与相关职业技能等级考核同步。

其四，充分发挥退役士兵学生身体素质好、纪律意识强等优势。

其五，实施分层次、数字化的教学。

其六，根据学生的特点安排好教学相关工作。

其七，入学时对退役士兵学生进行学习基础测试，据此安排人才培养相关工作。

其八，如果人数够多，把他们分到同一个班，以便管理和教学。

（二）需要注意的问题

其一，在制定人才培养方案时，就要对退役士兵学生的特点给予充分的考虑。

其二，注重企业等用人单位对技术技能人才的要求。

其三，在对退役士兵学生进行培养时，应实施不同于传统生源学生的教学方式。

其四，在理论学习方面，为退役士兵学生提供专门的培训，或者适当降低对他们的要求。

其五，在对退役士兵学生进行分层培养时，要充分考虑学生的学习基础与特点，要加强与企业等用人单位的合作。

其六，应慎重确定职业技能等级证书的类别和考核内容，要选择那些与实践接轨、含金量高、能够得到企业和社会普遍认可的证书，要避免形式化，避免增加师生负担。

其七，重视师生反馈的关于人才培养工作的意见。

第四节　调查结论

基于上述调查与分析，可以得出如下结论：

第一，高职教师对"与传统生源高职学生相比，退役士兵学生具有丰富的实践经验"的认同度不高。

在接受调查的高职教师中，只有49.1%的教师认为，与传统生源高职学生相比，退役士兵学生具有丰富的实践经验。

第二，高职教师对"与传统生源高职学生相比，退役士兵学生具有较好的技能基础"的认同度不高。

在接受调查的高职教师中，只有40.3%的教师认为，与传统生源高职学生相比，退役士兵学生具有较好的技能基础。

第三，绝大多数高职教师认为，与传统生源高职学生相比，退役士兵学生身体素质好。

在接受调查的高职教师中，有85.6%的教师认为，与传统生源高职学生相比，退役士兵学生身体素质好。

第四，大多数高职教师认为，与传统生源高职学生相比，退役士兵学生纪律意识强。

在接受调查的高职教师中，有75.0%的教师认为，与传统生源高职学生相比，退役士兵学生纪律意识强。

第五，大多数高职教师认为，与传统生源高职学生相比，退役士兵学生能够吃苦耐劳。

在接受调查的高职教师中，有74.9%的教师认为，与传统生源高职学生相比，退役士兵学生能够吃苦耐劳。

第六，大多数高职教师认为，退役士兵学生可以对传统生源高职学生成长为复合型技术技能人才产生积极影响。

在接受调查的高职教师中，有61.7%的教师认为，退役士兵学生可以对传统生源高职学生成长为复合型技术技能人才产生积极影响。

第七，高职教师对"与传统生源高职学生相比，退役士兵学生文化基础较差"的认同度较低。

在接受调查的高职教师中，只有34.7%的教师认为，与传统生源高职学生相比，退役士兵学生文化基础较差，有高达41.9%的接受调查的高职教师表示"不确定"，可见，高职教师对"与传统生源高职学生相比，退役士兵学生文化基础较差"的认同度较低。

第八，大多数高职教师认为，实施"1+X"证书制度可以将退役士兵学生培养成复合型技术技能人才。

在接受调查的高职教师中，有65.3%的教师认为，实施"1+X"证书制度的高职专业，可以将退役士兵学生培养成复合型技术技能人才。

第九，大多数高职教师认为，实现复合型技术技能人才培养目标的关键在于1和X相互融通。

在接受调查的高职教师中，有72.0%的教师认为，实施"1+X"证书制度的高职专业，实现复合型技术技能人才培养目标的关键在于1（学历证书）和X（职业技能等级证书）相互融通。

第十，绝大多数高职教师认为，实施"1+X"证书制度的高职专业，X证书培训内容应该是专业课程内容的补充、强化和拓展。

在接受调查的高职教师中，有76.4%的教师认为，实施"1+X"证书制度的高职专业，X证书培训内容应该是专业课程内容的补充、强化和拓展。

第十一，大多数高职教师认为，实施"1+X"证书制度的高职专业，应该开发出1和X融通的教材。

在接受调查的高职教师中，有75.2%的教师认为，实施"1+X"证书制度的高职专业，应该开发出1和X融通的教材。

第十二，绝大多数高职教师认为，实施"1+X"证书制度的高职专业，应该建设一个能够实施教学、培训和评价的教师团队。

在接受调查的高职教师中，有81.1%的教师认为，实施"1+X"证书制度的高职专业，应该建设一个能够实施教学、培训和评价的教师团队。

第十三，大多数高职教师倾向于认为，实施"1+X"证书制度的高职专业，有必要根据退役士兵学生职业技能等级证书备考需要加强实训基地建设。

在接受调查的高职教师中，对"实施'1+X'证书制度的高职专业，没必要根据退役士兵学生职业技能等级证书备考需要加强实训基地建设"持认同态度（"认同"和"非常认同"）的教师占比19.3%，持不认同态度（"非常不认同"和"不认同"）的教师占比54.5%，教师们倾向于认为，实施"1+X"证书制度的高职专业，有必要根据退役士兵学生职业技能等级证书备考需要加强实训基地建设。

第十四，大多数高职教师认为，在运用"1+X"证书制度将退役士兵学生培养成复合型技术技能人才时，应建立功能完善的"1+X"证书信息管理服务平台。

在接受调查的高职教师中，有77.7%的教师认为，在运用"1+X"证书制度将退役士兵学生培养成复合型技术技能人才时，应建立功能完善的"1+X"证书信息管理服务平台。

第十五，高职教师倾向于认为，实施"1+X"证书制度的高职专业，没必要对企业等用人单位的人才需求进行调查。

在接受调查的高职教师中，对"实施'1+X'证书制度的高职专业，没必要对企业等用人单位的人才需求进行调查"持认同态度（"认同"和"非常认同"）的教师占比45.3%，持不认同态度（"非常不认同"和"不认同"）的教师占比32.4%，教师们倾向于认为，实施"1+X"证书制度的高职专业，没必要对企业等用人单位的人才需求进行调查,这个结果与我们关于高职院校技术技能人才培养的传统认知不同。

第十六,大多数高职教师认为,实施"1+X"证书制度的高职专业,应该与企业等用人单位进行深度合作。

在接受调查的高职教师中,有79.7%的教师认为,实施"1+X"证书制度的高职专业,应该与企业等用人单位进行深度合作。

第十七,绝大多数高职教师认为,实施"1+X"证书制度的高职专业,应该增进教师对"1+X"证书制度的认识。

在接受调查的高职教师中,有81.6%的教师认为,实施"1+X"证书制度的高职专业,应该增进教师对"1+X"证书制度的认识。

第十八,绝大多数高职教师认为,实施"1+X"证书制度的高职专业,应该增进退役士兵学生对"1+X"证书制度的认识。

在接受调查的高职教师中,有80.2%的教师认为,实施"1+X"证书制度的高职专业,应该增进退役士兵学生对"1+X"证书制度的认识。

第十九,绝大多数高职教师认为,实施"1+X"证书制度的高职专业,应该重视教师对学校人才培养工作给出的反馈意见。

在接受调查的高职教师中,有82.4%的教师认为,实施"1+X"证书制度的高职专业,应该重视教师对学校人才培养工作给出的反馈意见。

第二十,绝大多数高职教师认为,实施"1+X"证书制度的高职专业,应该重视退役士兵学生对学校人才培养工作给出的反馈意见。

在接受调查的高职教师中,有81.3%的教师认为,实施"1+X"证书制度的高职专业,应该重视退役士兵学生对学校人才培养工作给出的反馈意见。

第二十一,绝大多数高职教师认为,实施"1+X"证书制度的高职专业,应该重视退役士兵学生对教师的教育教学工作给出的反馈意见。

在接受调查的高职教师中,有80.3%的教师认为,实施"1+X"证书制度的高职专业,应该重视退役士兵学生对教师的教育教学工作给出的反馈意见。

第二十二,大多数高职教师认为,实施"1+X"证书制度的高职专业,应该对退役士兵学生的个体需求给予持续关注。

在接受调查的高职教师中,有77.4%的教师认为,实施"1+X"证书制度的高职专业，应该对退役士兵学生的个体需求给予持续关注。

第二十三，高职教师倾向于认为，实施"1+X"证书制度的高职专业，有必要根据退役士兵学生的学习基础开展分层教学。

在接受调查的高职教师中，对"实施'1+X'证书制度的高职专业，没必要根据退役士兵学生的学习基础开展分层教学"持认同态度（"认同"和"非常认同"）的教师占比25.9%，持不认同态度（"非常不认同"和"不认同"）的教师占比47.0%，教师们倾向于认为，实施"1+X"证书制度的高职专业，有必要根据退役士兵学生的学习基础开展分层教学。

第二十四，大多数高职教师认为，实施"1+X"证书制度的高职专业，应该在退役士兵学生刚入学时举行旨在了解其学习基础的测试。

在接受调查的高职教师中，有71.6%的教师认为，实施"1+X"证书制度的高职专业，应该在退役士兵学生刚入学时举行旨在了解其学习基础的测试。

第二十五，大多数高职教师认为，实施"1+X"证书制度的高职专业，应该统筹安排专业课程考试与相关职业技能等级考核，使二者同步。

在接受调查的高职教师中，有77.0%的教师认为，实施"1+X"证书制度的高职专业，应该统筹安排专业课程考试与相关职业技能等级考核，使二者同步。

第二十六，高职教师倾向于认为，实施"1+X"证书制度的高职专业，有必要根据退役士兵学生的个体差异开展分层评价。

在接受调查的高职教师中，对"实施'1+X'证书制度的高职专业，没必要根据退役士兵学生的个体差异开展分层评价"持认同态度（"认同"和"非常认同"）的教师占比24.6%，持不认同态度（"非常不认同"和"不认同"）的教师占比47.4%；教师们倾向于认为，实施"1+X"证书制度的高职专业，有必要根据退役士兵学生的个体差异开展分层评价。

第二十七，大多数高职教师对所在高职院校开展退役士兵学生培养情况的评价较好。

在接受调查的高职教师中，76.7%的教师认为，所在高职院校实施了"1+X"证书制度的高职专业，X证书培训内容是专业课程内容的补充、强化和拓展；53.7%的教师认为，所在高职院校实施了"1+X"证书制度的高职专业，已经开发出了1和X融通的教材；65.1%的教师认为，所在高职院校实施了"1+X"证书制度的高职专业，建设了一个能够实施教学、培训和评价的教师团队；67.4的教师认为，所在高职院校实施了"1+X"证书制度的高职专业，实训基地能够满足退役士兵学生职业技能等级证书备考需要；51.6%的教师认为，"1+X"证书信息管理服务平台的功能已经比较完善。

在接受调查的高职教师中，74.3的教师认为，所在高职院校实施了"1+X"证书制度的高职专业，十分重视对企业等用人单位的人才需求进行调查；70.4%的教师认为，所在高职院校实施了"1+X"证书制度的高职专业，与企业等用人单位进行了深度合作；74.2%的教师认为，所在高职院校实施了"1+X"证书制度的高职专业，十分注重增进教师对"1+X"证书制度的认识；68.6%的教师认为，所在高职院校实施了"1+X"证书制度的高职专业，十分注重增进退役士兵学生对"1+X"证书制度的认识；74.1%的教师认为，所在高职院校实施了"1+X"证书制度的高职专业，十分重视教师对学校人才培养工作给出的反馈意见；68.6%的教师认为，所在高职院校实施了"1+X"证书制度的高职专业，十分重视退役士兵学生对学校人才培养工作给出的反馈意见；70.4%的教师认为，所在高职院校实施了"1+X"证书制度的高职专业，十分重视退役士兵学生对教师的教育教学工作给出的反馈意见。

在接受调查的高职教师中，65.0%的教师认为，所在高职院校实施了"1+X"证书制度的高职专业，十分关注退役士兵学生的个体需求；51.8%的教师认为，所在高职院校实施了"1+X"证书制度的高职专业，已经全面开展分层教学；60.9%的教师认为，所在高职院校实施了"1+X"证书制度的高职专业，在退役士兵学生刚入学时举行了旨在了解其学习基础的测试；64.8%的教师认为，所在高职院校实施了"1+X"证书制度的高职专业，已经做到了专业课程考试与相关职业技能等级考核同步；48.9%的教师认为，所在高职院校实施了"1+X"证书制度的高职专业，已经对退役士兵学生进行分层评价；60.1%的教师认为，所在高职院校实施了"1+X"证书制度的高职专业，培养出来的退役士兵学生是复合型技术技能人才。

第二十八，学校类别、任教专业和职称等三个因素对高职教师关于退役士兵学生培养的看法具有一定影响。

调查发现，不同学校类别（"双高校"和"非双高校"）在培养对象、培养条件和培养活动维度上的差异达到显著性水平，不同任教专业（"理工科"专业和"人文社科"专业）在培养活动维度上的差异达到显著性水平，职称在培养活动维度上的差异达到显著水平。可见，学校类别、任教专业和职称等三个因素对高职教师关于退役士兵学生培养的看法具有一定影响。

第二十九，高职教师对高职院校在运用"1+X"证书制度将退役士兵学生培养成复合型技术技能人才的过程中可采取的措施提出了建议。

在高职教师问卷最后的开放性问题中，高职教师对高职院校在运用"1+X"证书制度将退役士兵学生培养成复合型技术技能人才的过程中"可采取的措施"，从增进退役士兵学生对"1+X"证书制度的认识、提升退役士兵学生的文化素养和专业技能、加强跟用人单位的合作、专业课程考试与相关职业技能等级考核同步、发挥退役士兵学生优势、分层教学、数字化教学、注重退役士兵学生特点、学习基础测试、分班管理等方面提出了建议。

第三十，高职教师对高职院校在运用"1+X"证书制度将退役士兵学生培养成复合型技术技能人才的过程中需要注意的问题提出了建议。

在高职教师调查问卷最后的开放性问题中，高职教师对高职院校在运用"1+X"证书制度将退役士兵学生培养成复合型技术技能人才的过程中"需要注意的问题"，从注重退役士兵学生特点、注重用人单位对技术技能人才的要求、教学方式、理论学习、分层培养、职业技能等级证书和师生反馈意见等方面提出了建议。

第七章

基于退役士兵生源的高职"1+X"技术技能人才
培养现状调研四
—— 个案分析

高职院校在以传统生源为对象培养技术技能人才方面有着丰富的经验，在对退役士兵学生进行培养方面也同样积累了丰富的经验，但在以退役士兵为生源培养"1+X"技术技能人才——复合型技术技能人才方面，尚处于初步探索阶段。当前，高职院校基于退役士兵生源的技术技能人才培养是如何实施的，有哪些经验，存在什么问题？在这一章，我们对3所高职院校培养退役士兵学生的经验进行了整理与分析，希望能够找到一些关于这几个问题的答案，以便为高职院校开展基于退役士兵生源的"1+X"技术技能人才培养提供一定的参考。

第一节　个案高职院校的选取缘由

基于退役士兵生源的高职技术技能人才培养可能存在多种情况，比如，基于扩招的退役士兵学生开展的培养，基于"休学入伍再退役"的高职学生开展的培养，对以就业创业为主要目标的退役士兵的培养，等等。这些退役士兵培养活动存在较大的难度，有一些高职院校在启动这样的人才培养活动时，可能会束手无策。对部分高职院校基于退役士兵生源培养技术技能人才的实践探索进行整理与分析，可以为相关高职院校基于退役士兵生源的技术技能人才的培

205

养活动提供一定的借鉴，也可以为高职院校开展基于多元生源的技术技能人才培养提供一定的借鉴。在本书中，结合研究需要与条件，笔者选取了A、B、C等3所高职院校作为个案进行分析①。

A职业技术学院是一所位于中部地区的具有鲜明行业特色的高职院校，是国家"双高校"建设单位。该校办学定位准确，师资、实训基地等办学条件优越。自创办以来，该校共为国家培养各级各类人才10万余人，积累了丰富的人才培养经验。在基于扩招的退役士兵生源开展高职技术技能人才培养方面，该校先行一步，积累了一定的经验。北京大学中国教育财政科学研究所和武汉职业技术学院社会职业与职业教育研究院于2020年12月联合举办的"新时代职业教育发展研讨会"就邀请该校做了专题交流发言。这几年，该校相关工作在实践的基础上进一步完善。

B职业技术学院是一所位于东部地区的地方高职院校，也是国家"双高校"建设单位。该校办学规模大，专业覆盖面广，人才培养模式灵活多样，积累了丰富的人才培养经验。多年来，该校结合国家经济社会发展，特别是区域经济社会发展的需要，充分利用外部资源和自身条件，开展了多种形式的与退役士兵有关的技术技能人才培养探索，积累了丰富的人才培养经验。在"高职三年扩展行动"实施后，该校结合国家有关政策进行了新的探索，其相关实践有了进一步的发展。

C职业技术学院是一所位于东部地区的地方高职院校，是一所普通高职院校。该校高职在校生规模接近1.5万人，开设了近50个专业。虽然由于各方面原因，该校尚未跻身省级和国家级重点高职院校行列，但是该校积极利用自身有利条件，开展退役军人②等社会生源学生培养，取得了较好的成效，得到了政府有关部门和社会各界的高度认可，也积累了丰富的相关人才培养经验。

在这一部分，我们以上述3所高职院校为个案，介绍它们基于退役士兵生源开展技术技能人才培养方面的做法，分析它们的特点与存在的问题，以便为

① 这3所高职院校虽然相对于其他高职院校来说做得比较好，但是其相关工作也存在一些问题。为了防止给这些院校带来负面影响，本书中对这3所高职院校都做匿名处理。

② 在该校的相关教育培训活动中，提到的都是"退役军人"而不是"退役士兵"，但是在这些"退役军人"中，退出现役的义务兵、初级士官以及服现役未满12年的中级士官，也就是本书所指的"退役士兵"占主体。

基于退役士兵生源的高职"1+X"技术技能人才培养的体系构建与机制探索提供一定的参考。

第二节　个案高职院校基于退役士兵生源学生培养技术技能人才的做法

由于所选取的3所个案高职院校在开展基于退役士兵生源的高职技术技能人才培养方面都做了比较多的探索，因此在这里我们分别介绍各个学校的相关做法，希望对有关院校基于退役士兵生源的技术技能人才培养工作的开展有所启示。

一、个案一：A职业技术学院

在A职业技术学院，虽然有以"思想过硬、专业扎实、素质可靠的创新型军士人才"为培养目标的军士学院，但对退役士兵等社会生源学生的培养，还是分散在其他各个二级学院进行。在这里，我们以该校经管学院的酒店管理专业为例①，介绍该校在对退役士兵等扩招的社会生源学生进行培养时所采取的做法。

（一）创新人才选拔方式

在高职院校以往的招生中，针对应届高中毕业生、中职毕业生等学生，学校采取的是"职业技能+职业素养"的选拔方式。这种方式在实施过程中虽然存在一定的问题，但是也能够较好地挑选出适合接受职业教育的学生。然而，针对退役士兵等扩招学生，运用这样的选拔方式并不合适，因为不同对象接受职业技能训练的情况各不相同，他们的技能水平存在较大的差异，如果用"职业技能+职业素养"的方式进行选拔，可能会让不少学生失去学习的机会。因此，A职业技术学院结合人才培养目标和生源特点，创新性地提出运用"无领导小组

---

① 资料来源：A职业技术学院提供的《酒店管理专业高职扩招案例》，以及《关于2019级酒店管理专业扩招学生课堂管理实施办法》《关于2019级酒店管理专业扩招学生课程考核管理的实施办法》和《关于2019级酒店管理专业扩招学生的安全管理规定》等管理制度。

面试"的方式对退役士兵等扩招学生进行选拔。

（二）完善教学与管理制度

在扩招学生入校后，学院通过一系列的专业讲座对学生进行专业认知教育，组织多次座谈会和问卷调研，了解学生成长成才的实际状况和需求。为了更好地服务学生的成长成才，学院在原有管理制度的基础上，为扩招学生量身定制了《扩招学生课堂管理实施办法》《扩招学生课程考核管理的实施办法》和《扩招学生的安全管理规定》等管理制度。例如，在《关于2019级酒店管理专业扩招学生课堂管理实施办法》中，学院对学生应参加学院教育教学计划规定的活动、违纪处理和弹性学制等方面的情况进行了说明；在《关于2019级酒店管理专业扩招学生课程考核管理的实施办法》中，学院强调要"严格课程考试管理"，并对课程考核形式、课程成绩构成、学生不及格课程处理办法、考试纪律以及考试流程等进行了说明；在《关于2019级酒店管理专业扩招学生的安全管理规定》中，学院从遵守学校宿舍管理规定、注意饮食安全、注意交通安全、注意财产安全等方面做出了11项规定，以"确保学生的人身安全，维护正常教学秩序，做好学生的教育、管理与服务工作"。这些制度的出台，为退役士兵等扩招学生的培养与管理积累了一定的经验，也为今后更多此类学生的培养与管理奠定了良好的基础。

（三）校企共同制定人才培养方案

为了做好扩招学生的培养，学校组织相关专业的骨干教师多次赴知名企业进行调研，调研内容包括企业岗位需求与设置、岗位能力要求以及专业人才职业生涯规划等内容。在广泛深入调研的基础上，学院组织校企双方人员开展了多次论证研讨，制定出了符合学生成长成才特点的基于现代学徒制的弹性人才培养方案。以酒店管理专业为例，该专业扩招学生的培养实施弹性学制，学制为3～6年，总学时为2800学时，其中，实践课程占全部课程的56%，实践课程中80%以上的课程为生产性实训课程，授课地点为学校的实训室和合作企业的相关岗位；学生学习期间，实行学校、企业双导师制，既有学校骨干教师讲授专业理论知识，又有企业师傅指导专业技能训练，还配备学校教师和企业师傅作为班主任，为学生的学习、实践与生活提供服务。

（四）打造"校企双元学习"教学模式

基于企业调研结果，酒店管理专业打造了"校企双元学习"教学模式，实行分段式育人。第一学年采取集中住校面授的教学形式，授课课程以公共基础课和专业基础课为主，主要目标是让学生掌握专业所需的基本理论和基本技能。后续学年则采用现代学徒制培养模式，实现"学校与企业对接""实训基地与酒店对接""专业与产业对接""教师与主管对接""学生与员工对接""培养训练与终身教育对接"等6个对接，让学生体验、模仿、尝试和感悟酒店管理专业的文化，在优质酒店类企业的相关岗位上完成相应专业课程的教学。授课课程以专业技能类课程、实践操作类课程和顶岗实习课程等为主，主要目标是让学生切身体验企业文化和工作环境，通过线上线下混合、课堂教学与企业实地教学相结合的方式开展教学。

（五）开发针对扩招学生的教学资源

针对扩招学生的学习基础和学习习惯等特点，该校酒店管理专业自主开发出《餐饮服务》和《前厅服务与管理》等数字化理论课程教学资源，还与相关企业联合开发实践课程，为学生实践能力的培养提供支持。校内的酒水咖啡实训室和茶艺花艺多功能实训室，为扩招学生的"茶艺""酒店基础实务""酒水与咖啡""商务礼仪"等课程的教学提供了良好的实训条件。校外的优质大型酒店作为实训基地，为扩招学生后续的酒店岗位课程提供真实的工作场景和实际的操作条件，有利于学生综合职业技能的形成。

（六）开展岗位实践教学

该校酒店管理专业联合世界500强企业酒店集团，运用现代学徒制，对扩招学生开展岗位实践教学。在实践教学实施过程中，该专业构建了"入学+入职"，学生、员工双身份，"知识+技能"，学校、企业同步学，"特色专业+品牌酒店"，读书、就业双兼顾的教学组织体系，专业教师全程跟岗督学指导，企业师傅言传身教。经过入职培训后，扩招学生在优质酒店企业对接实践课程，在前厅、客房和餐饮等部门的相关岗位上轮岗学习，采用"线上理论课程+线下实践课程"的教学方式，以及"实践+学习日+休息日"的学习模式，让学生在企业的教学活动得到有效实施。

二、个案二：B职业技术学院

在B职业技术学院，与退役士兵有关的技术技能人才培养有三种情况：第一种是已获得该校学籍的学生，休学服兵役，然后退役回来继续完成学业；第二种是该校与普通本科院校合作，培养本科层次的退役士兵学生；第三种是依托设立在该校某二级学院的J市退役军人学院，为退役军人开展非学历教育的职业适应训练和职业技能培训。

第一种情况的退役士兵学生目前有384人，总数不少，但是他们分散在各个二级学院的相关专业中，所以具体到每一个二级学院，大多数人数并不多。也许正因为如此，二级学院并没有对这些退役士兵学生单独编班培养，而是将他们与休学服役之前所在专业、年级的学生放在一起培养（如果学生原来专业在复学时没有了，可以申请转专业）。在培养过程中，学校有关部门和相关二级学院会根据已具有的条件和退役士兵学生的特点，采取一些针对性的培养与管理措施。

例如，退役士兵学生不用参加军事训练；退役士兵学生凭退伍证可以申请体育课免修，但需要参加体能测试；部分成绩如因入伍原因和新班级存在差异，可以向二级学院教科办申请成绩认定；部分专业学生的入伍经历可以认同为实习经历，并最终认定实习分数等级；由学生所在班级的班主任和专业任课老师对退役士兵学生提供学业帮扶，并提供精准的职业生涯规划，鼓励他们参加大学生职业生涯规划比赛；鼓励退役士兵学生积极发挥特长，担任军训教官、军训助理、班主任助理或者学生干部，参加国旗护卫队，以及参与国家安全教育日主题教育等活动；退役士兵学生有一次转专业的机会，而且在班干部评选、思政相关竞赛、就业创业相关竞赛等方面会得到更多的关注，拥有比较多的机会；退役士兵复学后，所在二级学院一般会召开退役士兵学生座谈会，以增进师生的相互了解，参加的老师有二级学院书记、学工办主任和相关班级辅导员，参加的学生都是退役士兵学生；学校设立了一个名为"军事协会"的学生社团，这个社团的成员主要是退伍学生，该社团主要为退役士兵学生提供职业生涯规划咨询和就业帮扶——职业生涯规划咨询方面，它会结合退役士兵学生的专业和未来的职业目标以及现有的退役士兵优惠政策给予发展建议，就业帮扶方面，它会整合省内仅限退役士兵应届毕业生报考的招聘信息,推送给应届退役士兵毕业生,帮助他们高质量就业;有的二级学院建立了"退伍兵事务群",通过群向退役士兵学生传达学费减免、学费补偿、退役士兵国家助学金和免试专升本等信息,并及时回答退役士兵学生提出的各种相关问题。

第二种情况的退役士兵学生目前只有2个专业有,每个专业有2个班,这些班级都属于"3+2"专升本中的2年本科培养阶段。到现在为止,这2个专业都只开办了2届,共有8个班的学生。与第一种情况不同的是,这2个专业的退役士兵学生在培养过程中有专门的本科层次人才培养方案,为他们上课的教师既有高职院校的教师,也有合作的普通本科院校的教师;他们的实训在与本专业高职专科学生不同的专门的实训室开展,教学内容也要比本专业高职专科学生更有深度。与高职专科学生一样,这2个专业的学生也要完成培养过程各个环节的考核,不同的是,他们毕业时不仅能够获得本科毕业证书,还能够获得学士学位证书。

第三种情况的退役士兵学生只在B职业技术学院接受短期的培训,包括职业适应训练和职业技能培训。职业适应训练的时间比较短,一般只有半个月左右,而职业技能培训的时间一般是3个月。这种情况下,退役士兵学生的培养活动由设立在该校某二级学院的J市退役军人学院牵头组织,具体教学活动则由拥有培训内容相关专业的二级学院负责实施。在这一类学生的培养过程中,对其设置的考核标准并不是很严格。一般情况下,只要退役士兵学生按照要求认真参加培训方案中安排的各项活动,基本上都能够获得培训结业证书。接受这一类培训的退役士兵学生,专业知识与技能水平的提升程度比较有限,因而相应的培训结业证书的被认可程度也不高。他们大多是政府有关部门安排来的待就业的退役士兵。

除了这三种情况外,B职业技术学院还针对涉农专业高职扩招学生人才培养进行了实践探索。在这一类人才培养实践中,该校相关专业为扩招学生量身打造人才培养方案,科学构建模块化、菜单式课程体系,然后由教师协同推进教学管理,由政府、学校和企业三方携手提供基地保障,并且分阶段、多形式地实施课程考核[①]。虽然相关探索的培养对象是其他社会生源学生而不是退役士兵学生，且由于生源不足等原因，该人才培养活动已经停止，但是相关做法比较符合退役士兵学生培养特点，对于基于退役士兵学生的高职技术技能人才培养活动具有一定的参考价值。

三、个案三：C职业技术学院[②]

C职业技术学院从2016年开始与所在省的民政厅签订退役军人教育培训协议，负责承办退役军人补贴性教育培训中的建筑类的中、高级技能培训，同时承担退役军人成人学历教育中的专科层次学历培训。在为退役军人服务的过程中，该校与市区、各县区退役军人事务局建立了密切的联系，重视军民共建工作，不断优化培训工作，取得了较好的成绩。从2020年8月开始，该校开始承担学校所在区的退役军人职业适应性培训，并挂牌L市H区[③]退役军人培训基地。在该校开展的退役军人教育培训活动中，以下做法值得学习借鉴。

（一）扎实开展调查研究

为了准确地了解培训对象的需求，进一步增强教学的针对性和实效性，学校经常组织相关教师到基层调研，听取毕业学员、各行业人员代表对学校退役军人教育培训工作的意见和建议。这不仅加深了教师对退役军人教育培训工作的认识，丰富了教学内容，也有利于实现理论教学与实践指导相结合，还有利于学校教育培训工作相关制度的完善。

（二）制定完善教育培训相关制度

该校不仅设立了退役军人教育培训工作领导小组，还制定了《C职业技术学院退役军人学历教育工作条例》《C职业技术学院退役军人学历教育教学管理规定》《C职业技术学院退役军人学历教育学员管理规定》《L市退役军人适应性培训工作条例》《H区退役军人培训基地管理条例》等相关制度文件，注重对学生

---

① 资料来源于该校在《中国教育报》发表的一篇关于高职扩招学生培养的经验介绍性文章，由于要对该校做匿名处理，所以在这里不列出文献的具体信息。

② 本部分撰写时参考了C职业技术学院相关部门提供的继续教育特色案例《服务退役军人，助力高质发展》和该校退役军人教育培训相关材料。

③ C职业技术学院在L市的H区。

进行思想教育和行为引导，强化教学管理，妥善处理学生的工作与学习之间的矛盾，严格培训期间的考勤管理，全面保障退役军人教育培训工作的正常开展。在退役军人教育培训实施过程中，学校还根据实践效果和相关各方的意见不断地完善有关制度，以更好地促进退役军人教育培训工作的开展。

（三）构建"三位一体"教学模式

在多年实践探索的基础上，该校争取各种相关资源，着力构建了课堂教学、网上学院和实践基地"三位一体"教学模式，努力提升退役军人教学培训的针对性和实效性。在培训实践中，教师采取案例教学、情景教学和讨论交流等多种形式增强培训效果，全面提升退役军人综合业务能力。

（四）不断完善课程、师资和教材等培养条件

该校以思想政治教育和就业创业作为教学培训的重点，注重学用结合，编写了培训大纲和培训教材。相关课程的设置紧贴退役军人就业和创业需要，以"学习基本理论，掌握必备知识，提高工作能力"为目的，以中央重大方针政策、市区经济发展前景、就业创业相关知识和技能等为基本内容，形成了包含"两会精神解读""新时期国家安全主题""退役军人培训及就业创业优惠政策解读""L市经济发展形势与前景""职业道德与职业生涯规划""就业创业指导"等课程的课程体系，并根据经济社会发展要求，不断充实和更新培训内容，开发出具有L市特色的退役军人教育培训课程体系。

该校聘请相关领域的专家学者和实务部门专业技术人才，组建专家指导委员会和师资库。学校按照"专兼结合"的原则，根据需要选聘理论水平高、实践经验丰富的人员担任专/兼职教师，丰富教育培训师资库，建好、配强教学与管理两支师资队伍。

学校逐渐建立起具有较强针对性和实用性的教材体系：一部分培训教材由专家指导委员会根据学校下达的培训计划提出选用书目，经分管校领导审定后，由教务处订购使用；另一部分培训教材由学校有关部门组织相关教师按照"学用结合"的原则、参照培训大纲进行编写，经分管校领导审定后投入使用。

（五）严格、细致地做好管理与服务工作

学校为参加退役军人教育培训的学生设置了专职班主任，他们承担学生的

思想政治教育、学习管理、组织管理和生活管理等工作。学校以人为本，但也严格管理参加培训的学生，严肃考勤纪律。在集中学习期间，学生原则上不准请假，确有特殊情况，需由本人书面提出请假申请，经安置地退役军人事务局批准后，交给联络员或班主任。

为了解决退役军人学生的工作时间和学习时间之间的矛盾，部分课程采用线上模式实施教学，学生要按照时间节点要求，认真完成线上相关内容的学习。教育培训结束后，学生需要从教育培训需求、收获与体会，就业创业的建议和想法，以及自身存在的问题和对策等几个方面撰写个人小结，填写学员培训考核登记表和C职业技术学院毕业生登记表，由班主任在个人培训小结的基础上做出鉴定并归档。课程考核全部合格者，颁发L市退役军人适应性培训结业证书和C职业技术学院毕业证书。

第三节 个案高职院校基于退役士兵生源学生培养技术技能人才的经验

在上述的3个案例中，高职院校的办学条件各不相同，它们在基于退役士兵生源开展技术技能人才培养时所采取的做法也有着较大的差异。对它们的相关做法进行分析，找出其特点与存在的问题，有助于基于退役士兵生源的高职"1+X"技术技能人才培养存在问题的确定，有利于基于退役士兵生源的高职"1+X"技术技能人才培养的体系构建与机制探索。

一、个案高职院校基于退役士兵生源学生培养技术技能人才做法的特点

我们对所搜集到的3所个案高职院校基于退役士兵生源学生培养技术技能人才的做法进行了分析，认为它们存在积极响应有关需求、充分考虑自身条件、认真遵循培养规律和努力提供相关保障等4个特点。

（一）积极响应有关需求

高职院校的主要任务是为国家经济社会发展培养高素质的技术技能人才。

在以往的办学实践中，它们主要是以传统生源学生为对象培养高素质技术技能人才，在国家经济社会发展出现新的需求，需要将退役士兵等社会生源学生培养成高素质技术技能人才时，它们应该积极地响应这样的需求，迅速开展以退役士兵等社会生源学生为培养对象的技术技能人才培养活动。3所个案高职院校在面对国家经济社会发展的新需求时，都积极做出了响应。基于退役士兵等社会生源学生培养高素质技术技能人才本来难度就很大，而且没有成熟的经验可以借鉴，所以当国家刚提出扩招退役士兵等社会生源学生时，有很多高职院校不敢进行响应。3所个案高职院校积极响应国家经济社会发展新需要，既是由于它们对国家经济社会发展需要高度重视，又是由于它们具有较好的办学基础，能够在较短的时间内将相关人才培养活动开展起来。

（二）充分考虑自身条件

3所个案高职院校都积极响应国家经济社会发展新需要，基于退役士兵等社会生源学生培养高素质技术技能人才，但是它们所采取的实践方式却并不相同：A职业技术学院主要是在生源比较集中又具有一定条件的二级学院开展相关实践探索，B职业技术学院根据自身条件和当地经济社会发展需求开展了"休学服兵役学生退役后继续完成学业""与本科院校合作培养本科层次退役士兵学生""为退役军人开展非学历教育的职业适应训练和职业技能培训"等3种实践探索，C职业技术学院则是与省、市相关部门合作开展退役军人教育培训。3所个案高职院校在开展相关人才培养实践探索时，都充分考虑了自身条件，提出了具有较强针对性和可行性的人才培养模式。

（三）认真遵循培养规律

基于退役士兵等社会生源学生培养高素质技术技能人才是一项很复杂的人才培养活动，要想实现预期的目标，就应该认真遵循人才培养规律。个案高职院校对此有清楚的认识，它们充分考虑自身条件，积极开展调查研究，制定完善相关制度，创新人才选拔方式，与企业合作制定人才培养方案，准备人才培养所需要的课程、师资、教材等各种条件，做好管理与服务工作，等等。虽然各个高职院校的做法不同，但它们都在自身所具有的条件下，努力地遵循技术技能人才培养的规律。这是它们实现预期人才培养目标的重要保障，也是它们响应国家经济社会发展需求的有力举措。

（四）努力提供相关保障

高职院校人才培养目标的实现需要相应的条件保障，开展基于退役士兵等社会生源学生培养高素质技术技能人才这样具有较高难度的人才培养活动时，更需要做好相关保障工作。个案高职院校在开展相关人才培养实践探索时，都考虑到了这一点。例如，A职业技术学院创新人才选拔方式，做好"生源保障"，完善教学和管理制度，做好"制度保障"，积极和企业合作开展人才培养，做好"资源保障"；B职业技术学院积极利用退役士兵学生的特长和合作本科院校的优质师资，做好"资源保障"；C职业技术学院制定完善教育培训的相关制度，做好"制度保障"，不断完善课程、师资、教材等培养条件，做好"资源保障"。尽管相关保障措施还不够科学、完善，保障的效果也不是很好，但是相信通过不断地实践与完善，这些保障措施和相应的人才培养实践活动，将会越来越完善，效果会越来越好。

二、个案高职院校基于退役士兵生源学生培养技术技能
人才做法存在的问题

基于退役士兵生源学生培养技术技能人才是在"高职扩招三年行动"政策实施背景下高职院校开展的一项技术技能人才培养实践探索。3所个案高职院校虽然相对而言做得比较好，但是也存在一些问题，主要是"相关人才培养活动的稳定性不强"和"相关人才培养活动的科学性不强"。

（一）相关人才培养活动的稳定性不强

俗话说，十年树木，百年树人。人才培养是一件比较复杂的事情，需要较长时间的持续作用，需要不断地积累、完善。较大范围的人才培养如此，较小范围（譬如高职院校）的人才培养亦然。就基于退役士兵等社会生源学生培养技术技能人才这件事来说，由于来得突然，不少高职院校还没有做好准备就匆忙"上项目"，但是相关生源在"高职扩招三年行动"结束后就出现了问题，有一些高职院校的此类人才培养项目由于生源不足只好停办，另外有一些院校的项目虽然还在办，但是与最初设计的已大相径庭。这样的人才培养活动，自身

都漂浮不定，甚至昙花一现，如何保证其人才培养质量，如何能够实现培养高素质技术技能人才的目标？ 3所个案高职院校由于办学基础较好、动作较快，还能像模像样地把基于退役士兵等社会生源学生的技术技能人才培养活动开展起来，而且在国家相关政策调整后还能够将其整合到别的轨道上去发展，但是有很多办学基础弱一些的高职院校，好不容易把项目办了起来，很快就又陷入必须停办的尴尬境地，造成了比较大的资源浪费。

（二）相关人才培养活动的科学性不强

高职技术技能人才培养是一项很复杂的工作，是一项系统工程，从人才培养定位、人才培养方案制定、课程体系构建、教材编写、师资队伍建设、实训基地建设、培养活动组织到培养质量评价，每一个环节都必须落到实处，都必须科学、合理。由于"高职扩招三年行动"来得比较突然，包括3所个案高职院校在内的一些高职院校迅速上马基于退役士兵等社会生源学生的技术技能人才培养项目，虽然各个学校也参照以往技术技能人才培养实践活动的做法，对人才培养定位、人才培养方案制定、课程体系构建、教材编写、师资队伍建设、实训基地建设、培养活动组织和培养质量评价等做了一些思考与准备，但是相关工作做得不够扎实、科学：有的学校虽然在相关总结材料甚至优秀案例申报材料里列出了一些文件的名称，让其人才培养活动看起来比较"科学"，但是实际上这些文件根本就没有制定出来，其人才培养活动存在明显的缺陷；有的学校的一些文件，就是把基于传统生源学生的技术技能人才培养项目的有关文件中的一些关键字眼做了"替换"，对插入内容的适切性问题根本就没有仔细考虑。如此敷衍，相关项目的人才培养质量堪忧。如此"示范"，对高职技术技能人才培养甚至高职教育产生的负面影响亦让人担忧。这些高职院校之所以在人才培养实践中出现各种问题，一方面是由于它们对相关工作重视程度不够，敷衍了事；另一方面是由于相关政策不够合理，来得急，时间紧，没有给高职院校留下必要的准备与落实时间。

第八章

基于退役士兵生源的高职"1+X"技术技能 人才培养体系构建与机制探索

高职技术技能人才培养是一项系统工程，要想实现预期培养目标，就应该系统考虑各个相关问题，构建起人才培养体系。从前面的基于退役士兵生源的高职"1+X"技术技能人才培养现状调研可以看出，部分已经运用"1+X"证书制度对退役士兵学生进行培养的高职院校，在人才培养实践中采取了很多措施来提高人才培养质量，但是其培养措施没有形成体系，培养活动所需要的相关条件也不够完善，因而培养目标并没有很好地实现。为了增强基于退役士兵生源的高职"1+X"技术技能人才培养的效果，应该构建一个完整的人才培养体系，并深入认识其动力机制、运行机制和保障机制。

第一节　基于退役士兵生源的高职"1+X"技术 技能人才培养现状与改进对策

为了了解基于退役士兵生源的高职"1+X"技术技能人才培养的现状，笔者分别对高职退役士兵学生、高职传统生源学生和高职教师进行了问卷调查，并对个案高职院校培养退役士兵学生的情况进行了分析。

通过对494名高职退役士兵学生所做的问卷调查进行分析，笔者发现：

其一，绝大多数高职退役士兵学生认为，实施"1+X"证书制度可以将退役士兵学生培养成复合型技术技能人才，而且实现复合型技术技能人才培养目标的关键在于1和X相互融通。

其二，绝大多数高职退役士兵学生认为，实施"1+X"证书制度的高职专业，X证书培训内容应该是专业课程内容的补充、强化和拓展，应该开发出1和X融通的教材，应该建设一个能够实施教学、培训和评价的教师团队，有必要根据退役士兵学生职业技能等级证书备考需要加强实训基地建设，应建立功能完善的"1+X"证书信息管理服务平台。

其三，绝大多数高职退役士兵学生倾向于认为，实施"1+X"证书制度的高职专业，有必要对企业等用人单位的人才需求进行调查，有必要根据退役士兵学生的学习基础开展分层教学，有必要根据退役士兵学生的个体差异开展分层评价。

其四，绝大多数高职退役士兵学生认为，实施"1+X"证书制度的高职专业，应该与企业等用人单位进行深度合作，应该增进教师和退役士兵学生对"1+X"证书制度的认识，应该重视教师和退役士兵学生对学校人才培养工作给出的反馈意见，应该重视退役士兵学生对教师的教育教学工作给出的反馈意见，应该对退役士兵学生的个体需求给予持续关注，应该在退役士兵学生刚入学时举行旨在了解其学习基础的测试，应该统筹安排专业课程考试与相关职业技能等级考核，使二者同步。

其五，大多数高职退役士兵学生认为，高职院校招收的退役士兵学生应该单独编班培养。

其六，绝大多数高职退役士兵学生对所在高职院校开展退役士兵学生培养情况评价较好。

其七，退役士兵学生从网络学习平台、职业技能等级证书、改善退役士兵学生学习基础、校企合作和分层教学等方面对高职院校在运用"1+X"证书制度将退役士兵学生培养成复合型技术技能人才的过程中可以采取的措施提出了建议，从对"1+X"证书制度的认识、理论与实践教学结合、退役士兵学生的学习基础与特点、教学安排以及退役士兵学生的感受和意见等方面对高职院校在运用"1+X"证书制度将退役士兵学生培养成复合型技术技能人才的过程中需要注意的问题提出了建议。

其八，学校类别对高职退役士兵学生关于退役士兵学生培养的看法具有一定影响。

通过对1929名高职传统生源学生所做的问卷调查进行分析，笔者发现：

其一，绝大多数高职传统生源学生认为，实施"1+X"证书制度可以将退役士兵学生培养成复合型技术技能人才，而且实现复合型技术技能人才培养目标的关键在于1和X相互融通。

其二，绝大多数高职传统生源学生认为，实施"1+X"证书制度的高职专业，X证书培训内容应该是专业课程内容的补充、强化和拓展，应该开发出1和X融通的教材，应该建设一个能够实施教学、培训和评价的教师团队，有必要根据退役士兵学生职业技能等级证书备考需要加强实训基地建设，应建立功能完善的"1+X"证书信息管理服务平台。

其三，绝大多数高职传统生源学生倾向于认为，实施"1+X"证书制度的高职专业，有必要对企业等用人单位的人才需求进行调查，有必要根据退役士兵学生的学习基础开展分层教学，有必要根据退役士兵学生的个体差异开展分层评价。

其四，绝大多数高职传统生源学生认为，实施"1+X"证书制度的高职专业，应该与企业等用人单位进行深度合作，应该增进教师和退役士兵学生对"1+X"证书制度的认识，应该重视教师和退役士兵学生对学校人才培养工作给出的反馈意见，应该重视退役士兵学生对教师的教育教学工作给出的反馈意见，应该对退役士兵学生的个体需求给予持续关注，应该在退役士兵学生刚入学时举行旨在了解其学习基础的测试，应该统筹安排专业课程考试与相关职业技能等级考核，使二者同步。

其五，绝大多数高职传统生源学生对所在高职院校开展退役士兵学生培养情况评价较好。

其六，传统生源学生从职业技能等级证书、专项培训、分层教学、实践训练、分层评价和退役士兵学生管理等方面对高职院校在运用"1+X"证书制度将退役士兵学生培养成复合型技术技能人才的过程中可以采取的措施提出了建议，从退役士兵学生的个体需求、退役士兵学生的学习情况、退役士兵学生的就业、退役士兵学生培养中的课程内容和教学方式，以及退役士兵学生管理等方面对高职院校在运用"1+X"证书制度将退役士兵学生培养成复合型技术技能人才的过程中需要注意的问题提出了建议。

其七,"学校类别"和"上大学前就读学校类型"两个因素对高职传统生源学生关于退役士兵学生培养的看法具有一定影响。

通过对614名高职教师所做的问卷调查进行分析,笔者发现:

其一,高职教师对"与传统生源高职学生相比,退役士兵学生具有丰富的实践经验"和"与传统生源高职学生相比,退役士兵学生具有较好的技能基础"的认同度不高,对"与传统生源高职学生相比,退役士兵学生文化基础较差"的认同度较低。

其二,绝大多数高职教师认为,与传统生源高职学生相比,退役士兵学生身体素质好。

其三,大多数高职教师认为,与传统生源高职学生相比,退役士兵学生纪律意识强,能够吃苦耐劳。

其四,大多数高职教师认为,退役士兵学生可以对传统生源高职学生成长为复合型技术技能人才产生积极影响。

其五,大多数高职教师认为,实施"1+X"证书制度可以将退役士兵学生培养成复合型技术技能人才,而且实现复合型技术技能人才培养目标的关键在于1和X相互融通。

其六,绝大多数高职教师认为,实施"1+X"证书制度的高职专业,X证书培训内容应该是专业课程内容的补充、强化和拓展,应该建设一个能够实施教学、培训和评价的教师团队,应该增进教师和退役士兵学生对"1+X"证书制度的认识,应该重视教师和退役士兵学生对学校人才培养工作给出的反馈意见,应该重视退役士兵学生对教师的教育教学工作给出的反馈意见。

其七,大多数高职教师认为,实施"1+X"证书制度的高职专业,应该开发出1和X融通的教材,有必要根据退役士兵学生职业技能等级证书备考需要加强实训基地建设,应该与企业等用人单位进行深度合作,应该对退役士兵学生的个体需求给予持续关注,应该在退役士兵学生刚入学时举行旨在了解其学习基础的测试,应该统筹安排专业课程考试与相关职业技能等级考核,使二者同步。

其八,大多数高职教师认为,在运用"1+X"证书制度将退役士兵学生培养成复合型技术技能人才时，应建立功能完善的"1+X"证书信息管理服务平台。

其九，高职教师倾向于认为，实施"1+X"证书制度的高职专业，没必要对企业等用人单位的人才需求进行调查，有必要根据退役士兵学生的学习基础开展分层教学，有必要根据退役士兵学生的个体差异开展分层评价。

其十，大多数高职教师对所在高职院校开展退役士兵学生培养情况的评价较好。

其十一，高职教师从增进退役士兵学生对"1+X"证书制度的认识、提升退役士兵学生的文化素养和专业技能、加强跟用人单位的合作、专业课程考试与相关职业技能等级考核同步、发挥退役士兵学生优势、分层教学、数字化教学、注重退役士兵学生特点、学习基础测试、分班管理等方面对高职院校在运用"1+X"证书制度将退役士兵学生培养成复合型技术技能人才的过程中可以采取的措施提出了建议，从注重退役士兵学生特点、注重用人单位对技术技能人才的要求、教学方式、理论学习、分层培养、职业技能等级证书和师生反馈的意见等方面对高职院校在运用"1+X"证书制度将退役士兵学生培养成复合型技术技能人才的过程中需要注意的问题提出了建议。

其十二，学校类别、任教专业和职称等三个因素对高职教师关于退役士兵学生培养的看法具有一定影响。

通过对3所个案高职院校培养退役士兵学生的情况所做的分析，笔者发现，这些学校基于退役士兵生源培养高职技术技能人才的活动具有积极响应有关需求、充分考虑自身条件、认真遵循培养规律和努力提供相关保障等四个特点，但是，这些人才培养活动也存在两个问题：一是相关人才培养活动的稳定性不强，人才培养质量难以保证，而且可能存在较大的资源浪费；二是相关人才培养活动的科学性不强，相关工作做得不够扎实、科学，相关项目的人才培养质量堪忧，而且可能对高职技术技能人才培养甚至高职教育产生较大的负面影响。

综合上述调查结果与分析，笔者认为，当前基于退役士兵生源的高职"1+X"技术技能人才培养已具有较好的基础，部分高职院校对退役士兵学生培养已有一定的认识并采取了相应的措施，接受调查的高职教师、高职传统生源学生和高职退役士兵学生对退役士兵学生培养都具有一定的认识并对其持支持态度，退役士兵学生可能会对传统生源高职学生成长为复合型技术技能人才产生积极影响；但是，当前基于退役士兵生源的高职"1+X"技术技能人才培养也存在一定问题，例如，相关人才培养活动的稳定性不强，相关人才培养活动的科学性不强。为了做好基于退役士兵生源的高职"1+X"技术技能人才培养，使培养出来的技术技能人才能够成为复合型技术技能人才，高职院校应该构建基于退役士兵生源的高职"1+X"技术技能人才培养体系，并完善基于退役士兵生源的高职"1+X"技术技能人才培养机制。

第二节　基于退役士兵生源的高职"1+X"技术技能人才培养体系构建

所谓体系，是指"若干有关事物互相联系、互相制约而构成的一个整体"①。在基于退役士兵生源的高职"1+X"技术技能人才培养中，为了提高人才培养质量，可以将培养目标、培养条件、培养活动和培养评价等几个相互联系、相互制约的人才培养要素整合在一起，构建一个技术技能人才培养体系。

一、基于退役士兵生源的高职"1+X"技术技能人才培养体系构建的必要性

（一）构建培养体系有助于增强高职"1+X"技术技能人才培养工作的科学性

如前所述，当前基于退役士兵生源的高职"1+X"技术技能人才培养存在"培养活动的科学性不强"的问题。之所以存在这样的问题，是因为此类人才培养活动来得比较突然，高职院校还没有来得及充分准备相关人才培养要素、理顺相关要素之间的关系，当然也有部分院校是由于自身办学基础较弱，难以在短时间内准备好相关人才培养要素，但是又不得不按照要求将相关人才培养活动迅速安排起来。构建基于退役士兵生源的高职"1+X"技术技能人才培养体系的过程，就是一个完善人才培养有关要素、理顺相关要素之间关系的过程，它

---

① 夏征农，陈至立.辞海：第六版彩图本[M].上海：上海辞书出版社，2009：2237.

有助于提高人才培养条件的配置效率和利用率，有利于增强人才培养工作的科学性。

（二）构建培养体系有助于高职"1+X"技术技能人才培养实践的开展

一项人才培养活动要想顺利实现预期目标，既要有准确的人才培养目标作为指引，也要有与"人才培养目标"相匹配的"人才培养条件""人才培养活动""人才培养评价"作为支撑与保障。构建基于退役士兵生源的高职"1+X"技术技能人才培养体系，应准确定位"人才培养目标"，并配齐与之匹配的"人才培养条件""人才培养活动""人才培养评价"等要素。随着这项工作的推进，技术技能人才培养各要素之间越来越协调，人才培养实践就可以顺利开展下去。

（三）构建培养体系有助于增强高职"1+X"技术技能人才培养质量

一项人才培养活动要想达到较好的质量，需要具备如下几个条件：第一，要有科学的人才培养目标定位。这个目标定位既要符合有关各方需求，也要是可以实现的，它为人才培养活动指引正确的方向。第二，要有充分的人才培养条件保障。要想将退役士兵这样的与高职传统生源学生存在较大不同的学生培养成复合型技术技能人才，没有充分的条件作为保障是不可能的。当然，这样的"充分的条件"是一个比较高的标准，高职院校也许根本不可能完全实现，但应该尽量朝其靠近。第三，要理顺相关人才培养要素之间的关系。如果人才培养目标、人才培养条件、人才培养活动和人才培养评价等人才培养要素之间的关系能够理顺，在人才培养实践中，人才培养条件、人才培养活动和人才培养评价等要素就可以更好地服务于人才培养目标的实现。构建基于退役士兵生源的高职"1+X"技术技能人才培养体系，有利于科学定位人才培养目标、充分保障人才培养条件，有利于理顺人才培养要素之间的关系，因而有助于提高高职"1+X"技术技能人才培养质量。

二、基于退役士兵生源的高职"1+X"技术技能人才培养体系构成

结合对基于退役士兵生源的高职"1+X"技术技能人才培养现状的调查与

分析，对"1+X"证书制度实践发展与理论要点的梳理，对退役士兵学生在高职"1+X"技术技能人才培养中价值与挑战的分析，以及国外退役军人职业教育与技能培训的经验提炼，笔者认为可以构建由培养目标、培养条件、培养活动和培养评价等四个要素构成的，基于退役士兵生源的高职"1+X"技术技能人才培养体系。

（一）培养目标

人才培养目标是人才培养实践的方向指引，是人才培养单位开展培养模式选择、课程体系建设、教学内容组织和人才培养评价等活动的基本依据[①]。处于本科和专科两个不同办学层次的职业院校，其人才培养目标是不同的。目前，高职教育中本科和专科并存，但实施专科层次高职教育的高职院校在未来较长时间内将仍然是高职院校的主体[②]，其人才培养目标是将学生培养成面向生产、建设、服务、管理等一线岗位，具有一定的理论知识、比较丰富的实践经验、较强的动手操作能力、良好的职业道德和一定创新能力的技术技能人才[③]，而"1+X"证书制度的根本意义在于培养复合型技术技能人才[④]，因此，基于退役士兵生源的高职"1+X"技术技能人才培养活动，其培养目标是将退役士兵学生培养成面向生产、建设、服务、管理等一线岗位的复合型技术技能人才，这样的技术技能人才，其理论知识、实践经验、动手操作能力、职业道德和创新能力等几个方面的职业素质既能够深度发展，又能够相互协作，它们共同致力于实践中复杂问题的解决。在接受调查的494名高职退役士兵学生中，有91.5%的学生认为实施"1+X"证书制度的高职专业可以将退役士兵学生培养成复合型技术技能人才。在接受调查的1929名高职传统生源学生中，83.8%的学生认为实施"1+X"证书制度的高职专业可以将退役士兵学生培养成复合型技术技能人才。在接受调查的614名高职教师中，有65.3%的教师认为实施"1+X"证书制

---

① 周建松，唐林伟.高职教育人才培养目标的历史演变与科学定位[J].中国高教研究，2013（2）：94.

② 虽然目前本科层次高职院校已有30多所，但是在全国1545所高职院校中，其占比还是很低的，而且未来本科层次职业院校数量增加的速度也不会太快，因而专科层次高职院校在未来较长时间内将仍然是高职院校的主体.

③ 何应林.高职学生职业技能与职业精神融合培养研究[M].杭州：浙江大学出版社，2019：123.

④ 徐国庆，伏梦瑶."1+X"是智能化时代职业教育人才培养模式的重要创新[J].教育发展研究，2019（7）：24.

度的高职专业可以将退役士兵学生培养成复合型技术技能人才。可见，接受调查的高职退役士兵学生、高职传统生源学生和高职教师都对"实施'1+X'证书制度的高职专业可以将退役士兵学生培养成复合型技术技能人才"这一观点较为认可，其中退役士兵学生对其认可度最高。

（二）培养条件

1.基于退役士兵生源的高职"1+X"技术技能人才培养条件的应然状态

任何人才培养目标的实现都需要有合适的培养条件作为支撑。基于退役士兵生源的高职"1+X"技术技能人才培养的培养条件包括课程、教材、师资、实训基地和信息管理服务平台，为了实现培养目标，这些条件应达到如下状态：

（1）课程。依据行业核心素养要求对专业课程进行系统性重构，让X证书培训内容成为专业课程内容的补充、强化和拓展，在保证课程内容职业属性的同时，优先选择在行业中具有普遍意义、对学生具有长远生涯发展意义的内容进行教学。这样的课程，其内容具有三个特点：第一，它包含行业核心素养；第二，它可以在X证书培训内容中得到补充；第三，它有利于学生的全面发展。尽管面对的培养对象学习基础并不是很好，而且可能还存在性格急躁、急于就业等负面特点，但是这样的课程有利于学生学到行业实践所需的比较全面的知识与技能，有利于学生成长为复合型技术技能人才。

（2）教材。遵循技术技能人才成长规律，开发出符合退役士兵学生特点的、1和X融通的教材。它包括专业课程教材以及和X证书配套的教材，前者编撰的责任主体是专业课教师，依据是专业教学标准，后者编撰的责任主体是培训评价组织，依据是职业技能等级标准，二者的编撰都需要合作企业相关人员的参与①。这些教材以立德树人为基础，具有正确的政治方向；重视企业等用人单位的需求，注重职业性与实用性；以学生为中心，适应学生发展对与岗位（群）相关的技术理论知识和技术实践知识的需要，并遵循学生学习的规律②。

---

① 戴勇，刘志刚.基于1+X证书制度的教材开发研究：书证融通教材开发案例导航[M].北京：机械工业出版社，2022：2.

② 戴勇，刘志刚.基于1+X证书制度的教材开发研究：书证融通教材开发案例导航[M].北京：机械工业出版社，2022：2.

（3）师资。在加强高职院校专业带头人和骨干教师培养的同时，做好培训评价组织教师聘任，打造能够实施教学、培训和评价的教师团队。高职院校教师应具备广博的专业文化知识、娴熟的专业实践技能、丰富的项目实战经验和坚实的高职教育理论，精通自己所教授学科的工艺知识，充分掌握相应行业领域的新设备、新技术、新工艺、新材料和新方法，熟练掌握所教授专业和高职教育的基本科研方法，熟悉国内外学术发展动态[1]，培训评价组织教师则同时具备标准开发能力和教育评估能力[2]。

（4）实训基地。与企业合建校内生产性实训基地，充分利用校外产教融合型公共实训基地，建成能够满足退役士兵学生职业技能等级证书备考需要的校内外实训基地，为学生职业技能等级证书的考取提供优质的训练条件和充足的训练机会。实训基地不仅能满足相关专业群的常规教学要求，也能满足其学习者获取X证书的要求，而且其硬件与软件资源在整体稳定的基础上易于进行局部升级与更新；实训基地的场地、设施和设备等硬件条件应根据培训评价组织开发的职业技能等级标准进行对接配备或针对性升级改造，其课程、师资和教学等软件条件应以融入职业技能等级证书标准内容的实训项目为载体展开[3]。

（5）信息管理服务平台。"1+X"证书信息管理服务平台具有信息发布、过程监管、证书查询和监督评价等功能。信息发布方面，平台管理单位可以通过平台发布通知公告、政策文件、工作动态和实践经验等信息，可以为高职院校和学生提供与"1+X"证书相关问题的在线咨询服务。过程监管方面，培训评价组织可以通过平台对"1+X"证书制度实施中高职院校的整体状况进行监督，高职院校也可以对自己相关工作的进展情况进行监测。证书查询方面，可以按照证书名称、培训评价组织名称、专业大类名称或者专业名称查询相应的职业技能等级证书，包括各类职业技能等级证书中的所有证书及其具体信息。监督评

---

① 刘惠娟，宋新硕，邓华.1+X证书制度下高职院校教师队伍建设研究[J].教育与职业，2022（9）：82.

② 吴海丽.1+X证书制度试点中职业教育培训评价组织研究：基于前四批参与试点组织的分析[J].职教论坛，2021（12）：31.

③ 陈碎雷."1+X"证书制度下高职复合型技术技能人才培养探索与实践[M].北京：冶金工业出版社，2022：68-69.

价方面，培训评价组织可以通过实施院校填报的相关数据以及评审专家的评价结果对其"1+X"证书工作进行评价。

2.从"实然"到"应然"：基于退役士兵生源的高职"1+X"技术技能人才培养条件改造

为了实现将退役士兵学生培养成复合型技术技能人才的目标，在基于退役士兵生源的高职"1+X"技术技能人才培养实践中，应该将课程、教材、师资、实训基地和信息管理服务平台等培养条件从"实然"状态向上述"应然"状态方向改造。课程方面，要遵循规范的步骤开展行业调研，在对调研结果进行分析的基础上，确定行业核心素养，然后结合复合型技术技能人才培养目标和相关各方人员的意见确定课程内容。教材方面，为了保证教材的职业性和实用性，高职院校需要通过调研及时掌握企业等行业内用人单位的需求，并采用"小修+大修"的方式对其进行修订——"小修"由授课教师自主进行，修订依据是行业技术的发展变化与企业等用人单位需求的变化，修订以发放"教学资料"的形式实现；"大修"由专业群有关教师按照预先设定的程序进行，修订依据是行业技术的发展变化和对企业等用人单位进行人才需求调研的结果，修订以提交（或者出版）教材修订版的形式实现。师资方面，一方面，高职院校要根据新的人才培养目标和要求调整现有教师队伍的结构与素质，使其能够更好地适应人才培养活动的需要；另一方面，高职院校和培训评价组织要结合人才培养实践需要和自身实际条件，积极引进或者聘请高素质人才担任专/兼职教师，例如，引进实践经验丰富的高级技术人员、理论和实践经验扎实的一线教师担任专职教师，聘请具有标准开发能力和教育评估能力的培训师，具有丰富实践经验的高级技术人员和管理人才，以及具有高水平教学科研能力的专家担任兼职教师[①]。实训基地方面，要充分考虑X证书获取训练的多样性和变化性，并为软/硬件的升级改造做好必要的准备。信息管理服务平台方面，要对已有信息管理服务平台的使用情况进行深入调研，并结合复合型技术技能人才培养目标和其他人才培养条件的实际情况对平台功能进行完善。

---

① 刘惠娟，宋新硕，邓华.1+X证书制度下高职院校教师队伍建设研究[J].教育与职业，2022（9）：81-82.

（三）培养活动

"1+X"证书制度的核心是学历证书与职业技能等级证书的融通。应规范培养培训过程，促进书证融通，实现教学过程与生产过程对接。应结合退役士兵学生的学习基础与素质特点，开展分层教学。

1. 规范培养培训过程，促进书证融通

书证融通是指在基于退役士兵生源的高职"1+X"技术技能人才培养实践中，学历证书和职业技能等级证书相互衔接与融通，它是实现高职"1+X"技术技能人才培养目标的关键，是"1+X"证书制度的精髓所在。在基于退役士兵生源的高职"1+X"技术技能人才培养实践中，书证融通主要体现在以下四个方面：第一，职业技能等级标准与学历职业教育的培养目标、专业核心课程的学习目标相对应，职业技能等级证书是学历证书的补充、强化和拓展；第二，职业技能等级证书的培训内容与专业人才培养方案的课程内容相互融合，专业课程能涵盖职业技能等级证书职业技能培训内容的，就不再单独另设职业技能等级证书培训，专业课程未涵盖的培训内容，则通过职业技能培训模块进行补充、强化和拓展；第三，职业技能等级证书培训过程与专业教学过程统筹组织、同步实施，教学内容、教学和实践场所、教学组织形式和师资统筹安排，教学时间统筹确定；第四，职业技能等级证书的职业技能考核与专业课程的考试统筹安排，同步考试与评价①。在基于退役士兵生源的高职"1+X"技术技能人才培养实践中，培养主体应该按照《教育部关于职业院校专业人才培养方案制订与实施工作的指导意见》（教职成〔2019〕13号）提出的四个"坚持"原则——坚持育人为本，促进全面发展；坚持标准引领，确保科学规范；坚持遵循规律，体现培养特色；坚持完善机制，推动持续改进——规范技术技能人才培养培训过程，促进书证融通，努力实现复合型技术技能人才培养目标。

2. 结合退役士兵学生的学习基础与能力特点，开展分层教学

尽管在接受调查的614名高职教师中，只有34.7%的教师认为"与传统生源高职学生相比，退役士兵学生文化基础较差"，但是退役士兵学生可能有2年至12年没有像传统生源高职学生那样进行集中、专门的学习，他们的文化基础

---

① 唐以志. 1+X证书制度：新时代职业教育制度设计的创新[J]. 中国职业技术教育，2019（16）：9.

与传统生源高职学生相比应该还是存在一定差距的。因此，在高职"1+X"技术技能人才培养实践中不宜像安排传统生源学生那样安排他们的教学活动，而应该对他们开展分层教学。所谓分层教学，就是在基于退役士兵生源的高职"1+X"技术技能人才培养实践中，遵循因材施教原则，根据退役士兵学生的文化基础、学习能力、实践背景、特长和兴趣等个人特点，在培养对象、教学目标、作业布置和课后辅导等方面设置几个不同的层次，让不同情况的学生都能得到符合自己实际能力的训练，并能在不断努力与积累的基础上实现层级的跃迁。

例如，可以根据在退役士兵学生刚入学时举行的学习基础测试的成绩和学生的实践背景将他们分为A、B、C三个层次，A层学生学习基础测试成绩≥70分，服役时岗位为"与本专业相关的技术岗位"，B层学生学习基础测试成绩40～69分，服役时岗位为"与本专业无关的技术岗位"，C层学生学习基础测试成绩0～39分，服役时岗位为"非技术岗位"；可以根据退役士兵学生的实际情况将教学目标也分为A、B、C三个层次，A层学生"在较好地完成教学计划和教学大纲的基础上，拓展知识面，求精求深，并协助教师完成辅差教学任务"，B层学生"完成教学计划和教学大纲的要求，力求掌握并会运用"，C层学生"降低难度，能完成教学计划和教学大纲的大部分内容，提高学习能力，增强自信心"；在课堂教学中，集中讲授环节以B层学生的接受能力为主展开教学，分别讲解环节重点"关照"C层学生，把A层学生与C层学生结成"一对一"的对子，发挥A层学生的优势，帮助C层学生更好地理解知识，缩小差距；在作业布置方面，课外作业原则上全班统一，但是数量适当减少些，课堂作业可给出"难、中、易"三份题目，分别对应A、B、C三个不同层次的学生，可以让C层学生由浅入深、循序渐进地提高学习能力；在课后辅导方面，A层学生重点培养其运用已有知识和能力进行深入学习的习惯，B层学生复习课堂所教内容，巩固所学专业知识与技能，重点培养归纳总结能力，提高学习的效率，C层学生则对其进行个别或分小组辅导，有针对性地讲解"难消化"的知识，完成基本教学内容的学习，加大转差力度，同时还应注意学习能力的培养[①]。

---

① 陈晓玲.分层教学法在退役士兵职业技能培训中的应用[J].职业，2019（15）：44-45.

（四）培养评价

统筹安排学历教育的专业课程考试与相关职业技能等级考核，使考试和评价同步，让退役士兵学生在获得学历证书学分的同时获得职业技能等级证书。应尊重退役士兵学生的个体特点，开展分层评价。

1.统筹安排专业课程考试与相关职业技能等级考核，使二者同步

如前所述，在基于退役士兵生源的高职"1+X"技术技能人才培养实践中，为了实现书证融通，职业技能等级标准与专业教学标准对应，职业技能等级证书培训内容与专业课程融合，职业技能等级证书培训过程与专业教学过程统筹安排。由于职业技能等级证书和职业教育学历证书的培养对象一样，而且培养标准、内容和教学方面也都是统筹安排的，作为人才培养活动重要组成部分的考核评价，自然也可以统筹安排、同步进行了。当然，统筹安排说起来容易，但要想做到科学公正，准确反映退役士兵学生的真实水平，促进复合型技术技能人才培养目标的实现，还需要扎实做好相关各个环节的协调与对接工作。

2.根据退役士兵学生的个体特点开展分层评价

退役士兵学生在文化基础、学习能力、实践背景、特长和兴趣等方面可能存在较大的差异，因而需要根据他们各自的实际情况开展分层评价。在培养实践中，特别是在培养初期，如果学生之间的差异很大，那么可以考虑在平时成绩和期中、期末考试成绩中分出不同的层次来，通过采取适当倾斜、增加选择机会等方式让不同的学生特别是那些初始基础弱一点的学生能够顺利通过考核，保护他们脆弱的自信心。随着培养实践的推进，要迅速采取针对性的措施帮助那些在通过考核方面存在困难的学生，真正地提高他们的理论与技能水平。在培养活动结束时的考核中，所有学生都要用基于人才培养目标与方案的同样的考核方式进行评价，通过的才算合格，才能毕业。也就是说，分层评价只是一种阶段性的、过渡性的评价措施。采用分层评价是为了弥合不同退役士兵学生之间的差距，让初始基础弱一点的学生也能够跟上学习进度，成长为复合型技术技能人才。

三、基于退役士兵生源的高职"1+X"技术技能人才培养体系实施中的几个问题

（一）正确认识"1+X"证书制度

"1+X"证书制度是一项具有中国特色的职业教育证书制度，是新时期我国职业教育的一项基本制度。自2019年初启动试点工作以来，国家、区域和院校层面都做了大量的工作，取得了显著的成绩。但是，在"1+X"证书制度试点过程中也发现了很多问题，例如，试点工作相关主体准备不足，X证书与相关资源衔接不好，X证书获取方式培训化，X证书认可度不高，等等。有不少一线教师和职教研究者对"1+X"证书制度不看好，因而当他们看到新近颁发的一些职业教育政策文件没有强调"1+X"证书制度时，纷纷猜测"1+X"证书制度可能"要凉了"。实际上，正如一些学者所说，"1+X"证书制度是智能化时代职业教育人才培养模式的重要创新[1]，是新时代职业教育制度设计的创新[2]，它契合我国职业教育的特征和发展需要，其实施对于国家经济社会发展具有重要的意义，应该不会刚开始试点就被放弃。当然，由于"1+X"证书制度涉及的问题既多又复杂，而且它开始试点的时间并不长，还没有全面实施，因而存在很多问题、被认可度不高也是可以理解的。相信随着"1+X"证书制度自身的完善和人们对其认识程度的提高，该制度可以在我国高职复合型技术技能人才培养中发挥更加重要的作用。

（二）正确对待退役士兵学生

当前，在高职院校接受教育和培训的退役士兵学生有"休学入伍再退役"后继续完成学业的高职学生、退役后到高职院校接受高职教育的退役士兵、以就业创业为主要目标的退役士兵等多种，基于退役士兵生源的高职"1+X"技术技能人才培养实践中，退役士兵学生主要是指的第二种，也可以包括第一种。这样的退役士兵学生，既具有丰富的实践经验和较好的技能基础、身体素质好、纪律意识强和吃苦耐劳等成长为复合型技术技能人才的优势，也具有文化

① 徐国庆，伏梦瑶."1+X"是智能化时代职业教育人才培养模式的重要创新[J].教育发展研究，2019（7）：21-26.
② 唐以志.1+X证书制度：新时代职业教育制度设计的创新[J].中国职业技术教育，2019（16）：5-11.

基础差、学习能力不强、急于就业和性格急躁等负面特点，与高职院校传统生源学生相比有着较大的不同。在对退役士兵学生进行培养时，要全面认识他们的特点，适当改善高职技术技能人才培养条件，以满足复合型技术技能人才培养的需要。另外，也要充分发挥退役士兵学生对高职传统生源学生成长为复合型技术技能人才的积极影响，在更好激励退役士兵学生成长的同时，增强高职"1+X"技术技能人才培养的整体效果。

（三）正确认识复合型技术技能人才培养中的"分"与"合"

书证融通是"1+X"证书制度的关键，也是在基于退役士兵生源的高职"1+X"技术技能人才培养实践中将退役士兵学生培养成复合型技术技能人才的关键。如前所述，书证融通主要体现在高职"1+X"技术技能人才培养实践中培养目标、内容、过程与评价等方面的融通。这几个方面，几乎涵盖了高职"1+X"技术技能人才培养的整个过程。既然如此，在相关人才培养实践中，为什么要分出"1"（学历证书）和"X"（若干职业技能等级证书），而不是根据复合型技术技能人才培养目标统一安排人才培养活动呢？这就涉及复合型技术技能人才培养中的"分"与"合"的问题。如果只有"合"，也就是根据复合型技术技能人才培养目标统一安排人才培养活动，人才培养的"灵活性"就显得不足，培养出来的技术技能人才的素质就难以满足当今这个高速发展的社会的需要；如果只有"分"，也就是根据社会提出的各种新需求安排人才培养活动，人才培养的"稳定性"就存在问题，这样的人才培养活动或许有很多"可圈可点"之处，但培养质量难以维持在一个比较稳定的水平。在复合型技术技能人才培养中，"合"是基本保证与最终目标，"分"是重要手段，"分"是为了"合"，是为了更好地实现复合型技术技能人才培养目标。在以往的"双证书"制度中，"双证"是"分"，"双证融通"是"合"，但是这样的"分"与"合"已经难以满足经济社会发展对技术技能人才的素质要求。

第三节　基于退役士兵生源的高职"1+X"技术技能人才培养机制探索

在进行人才培养活动有关研究的时候，培养机制是一个颇受欢迎的研究主题。在"人才培养机制"中，机制是指人才培养系统的组织或部分之间相互作用的过程和方式[①]。基于退役士兵生源的高职"1+X"技术技能人才培养机制是指在人才培养过程中，用人单位、高职院校、教师、退役士兵学生、传统生源学生以及社会因素等主体之间相互作用的过程和方式。结合对基于退役士兵生源的高职"1+X"技术技能人才培养体系各要素的分析、个案研究结果，以及国外退役军人职业教育与技能培训的经验，笔者对基于退役士兵生源的高职"1+X"技术技能人才培养机制进行了探索。

一、基于退役士兵生源的高职"1+X"技术技能人才培养机制相关主体职能分析

职能是"职责与功能（作用）"的简称。基于退役士兵生源的高职"1+X"技术技能人才培养机制涉及用人单位、高职院校、教师、退役士兵学生、传统生源学生和社会因素等主体，对它们的职能进行分析，有利于"1+X"技术技能人才培养机制的阐释。

（一）用人单位的职能

在我国以往的高职技术技能人才培养实践中，用人单位更多是以"买方"的身份出现的，它们对技术技能人才的培养规格提出要求，对培养质量进行评判。用人单位被期望深度参与人才培养活动，虽然也通过校企合作的方式参与了一些，但是整体而言其广度和深度还显得非常不够。在产教融合的背景下，在基于退役士兵生源的高职"1+X"技术技能人才培养实践中，用人单位深度参与人才培养目标确定，X证书培训内容和专业课程内容确定，1和X融通的教材开发，能够实施教学、培训和评价的教师团队的建设，实训基地建设，"1+X"

---

① 夏征农，陈至立.辞海：第六版彩图本[M].上海：上海辞书出版社，2009：1000.

证书信息管理服务平台建设以及人才培养活动实施、人才培养评价等技术技能人才培养的全过程，将社会生产与服务活动对高职技术技能人才的最新素质要求及时融入技术技能人才培养，会对技术技能人才培养的各个环节产生重要作用。

（二）高职院校的职能

在基于退役士兵生源的高职"1+X"技术技能人才培养实践中，高职院校根据对企业等用人单位进行的人才需求调查的结果、对退役士兵学生进行的学习基础测试与个体需求调查的结果，结合自身办学条件，与合作的企业等用人单位一起，制定或修订人才培养方案，确定人才培养目标，完善课程、教材、师资、实训基地和信息管理服务平台等人才培养条件，开展分层教学和分层评价，并根据教师和退役士兵学生的反馈意见，不断完善学校人才培养工作，通过这些努力，将学习基础和个人特点与高职传统生源学生存在较大差异的退役士兵学生培养成复合型技术技能人才。

（三）教师的职能

在基于退役士兵生源的高职"1+X"技术技能人才培养实践中，高职教师积极学习"1+X"证书制度相关知识，增进自己对该制度的认识；高职院校对企业等用人单位进行人才需求调查，对退役士兵学生进行学习基础测试，持续关注退役士兵学生的个体需求，确定人才培养目标，确定专业课程内容和X证书培训内容，开发1和X融通的教材，参与建设能够实施教学、培训和评价的教师团队，参与建设实训基地和"1+X"证书信息管理服务平台，努力实现书证融通，开展分层教学和分层评价，积极对学校的人才培养工作给出反馈意见，并根据退役士兵学生给出的反馈意见对教育教学工作进行调整。教师的职能都指向复合型技术技能人才这一培养目标，在教师的引导下，退役士兵学生逐渐成长为复合型技术技能人才。

（四）退役士兵学生的职能

在基于退役士兵生源的高职"1+X"技术技能人才培养实践中，退役士兵学生按照高职院校有关安排，在教师的引导下积极开展专业文化知识学习、专业实践训练以及其他学习实践活动，对学校的人才培养工作给出反馈意见，对教师的教育教学工作给出反馈意见，对传统生源学生成长为复合型技术技能人才产生一定影响，努力实现高职院校在人才培养方案中确立的复合型技术技能人才培养目标，也促使所在专业的书证融通工作不断完善。

（五）传统生源学生的职能

在基于退役士兵生源的高职"1+X"技术技能人才培养实践中，如果退役士兵学生是单独编班培养的，传统生源学生仅仅通过课外的学习、交流等活动对退役士兵学生的认识、学习与行为产生一定影响，由于他们之间的交集可能不多，因而这样的影响可能会比较小；如果退役士兵学生是与传统生源学生一起编班培养的，传统生源学生可以通过课堂学习和课外学习、交流等活动对退役士兵学生的认识、学习与行为产生一定影响，特别是在专业文化知识的学习方面，传统生源学生可能会帮助或者激励到退役士兵学生，从而对退役士兵学生成长为复合型技术技能人才产生一定的促进作用。

（六）社会因素的作用

军人为我们的国家安全和经济社会发展做出了重大的贡献，让军人在退役后能够进入高职院校接受高等职业教育，进而拥有良好的职业发展，过上幸福的生活，这无论是对社会的稳定和经济发展，还是对军队的可持续发展都具有重要的意义。在基于退役士兵生源的高职"1+X"技术技能人才培养实践中，国家有关部门可以进一步优化退役士兵进入高职院校接受高等职业教育有关制度，让退役士兵可以有更多的接受高等职业教育的机会，可以获得更加优越的学习、实践条件，从而更好地投身技术技能学习；社会各界也可以对退役士兵进入高职院校接受高等职业教育给予更多的关心与支持，帮助他们更好地成长为复合型技术技能人才。

二、基于退役士兵生源的高职"1+X"技术技能人才培养机制

基于退役士兵生源的高职"1+X"技术技能人才培养机制包括动力机制、运行机制和保障机制等三种机制，它们共同推进人才培养实践活动的开展。为了更好地实现复合型技术技能人才培养目标，在人才培养过程中，应该通过强化动力机制、健全运行机制和完善保障机制等方式不断优化人才培养机制。

（一）动力机制

在基于退役士兵生源的高职"1+X"技术技能人才培养实践中，动力机制包括用人单位需求驱动机制和退役士兵学生个体需求驱动机制两部分。基于退役士兵生源培养出来的复合型技术技能人才，不仅具有扎实的理论知识、丰富的实践经验、较强的动手操作能力、良好的职业道德和较强的创新能力，而且纪律意识强、身体素质好、能够吃苦耐劳，这样的人才可以较好地胜任用人单位的各种生产与服务岗位，并且可以带动单位其他员工，形成良好的工作文化。因此，这样的人才会很受用人单位欢迎，用人单位愿意把它们对技术技能人才的素质需求告诉高职院校，也愿意在接收毕业生后及时向高职院校反馈人才使用情况，用人单位的行为不断地促进与调整着高职"1+X"技术技能人才培养，这就是用人单位的需求驱动机制。另外，退役后进入高职院校接受教育的退役士兵学生，无论是从解决近期生计还是从促进未来发展角度考虑，都会比较珍惜现在的学习机会，他们会根据用人单位对技术技能人才的要求，不断地调整自己的学习与实践，努力提高自身综合职业能力，这就是退役士兵学生的个体需求驱动机制。在基于退役士兵生源的高职"1+X"技术技能人才培养实践中，为了更好地发挥动力机制的作用，高职院校应该对用人单位的需求进行调查与跟踪，并对退役士兵学生的个体需求给予持续关注，及时地将他们的需求以适当的方式融入"1+X"技术技能人才培养实践。

（二）运行机制

运行机制是指在基于退役士兵生源的高职"1+X"技术技能人才培养实践中，高职院校、教师、退役士兵学生、传统生源高职学生之间的相互作用过程和方式。在这些相互作用之中，高职院校与传统生源学生之间、教师与传统生源学生之间的相互作用对基于退役士兵生源的高职"1+X"技术技能人才培养的影响相对较小，我们主要分析高职院校与教师之间、高职院校与退役士兵学生之间、教师与退役士兵学生之间以及退役士兵学生与传统生源学生之间的相互作用。高职院校应加强对教师、退役士兵学生以及传统生源学生的指导与帮助，并重视他们提出的反馈意见。

1.高职院校与教师之间的相互作用

这里的教师是指基于退役士兵生源的高职"1+X"技术技能人才培养相关教师。在基于退役士兵生源的高职"1+X"技术技能人才培养实践中，高职院校根据人才培养的需要给教师布置了很多任务，例如，加强对"1+X"证书制度的学习，对企业等用人单位的人才需求进行调查，确立人才培养目标，确定X证书培训内容和专业课程内容，开发1和X融通的教材，参与建设能够实施教学、培训和评价的教师团队，参与实训基地建设，掌握"1+X"证书信息管理服务平台的使用方法，举行旨在了解退役士兵学生学习基础的测试，对退役士兵学生的个体需求给予持续关注，开展分层教学，统筹安排专业课程考试与相关职业技能等级考核，开展分层评价，等等。学校会根据教师的实施情况和人才培养的实际效果对相关任务进行调整。教师会认真完成学校布置的任务，并及时地对学校人才培养工作给出反馈意见，以帮助其调整现有做法，不断提高人才培养质量，促进复合型技术技能人才培养目标的实现。

2.高职院校与退役士兵学生之间的相互作用

在基于退役士兵生源的高职"1+X"技术技能人才培养实践中，高职院校根据企业等用人单位对技术技能人才的素质要求以及退役士兵的特点与需求，对学生的培养活动进行系统设计，按照有关规范提供课程、教材、师资、实训基地和信息管理服务平台等培养条件，促进书证融通，结合退役士兵学生的学习基础与能力特点开展分层教学，统筹安排专业课程考试与相关职业技能等级考核，并根据学生的个体特点开展分层评价。退役士兵学生根据高职院校的安排，认真参与各项学习实践活动，快速适应高职院校的学习生活，顺利完成从"军人"到"大学生"的身份转变；他们努力学习专业文化知识、精进专业技能，不断提高自己的综合职业能力；他们及时地对学校的人才培养工作给出反馈意见，帮助其完善与提高。

3.教师与退役士兵学生之间的相互作用

在基于退役士兵生源的高职"1+X"技术技能人才培养实践中，教师根据人才培养方案、退役士兵学生特点和现有教学条件，开展分层教学和分层评价，引导退役士兵学生按照适合自己的节奏学习专业文化知识与技能，提高综合职业能力；退役士兵学生则根据教师的引导，努力补上自己学习基础方面的"短板",认真学习专业文化知识,积极参与实践训练,并对教师的教育教学工作给出反馈意见,以帮助其完善、提高。

4.退役士兵学生与传统生源学生之间的相互作用

在基于退役士兵生源的高职"1+X"技术技能人才培养实践中,退役士兵学生有可能单独编班培养,也有可能与传统生源学生一起编班培养。如果退役士兵学生是单独编班培养,那么他们与传统生源学生的接触就大多数是在课外时间。在这样的情况下,退役士兵学生可以通过其较好的身体素质、优秀的纪律意识和吃苦耐劳的品质等个人素质影响传统生源学生的认识,进而影响其专业文化知识学习和实践练习,而传统生源学生可能主要是通过其文化基础和学习能力影响退役士兵学生的专业文化知识学习,进而对其专业技能精进和综合职业能力的提高形成一定的影响。如果退役士兵学生是和传统生源学生一起编班培养,那么这两类学生除了课外可能有接触之外,在课堂学习过程中也会有更多的接触。在这样的情况下,这两类学生不仅可以从对方身上取长补短,而且可能会以对方的成长激励自己,让自己更加快速、更加高质量地向复合型技术技能人才培养目标靠近。

(三)保障机制

保障机制是指在基于退役士兵生源的高职"1+X"技术技能人才培养实践中,由企业等用人单位和社会因素形成的大环境为复合型技术技能人才培养提供保障的过程与方式。

由于这样的人才培养实践的培养对象是退役士兵,企业等用人单位与高职院校之间的合作具有两个特点:第一,培养出来的技术技能人才不仅具有较强的实践能力和较高的理论水平,而且作风过硬、身体素质好,这样的人才很受用人单位欢迎,用人单位愿意更多地参与人才培养过程;第二,将退役士兵培养成复合型技术技能人才,不仅能够满足国家经济社会发展对技术技能人才的需要,也对国家军队建设和社会稳定具有积极的作用,用人单位参与人才培养,实际上也是为国家军队建设和社会稳定做贡献。企业等用人单位与高职院校合作开展基于退役士兵生源的高职"1+X"技术技能人才培养,既有为自己办事的积极性,也有为国家和社会服务的使命感与荣誉感,因而用人单位参与人才培养目标确定、培养条件（课程、教师、师资、实训基地和信息管理服务平台）准备、培养活动开展和培养评价实施，会有较强的主动性。为了充分发挥用人单位对基于退役士兵生源的高职"1+X"技术技能人才培养的保障作用，高职院校应该做好调研和服务工作，选择真正有需求、有情怀的用人单位开展合作，并且让用人单位从合作中获得实实在在的利益。

对退役士兵进入高职院校接受高等职业教育，社会各界的态度是支持的，特别是在高职院校学位充足、国家经济社会发展对复合型技术技能人才又有很大需求的背景下。为了更好地发挥社会因素在基于退役士兵生源的高职"1+X"技术技能人才培养中的保障作用，国家有关部门应该进一步优化退役士兵进入高职院校接受高等职业教育有关制度，适当增加投入，让退役士兵可以有更多机会、更少负担地投身技术技能学习，高职院校也应该认真落实国家有关政策，与企业等用人单位开展深度合作，努力提高相关人才培养活动的质量。

结束语

"1+X"证书制度是我国职业教育发展中的一项重要的基础性制度。本研究试图从"1+X"证书制度的视角探寻基于退役士兵生源的高职技术技能人才培养的基本规律，运用文献研究法、调查研究法和个案研究法等三种方法，对美国、德国、英国、法国、俄罗斯、加拿大、澳大利亚、荷兰、瑞典和罗马尼亚等国家开展退役军人职业教育与技能培训的经验进行了梳理，对494名高职退役士兵学生、1929名高职传统生源学生和614名高职教师进行了问卷调查，并对3所高职院校培养退役士兵学生的情况进行了个案分析。在此基础上，构建了基于退役士兵生源的高职"1+X"技术技能人才培养体系，并对基于退役士兵生源的高职"1+X"技术技能人才培养机制进行了探索。

在本研究范围内可以得出如下结论：

第一，当前基于退役士兵生源的高职"1+X"技术技能人才培养具有较好的基础，部分高职院校对退役士兵学生培养已有一定的认识并采取了相应的措施，接受调查的高职教师、传统生源学生和退役士兵学生对退役士兵学生培养都具有一定的认识并对其持支持态度，退役士兵学生可能会对高职传统生源学生成长为复合型技术技能人才产生积极影响；但是，当前基于退役士兵生源的高职"1+X"技术技能人才培养也存在"相关人才培养活动的稳定性不强"和"相关人才培养活动的科学性不强"两个问题。

第二，基于退役士兵生源的高职"1+X"技术技能人才培养体系由培养目标、培养条件、培养活动和培养评价等四个要素构成。培养目标是将退役士兵学生培养成面向生产、建设、服务、管理等一线岗位的复合型技术技能人才，这样的技术技能人才，其理论知识、实践经验、动手操作能力、职业道德和创新能力等几个方面的职业素质既能够深度发展，又能够相互协作，这些职业素质共同致力于实践中复杂问题的解决。培养条件包括课程、教材、师资、实训基地和信息管理服务平台，为了实现将退役士兵学生培养成复合型技术技能人才的目标，在基于退役士兵生源的高职"1+X"技术技能人才培养实践中，应将课程、教材、师资、实训基地和信息管理服务平台等培养条件从"实然"状态向"应然"状态方向改造。培养活动的核心是书证融通，应规范培养培训过程，全面促进书证融通，并结合退役士兵学生的学习基础与能力特点，开展分层教学。培养评价的关键是分层评价，应统筹安排专业课程考试与相关职业技能等级考核，使二者同步，并根据退役士兵学生的个体特点开展分层评价。

第三，基于退役士兵生源的高职"1+X"技术技能人才培养机制由动力机制、运行机制和保障机制等三部分组成。动力机制包括用人单位需求驱动机制和退役士兵学生个体需求驱动机制两部分。运行机制是指在基于退役士兵生源的高职"1+X"技术技能人才培养实践中，高职院校、教师、退役士兵学生、传统生源学生之间相互作用的过程和方式。保障机制是指在基于退役士兵生源的高职"1+X"技术技能人才培养实践中，由企业等用人单位和社会因素形成的大环境为复合型技术技能人才培养提供保障的过程与方式。

为了解决基于退役士兵生源的高职"1+X"技术技能人才培养存在的问题，更好地将退役士兵培养成复合型技术技能人才，实现退役士兵安置和高职复合型技术技能人才培养有机融合的目标，笔者基于上述结论，并借鉴国外退役军人职业教育与技能培训的经验，对基于退役士兵生源的高职"1+X"技术技能人才培养提出以下几点建议：

第一，增进师生对"1+X"证书制度的认识。高职院校可以搜集整理"1+X"证书制度相关信息，并通过印制学习手册、建设专题网站、开展主题学习活动等多种师生喜闻乐见的形式组织他们进行学习，每当"1+X"证书制度有新的政策、经验等重要信息出来时，及时通过教师工作群、学生班级群发给大家学习，及时更新大家的认识。由于"1+X"证书制度这一新的职业教育制度尚处于试点阶段，其本身还有很多不够完善之处。对于那些"负面信息"，高职院校也不应避而不提，而应该引导师生客观、正确地认识，以使他们形成对"1+X"证书制度的准确认识。

第二，不断完善课程、教材、师资、实训基地和信息管理服务平台等培养条件，努力实现书证融通，形成复合型技术技能人才培养的合力。基于退役士兵生源的高职"1+X"技术技能人才培养与传统的高职技术技能人才培养的不同之处有两点：一是二者的培养对象不同，前者为退役士兵学生，后者为高职传统生源学生；二是二者所运用的职业教育制度不同，前者为"1+X"证书制度，后者为"双证书"制度。考虑到这样的不同之处，基于退役士兵生源的高职"1+X"技术技能人才培养应对课程、教材、师资、实训基地和信息管理服务平台等培养条件进行如下改造，以使其实现书证融通，形成复合型技术技能人才培养的合力：课程方面，要遵循规范的步骤开展行业调研，在对调研结果进行分析的基础上，确定行业核心素养，然后结合复合型技术技能人才培养目标和相关各方人员的意见确定课程内容；教材方面，为了保证教材的职业性和实用性，高职院校需要通过调研及时掌握企业等行业内用人单位的需求，并采用"小修+大修"的方式对其进行修订；师资方面，一方面，高职院校要根据新的人才培养目标和要求调整现有教师队伍的结构与素质，使其能够更好地适应人才培养活动的需要，另一方面，高职院校和培训评价组织要结合人才培养实践需要和自身实际条件，积极引进或者聘请高素质人才担任专/兼职教师；实训基地方面，要充分考虑X证书获取训练的多样性和变化性，并为软/硬件的升级改造做好必要的准备；信息管理服务平台方面，要对已有信息管理服务平台的使用情况进行深入调研，并结合复合型技术技能人才培养目标和其他人才培养条件的实际情况对平台功能进行完善。

第三，为退役士兵学生免费提供恢复性课程。如前所述，培养对象不同是基于退役士兵生源的高职"1+X"技术技能人才培养与传统的高职技术技能人才培养的一个重要的不同之处。尽管有少数退役士兵学生由于个人学习基础较好、学习能力较强或者学习动机特别强等原因，在培养过程中表现比较突出，但是整体而言，退役士兵学生在学习方面还是存在一些问题的，特别是那些原来学习成绩就不太理想的退役士兵学生和服役时间较长的退役士兵学生，如果得不到适当的帮助，他们就很有可能跟不上教师教学的节奏，继而出现挂科、重修甚至被勒令退学等情况。建议相关部门为退役士兵在进入高职院校学习之前或者进入高职院校学习初期免费提供恢复性课程，例如，提供高中水平的阅读、写作、数学、外语、计算机等补习课程，以及学习方法训练等课程，以帮助退役士兵学生更新自己的知识储备,恢复学习能力,尽快适应高职"1+X"技术技能人才培养。

第四,根据退役士兵学生的特点开展分层教学和分层评价。如前所述,在基于退役士兵生源的高职"1+X"技术技能人才培养实践中,有不少退役士兵学生的学习基础和能力可能存在一些问题,尽管可以为他们提供恢复性课程,但是要想在短时间内补齐他们的"短板",难度很大。为了保证复合型技术技能人才培养目标的实现,高职院校需要根据退役士兵学生的特点开展分层教学和分层评价。分层教学方面,要遵循因材施教原则,根据退役士兵学生的文化基础、学习能力、实践背景、特长和兴趣等个人特点,在培养对象、教学目标、作业布置和课后辅导等方面设置几个不同的层次,让不同情况的学生都能得到符合自己实际的训练,并能在不断努力与积累的基础上实现层级的跃迁。分层评价方面,在培养初期,如果学生之间的差异很大,可以考虑在平时成绩和期中、期末考试成绩中分出不同的层次来,通过采取适当倾斜、增加选择机会等方式让不同的学生特别是那些初始基础比较弱的学生能够顺利通过考核,以保护他们脆弱的自信心;随着培养实践的推进,要迅速采取有针对性的措施帮助那些在通过考核方面存在困难的学生,真正地提高他们的专业理论与技能水平;在培养活动结束时的考核中,所有学生都要用基于人才培养目标与方案的同样的考核方式进行评价,通过的才算合格,才能毕业。

参考文献

一、中文文献

（一）著作类

[1] 晁玉方.中国退役士兵职业教育与技能培训发展研究［M］.北京：中国社会科学出版社，2016：3-4，84-89，92-93，97-99.

[2] 陈碎雷."1+X"证书制度下高职复合型技术技能人才培养探索与实践［M］.北京：冶金工业出版社，2022：68-69.

[3] 戴勇，刘志刚.基于1+X证书制度的教材开发研究：书证融通教材开发案例导航［M］.北京：机械工业出版社，2022：2.

[4] 和力.士兵精神［M］.北京：中华工商联合出版社，2016：4，42，165.

[5] 和学新，徐文斌.教育研究方法［M］.北京：北京师范大学出版社，2015：167.

[6] 何应林.高职学生职业技能与职业精神融合培养研究［M］.杭州：浙江大学出版社，2019：123.

[7] 何应林.高职院校技能人才有效培养研究［M］.西安：西安电子科技大学出版社，2016：31.

[8] 力克·胡哲.人生不设限［M］.彭蕙仙，译.武汉：湖北教育出版社，2015：66.

[9] 辽宁省学分银行管理中心.职业教育1+X证书书证融通开发实施指南（试行）［M］.大连：东北财经大学出版社，2021：2-3.

[10] 马树超，郭扬，等.中国高等职业教育：历史的抉择［M］.北京：高等教育出版社，2009：23.

[11] 钱晓忠，戴勇，胡俊平.1+X书证融通与学分银行建设研究［M］.北京：机械工业出版社，2021：25，99-106.

[12] 宋红超.士兵精神［M］.哈尔滨：哈尔滨出版社，2008：41.

[13] 陶保平，黄河清.教育调查［M］.上海：华东师范大学出版社，2005：239-240.

[14] 涂国政，史维勤.退役军人创业指南［M］.北京：中国社会出版社，2017：113.

[15] 夏征农，陈至立.辞海：第六版彩图本［M］.上海：上海辞书出版社，2009：1000，2237.

[16] 张红霞.教育科学研究方法［M］.北京：教育科学出版社，2009：221，229.

[17] 赵渊.士兵突击：单兵技能训练与装备揭秘［M］.北京：化学工业出版社，2014：3，21，99.

[18] 中国法制出版社.退役军人权益保障法律法规速查通［M］.北京：中国法制出版社，2022：130-136.

[19] 中国人民大学哲学系逻辑教研室.逻辑学［M］.北京：中国人民大学出版社，1996：9-11.

（二）期刊论文类

[1] 白虎虎.日本军官退役制度概览［J］.转业军官，2012（2）：35.

[2] 卞禹臣，张应天，朱亚囡.新形势下高职院校退伍复学学生学习激励机制研究［J］.黑龙江教育·理论与实践，2017（4）：43-45.

[3] 蔡雪芹.美国退役军人职业培训制度探析［J］.军队政工理论研究，2016（3）：130-131.

[4] 曹小其.浙江省产业转型升级与高技能人才培养的需求分析［J］.当代职业教育，2009（1）：56.

[5] 程连，张锐锋，苏雪婷，等.内蒙古退役军人转移安置中的教育培训［J］.内蒙古电大学刊，2020（4）：102-105.

[6] 杜怡萍.1+X证书制度实施的要件、挑战及策略［J］.教育学术月刊，2020（4）：38-41.

[7] 杜怡萍，李海东，詹斌.从"课证共生共长"谈1+X证书制度设计［J］.中国职业技术教育，2019（4）：12.

[8] 樊华，付光美，谢东颖.我国退役军人安置问题的实证分析：以黑龙江省为例［J］.经济视角（上），2013（09）：7-10.

[9] 高婷婷，沈勤.制度逻辑视域下双证书制度和1+X证书制度的比较分析［J］.中国职业技术教育，2021（17）：42-45.

[10] 关怀庆.职业院校复合型技术技能人才能力分析与培育策略［J］.南方职业教育学刊，2021（4）：96.

[11] 郭传宣.法国退役军人安置与培训概况［J］.转业军官，2011（10）：42.

[12] 郭利.高职退役士兵大学生适应性心理团辅方案设计浅析［J］.智库时代，2018（46）：145，147.

[13] 郭扬，黄芳.高职院校实施"双证书"制度的初步分析［J］.职教论坛，2006（23）：17-18.

[14] 黄丹.外国退役军人培训的基本特征分析［J］.军队政工理论研究，2016（4）：132-135.

[15] 姜大源.论高职扩招给职业教育带来的大变局与新占位［J］.中国职业技术教育，2019（10）：7-10.

[16] 蒋代波.职业教育1+X证书制度：时代背景、制度功能与落地策略［J］.职业技术教育，2019（12）：16-17.

[17] 蒋昆生.云南退役士兵安置工作的实践与探索［J］.中国民政，2005（3）：29-30.

[18] 井玉刚.俄罗斯退役军官培训情况概览［J］.转业军官，2013（6）：23-24.

[19] 井玉刚，刘征斌.外国军官退役待遇保障扫描［J］.转业军官，2013（12）：31-32.

[20] 李静，周世兵.1+X证书角色与功能定位研究［J］.职教论坛，2019（7）：153-154.

[21] 李少虹.谈高职院校招收退伍兵入学的优势［J］.长沙民政职业技术学院学报，2006（4）：64-67.

[22] 李政.职业教育1+X证书制度：背景、定位与试点策略：《国家职业教育改革实施方案》解读［J］.职教通讯，2019（3）：31.

[23] 栗多树.回顾与反思：我国大学扩招十周年［J］.河北师范大学学报（教育科学版），2009（10）：39.

[24] 刘惠娟，宋新硕，邓华.1+X证书制度下高职院校教师队伍建设研究［J］.教育与职业，2022（9）：81-82.

[25] 刘涛，黎雨昕.生命历程视角下的德国军人社会保障制度［J］.治理研究，2020（3）：65-66.

[26] 刘妍.国外退役军人职业教育的政策目标和工具［J］.军事经济研究，2013（4）：10-13.

[27] 刘妍.聚焦外国退役军人职业培训［J］.转业军官，2012（7）：32，34.

[28] 刘育锋.英国学徒资格"元治理"及对我国1+X试点的借鉴意义［J］.中国职业技术教育，2019（22）：12-20.

[29] 吕金涛，薛婷婷.消防专业退役士兵人才培养方案的研究：以北京政法职业学院退役士兵班为例［J］.今日消防，2019（1）：15-16.

[30] 罗新文.退役士兵教育培训规范化、集约化的江苏探索［J］.中国民政，2016（9）：44-45.

[31] 骆招群.广东引导退役士兵就业有高招［J］.民政论坛，1999（1）：14-15.

[32] 马喜军.如何深化退伍安置制度改革：对黑龙江省退役士兵安置工作的调查［J］.中国民政，2001（2）：26-27.

[33] 毛斌.退役士兵学员学业规划和职业生涯规划教育探索［J］.泰州职业技术学院学报，2009（5）：35-37.

[34] 莫华伟.高职扩招背景下退役士兵现代学徒制的培养模式研究［J］.广西科技师范学院学报，2021（1）：82-87.

[35] 潘海生，李阳.职业教育1+X证书的外在表征与本质解构：基于15份职业技能等级标准的文本分析［J］.中国职业技术教育，2020（6）：5-12.

[36] 潘望远，张炳耀，费重阳.职业技术院校实行职业资格证书制度的现状与展望［J］.教育与职业，2005（13）：24.

[37] 宋良杰.高职院校退役士兵教育培训现状分析［J］.继续教育研究，2012（3）：51-54.

[38] 宋迎春，段向云，吕秋慧.1+X证书制度实施的现实困境与突破策略［J］.职教论坛，2021（12）：35-37.

[39] 孙诚.我国双证书制度研究［J］.河北大学成人教育学院学报，2009（1）：61-63.

[40] 孙善学.对1+X证书制度的几点认识［J］.中国职业技术教育，2019（7）；72-75.

[41] 孙仕祺.军事人力资源再社会化对策研究：浙江退役军人教育培训联盟建设构想［J］.中国军转民，2019（9）：78-80.

[42] 唐以志.健全1+X证书制度 增强职业教育适应性［J］.中国职业技术教育，2021（12）：109-113.

[43] 唐以志.1+X证书制度：新时代职业教育制度设计的创新［J］.中国职业技术教育，2019（16）：5-11.

[44] 王棒.美国社区学院退役军人培训：基于"职业加速器"的分析［J］.成人教育，2021（1）：76-81.

[45] 王棒.英国退役军人职业过渡培训：主体、内容与特征［J］.中国职业技术教育，

2021（27）: 81-87.

[46] 王赫.乌克兰退役军人工作情况初探 [J].中国退役军人，2020（9）.

[47] 王佳平，郭胜利.德国退役军官培训与就业情况见闻 [J].中国人才，2007（6）: 77-78.

[48] 王丽娜，何应林，陈丹.高职院校的"传统生源"困境及其疏解：退役军人扩招视角 [J].职教论坛，2021（3）: 154-155.

[49] 王书润，刘艳文.1+X证书制度试点运行过程中存在的问题及对策 [J].江苏经贸职业技术学院学报，2022（6）: 79-80.

[50] 吴海丽.1+X证书制度试点中职业教育培训评价组织研究：基于前四批参与试点组织的分析 [J].职教论坛，2021（12）: 31.

[51] 吴雪萍，郝人缘.欧洲国家资格框架：演变、特点与启示 [J].教育研究，2016（9）: 116.

[52] 肖凤翔，邓小华.国家资格框架要素论 [J].教育研究，2017（7）: 37.

[53] 徐国庆，伏梦瑶."1+X"是智能化时代职业教育人才培养模式的重要创新 [J].教育发展研究，2019（7）: 21-26.

[54] 徐虎.我国古代军官退役制度简述 [J].转业军官，2011（3）: 55.

[55] 于京天，郭静.加强部际协同 系统开展退役军人教育培训：国际经验与本土思考 [J].中国职业技术教育，2018（22）: 40.

[56] 张弛.技术技能人才职业能力形成机理分析：兼论职业能力对职业发展的作用域 [J].职业技术教育，2015（13）: 8.

[57] 张国民.1+X 证书制度的价值意蕴、现实困境与优化对策：基于职业教育"三个面向"的视角 [J].中国高教研究，2022（4）: 105-106.

[58] 张晓刚.1+X证书制度试点工作存在的问题与对策 [J].教育与职业，2021（15）: 53.

[59] 周建松，唐林伟.高职教育人才培养目标的历史演变与科学定位：兼论培养高适应性职业专业化人才 [J].中国高教研究，2013（2）: 94.

[60] 朱德全，沈家乐.职业教育"1+X"证书制度执行的分析框架与理论模型 [J].教育研究，2022（3）: 110-111.

[61] 朱厚望，龚添妙.高职教育人才培养目标的历史演变与再定位 [J].中国职业技术教育，2020（7）: 66-67.

（三）学位论文类

[1]　刘烨.美国退役军人就业制度研究［D］.武汉：华中师范大学，2019：31－34.

[2]　王书峰.美国退役军人教育资助政策形成与变迁研究［D］.北京：北京大学，2007：14.

[3]　王岩.退役士兵安置制度研究［D］.北京：中国政法大学，2011：13－14.

[4]　姚希智.美国退役军人教育资助制度研究［D］.长沙：国防科学技术大学，2009：31－34.

[5]　张璐.美国退役军人教育帮扶策略的研究与启示［D］.石家庄：河北师范大学，2018：15－21.

[6]　朱虎.退役军人再就业培训中存在的问题及对策研究：以江苏盐城市为例［D］.咸阳：西北农林科技大学，2016：16－32.

（四）其他

[1]　曹瑞林.退役士兵教育资助的成功"样板"［N］.解放军报，2011－12－01（3）.

[2]　丁雅诵，闫伊乔.高职和中职毕业生半年后就业率分别稳定在90%、95%左右［N］.人民日报，2021－12－20（1）.

[3]　高靓.为经济发展蓄力 为改善民生赋能：高职百万扩招实施一周年纪实［N］.中国教育报，2020－05－19（1）.

[4]　告诉你最真实的兵营：兵的训练有哪些？［EB/OL］.（2016－07－25）[2023－06－23].https://mp.weixin.qq.com/s?__biz=MzA4NDUyNDkyNw==&mid=2457379817&idx=1&sn=9c12fe0eb662cd6d5ed8d0fa5dbdc554&chksm=8869e9f9bf1e60ef2087d28445c4ad9e6d5b173ae6f7d26d8b7e2ef65c286701ddcabf06d7c5&scene=27.

[5]　郭亚丽.教育部：首批1+X证书制度试点已覆盖学生累计约20多万人［EB/OL］.（2019－05－10）[2023－01－25].http://www.moe.gov.cn/jyb_xwfb/xw_zt/moe_357/jyzt_2019n/2019_zt4/cqx/mtjj/201906/t20190619_386412.html.

[6]　国家职业教育指导咨询委员会.关于受权发布《职业教育培训评价组织遴选与监督管理办法（试行）》的公告［EB/OL］.（2020－06－02）[2023－02－03]. https://www.uta.edu.cn/fzghc/2021/1224/c2291a108407/page.htm.

[7]　国务院.国务院关于印发国家职业教育改革实施方案的通知（国发〔2019〕4号）［EB/OL］.（2019－01－24）[2023－07－22].https://www.gov.cn/gongbao/content/2019/content_5368517.htm.

[8] 黄晓云.1+X，职业教育"加"什么：访北京大学中国职业研究所副所长陈李翔［N］.中国劳动保障报，2019-03-30（3）.

[9] 教育部.对十三届全国人大三次会议第1256号建议的答复（教职成建议〔2020〕174号）［EB/OL］.（2020-09-25）[2023-07-22].http://www.moe.gov.cn/jyb_xxgk/xxgk_jyta/jyta_zcs/202010/t20201019_495561.html.

[10] 教育部.对十三届全国人大四次会议第3237号建议的答复（教职成建议〔2021〕56号）［EB/OL］.（2021-09-22）[2023-07-22].http://www.moe.gov.cn/jyb_xxgk/xxgk_jyta/jyta_zcs/202201/t20220126_596452.html.

[11] 教育部.对十四届全国人大一次会议第4315号建议的回复（教职成建议〔2023〕201号）［EB/OL］.（2023-08-29）[2023-11-21].http://www.moe.gov.cn/jyb_xxgk/xxgk_jyta/jyta_zcs/202401/t20240102_1097502.html.

[12] 教育部1+X证书制度简介［EB/OL］.（2022-10-20）[2023-02-06].http://pxhvc.[23]com/2022/1020/c500a6033/page.htm.

[13] 教育部办公厅 退役军人事务部办公厅 财政部办公厅关于全面做好退役士兵职业教育工作的通知（教职成厅函〔2019〕17号）［EB/OL］.（2019-08-07）[2023-07-22].http://www.moe.gov.cn/srcsite/A07/moe_737/s3876_qt/201908/t20190829_396501.html.

[14] 教育部办公厅等四部门关于进一步做好在院校实施1+X证书制度试点有关经费使用管理工作的通知（教财厅函〔2020〕12号）［EB/OL］.（2020-08-24）[2023-07-22].http://www.moe.gov.cn/srcsite/A05/s7499/202009/t20200911_487321.html.

[15] 教育部等四部门印发《关于在院校实施"学历证书＋若干职业技能等级证书"制度试点方案》的通知（教职成〔2019〕6号）［EB/OL］.（2019-04-04）[2023-07-22].http://www.moe.gov.cn/srcsite/A07/moe_953/201904/t20190415_378129.html.

[16] 教育部职业技术教育中心研究所.启动1+X证书制度试点的工作考虑［EB/OL］.（2019-02-19）[2023-01-23].http://www.moe.gov.cn/fbh/live/2019/50294/sfcl/201902/t20190219_370018.html.

[17] 介绍高职扩招专项工作情况和《高职扩招专项工作实施方案》主要内容［EB/OL］.（2019-05-08）[2023-06-06].http://www.moe.gov.cn/fbh/live/2019/50620/twwd/201905/t20190508_381129.html.

[18] 军营里的体能训练［EB/OL］.（2022-04-05）[2023-06-23].http://sport.scnu.edu.cn/a/20220405/1940.html.

[19] 退役军人事务部等七部门关于全面做好退役士兵教育培训工作的指导意见（退役军人部发〔2021〕53号）［EB/OL］.（2021-09-07）[2023-07-22].http://www.mva.gov.cn/gongkai/zfxxgkpt/zhengce/gfxwj/202209/t20220902_65206.html.

[20] 王赫.澳大利亚退役军人工作知多少［EB/OL］.（2018-08-31）[2022-06-19].http://www.mva.gov.cn/fuwu/xxfw/wgtyjr/202008/t20200831_41869.html.

[21] 王京.学好条令条例 强化纪律意识［N］.解放军报，2020-09-24（6）.

[22] 王扬南.2020职业教育10大进展［N］.中国教育报，2021-01-07（9）.

[23] 新兵连的队列训练［EB/OL］.（2023-06-14）[2023-06-23].https://baijiahao.baidu.com/s?id=1768664427334866152&wfr=spider&for=pc.

[24] 杨洁，樊未晨，叶雨婷.职教驶入高速路 青年插上技能翅膀［N］.中国青年报，2021-04-12（1）.

[25] 尹明亮.山东1+X证书制度试点联盟正式成立［EB/OL］.（2020-09-25）[2023-01-27].https://baijiahao.baidu.com/s?id=1678770705081675039&wfr=spider&for=pc.

[26] 中华人民共和国教育部.中国职业教育发展报告（2012—2022）［R］.天津：世界职业技术教育发展大会，2022：38.

[27] 钟伟.1+X证书制度试点如何行稳致远［N］.中国教育报，2021-06-08（5）.

[28] 走近英国退役军人管理机构［EB/OL］.（2018-05-20）[2022-06-19]. http://www.mva.gov.cn/fuwu/xxfw/wgtyjr/201807/t20180721_14009.html.

二、英文文献

[1] BAILEY A K, DRURY M B, GRANDY H. Student Veterans' Academic Performance Before and After the Post-9/11 GI Bill [J]. Armed Forces & Society, 2017(45):101-121.

[2] CAPLAN P J. When Johnny and Jane Comes Marching Home [M]. Cambridge Mass: MIT Press, 2011:302-328.

[3] CLARK D A. "The Two Joes Meet—Joe College, Joe Veteran": The G.I. Bill, College Education, and Postwar American Culture [J]. History of Education Quarterly, 1998, 38(2): 165-189.

[4] DAVIS C D, PANANGALA S V, SCOTT C. Veterans Benefits: An Overview[R]. Washington DC: Congressional Research Service, 2008:87-106.

[5] DONORWAN R. Conflicts and Crises During Truman's Presidency 1943-1948[M]. NewYork: W. W. Norton Co, 1977:108.

[6]   JUSTICE T G. What Happens to the Veteran in College? [J]. The Journal of Higher Education, 1946, 17(7): 185−188,224−225.

[7]   MICHELLE T. Adult College Completion Tool Kit [R]. Office of Vocational and Adult Education of U.S. Department of Education, 2012.

[8]   OLSON K W. The G. I. Bill, the Veterans, and the College [M]. Kentucky: The University Press of Kentucky, 1972.

[9]   SACHDEV S, DIXIT S. Military to Vivilian Cultural Transition Experiences of Retired Military Personnel: A systematic Meta−synthesis [J/OL]. Military Psychology, 2023 Jul 25: 1−14[2023−12−06]. https://doi.org/10.1080/08995605.2023.2237835.

[10]   WALIA S S, VERMA R. Second Career−Availability and Aspirations of Ex−servicemen [J]. International Journal of Society Systems Science, 2022, 14(2): 163−179.

基于退役士兵生源的高职"1+X"技术技能人才
培养情况调查问卷

（高职退役士兵学生）

同学，你好！

非常感谢你抽出时间接受我们的调查！对基于退役士兵生源的高职"1+X"技术技能人才培养问题进行研究，不仅有助于推进"1+X"证书制度的完善与实施，也有助于提高高职技术技能人才培养质量、推进退役士兵职业教育与技能培训工作。在"1+X"证书制度中，1是指学历证书，X是指职业技能等级证书。这份问卷是为了了解你对基于退役士兵生源的高职"1+X"技术技能人才培养的看法以及贵校的相关情况。本问卷不记名，你的选择无对错之分，调查结果仅用于科学研究，请根据你对相关问题的理解和贵校的实际情况认真填写。衷心感谢你的支持！

课题组
2023年7月

一、基本信息

学校类别：＿＿＿＿＿＿
A.双高校　　B.非双高校
所在省份：＿＿＿＿＿＿

就读专业：＿＿＿＿＿＿＿＿＿＿

A.农林牧渔类专业　　　　　　B.资源环境与安全类专业

C.能源动力与材料类专业　　　D.土木建筑类专业　　　　E.水利类专业

F.装备制造类专业　　　　　　G.生物与化工类专业　　　H.轻工纺织类专业

I.食品药品与粮食类专业　　　J.交通运输类专业　　　　K.电子与信息类专业

L.医药卫生类专业　　　　　　M.财经商贸类专业　　　　N.旅游类专业

O.文化艺术类专业　　　　　　P.新闻传播类专业　　　　Q.教育与体育类专业

R.公安与司法类专业　　　　　S.公共管理与服务类专业

性别：＿＿＿＿＿＿＿＿＿＿　A.男　　　　　　　　　B.女

学生类别：＿＿＿＿＿＿＿＿　A.在校学生　　　　　　B.已毕业学生

年级（如果是"已毕业学生"，请选择毕业时所在年级）：＿＿＿＿＿＿＿＿＿

A.大一　　　　　B.大二　　　　　C.大三　　　　　D.大四

上大学前在部队服役年限：＿＿＿＿＿＿＿＿

A.0～2年　　　　B.3～6年　　　C.7～8年

D.9～12年　　　　E.13年及以上

联系方式（移动电话、微信或QQ）：＿＿＿＿＿＿＿＿

二、问卷内容（第1～40题请将你想选项目的序号写在题后的括号内，第41题请将答案写在题后的横线上）

1. 国家推行"1+X"证书制度的主要目的在于培养复合型技术技能人才　（　）

　　　A.非常不认同　　　　B.不认同　　　　C.不确定

　　　D.认同　　　　　　　E.非常认同

2. 实施"1+X"证书制度的高职专业，可以将退役士兵学生培养成复合型技术技能人才　（　）

　　　A.非常不认同　　　　B.不认同　　　　C.不确定

　　　D.认同　　　　　　　E.非常认同

3. 实施"1+X"证书制度的高职专业，实现复合型技术技能人才培养目标的关键在于1（学历证书）和X（职业技能等级证书）相互融通　（　）

　　　A.非常不认同　　　　B.不认同　　　　C.不确定

        D.认同　　　　　　　　E.非常认同

4. 贵校实施了"1+X"证书制度的高职专业，培养出来的退役士兵学生是复合
型技术技能人才　　　　　　　　　　　　　　　　　　　　　　　（　）

        A.非常不认同　　　　　B.不认同　　　　C.不确定

        D.认同　　　　　　　　E.非常认同

5. 实施"1+X"证书制度的高职专业，X证书培训内容应该是专业课程内容的
补充、强化和拓展　　　　　　　　　　　　　　　　　　　　　　（　）

        A.非常不认同　　　　　B.不认同　　　　C.不确定

        D.认同　　　　　　　　E.非常认同

6. 实施"1+X"证书制度的高职专业，应该开发出1和X融通的教材　（　）

        A.非常不认同　　　　　B.不认同　　　　C.不确定

        D.认同　　　　　　　　E.非常认同

7. 实施"1+X"证书制度的高职专业，应该建设一个能够实施教学、培训和评
价的教师团队　　　　　　　　　　　　　　　　　　　　　　　　（　）

        A.非常不认同　　　　　B.不认同　　　　C.不确定

        D.认同　　　　　　　　E.非常认同

8. 实施"1+X"证书制度的高职专业，没必要根据退役士兵学生职业技能等级
证书备考需要加强实训基地建设　　　　　　　　　　　　　　　　（　）

        A.非常不认同　　　　　B.不认同　　　　C.不确定

        D.认同　　　　　　　　E.非常认同

9. 在运用"1+X"证书制度将退役士兵学生培养成复合型技术技能人才时，应
建立功能完善的"1+X"证书信息管理服务平台　　　　　　　　（　）

        A.非常不认同　　　　　B.不认同　　C.不确定

        D.认同　　　　　　　　E.非常认同

10. 贵校实施了"1+X"证书制度的高职专业，X证书培训内容是专业课程内容
的补充、强化和拓展　　　　　　　　　　　　　　　　　　　　（　）

        A.非常不认同　　　　　B.不认同　　　　C.不确定

        D.认同　　　　　　　　E.非常认同

11. 贵校实施了"1+X"证书制度的高职专业,已经开发出了1和X融通的教材
（　　）

    A.非常不认同　　　　　B.不认同　　　　C.不确定

    D.认同　　　　　　　　E.非常认同

12. 贵校实施了"1+X"证书制度的高职专业,已经建成了一个能够实施教学、
培训和评价的教师团队
（　　）

    A.非常不认同　　　　　B.不认同　　　　C.不确定

    D.认同　　　　　　　　E.非常认同

13. 贵校实施了"1+X"证书制度的高职专业,实训基地能够满足退役士兵学生
职业技能等级证书备考需要
（　　）

    A.非常不认同　　　　　B.不认同　　　　C.不确定

    D.认同　　　　　　　　E.非常认同

14. "1+X"证书信息管理服务平台的功能已经比较完善
（　　）

    A.非常不认同　　　　　B.不认同　　　　C.不确定

    D.认同　　　　　　　　E.非常认同

15. 实施"1+X"证书制度的高职专业,没必要对企业等用人单位的人才需求进
行调查
（　　）

    A.非常不认同　　　　　B.不认同　　　　C.不确定

    D.认同　　　　　　　　E.非常认同

16. 实施"1+X"证书制度的高职专业,应该与企业等用人单位进行深度合作
（　　）

    A.非常不认同　　　　　B.不认同　　　　C.不确定

    D.认同　　　　　　　　E.非常认同

17. 实施"1+X"证书制度的高职专业,应该增进教师对"1+X"证书制度的
认识
（　　）

    A.非常不认同　　　　　B.不认同　　　　C.不确定

    D.认同　　　　　　　　E.非常认同

18. 实施"1+X"证书制度的高职专业，应该增进退役士兵学生对"1+X"证书
    制度的认识   （　）
    　　A.非常不认同　　　　　B.不认同　　　　C.不确定
    　　D.认同　　　　　　　　E.非常认同

19. 高职院校招收的退役士兵学生应该单独编班培养   （　）
    　　A.非常不认同　　　　　B.不认同　　　　C.不确定
    　　D.认同　　　　　　　　E.非常认同

20. 实施"1+X"证书制度的高职专业，应该重视教师对学校人才培养工作给出
    的反馈意见   （　）
    　　A.非常不认同　　　　　B.不认同　　　　C.不确定
    　　D.认同　　　　　　　　E.非常认同

21. 实施"1+X"证书制度的高职专业，应该重视退役士兵学生对学校人才培养
    活动给出的反馈意见   （　）
    　　A.非常不认同　　　　　B.不认同　　　　C.不确定
    　　D.认同　　　　　　　　E.非常认同

22. 实施"1+X"证书制度的高职专业，应该重视退役士兵学生对教师的教育教
    学工作给出的反馈意见   （　）
    　　A.非常不认同　　　　　B.不认同　　　　C.不确定
    　　D.认同　　　　　　　　E.非常认同

23. 实施"1+X"证书制度的高职专业，应该对退役士兵学生的个体需求给予持
    续关注   （　）
    　　A.非常不认同　　　　　B.不认同　　　　C.不确定
    　　D.认同　　　　　　　　E.非常认同

24. 实施"1+X"证书制度的高职专业，没必要根据退役士兵学生的学习基础开
    展分层教学   （　）
    　　A.非常不认同　　　　　B.不认同　　　　C.不确定
    　　D.认同　　　　　　　　E.非常认同

25. 贵校实施了"1+X"证书制度的高职专业，十分重视对企业等用人单位的人才需求进行调查 　　　　　　　　　　　　　　　　　　　　　（　）

    A.非常不认同　　　　　B.不认同　　　　C.不确定

    D.认同　　　　　　　　E.非常认同

26. 贵校实施了"1+X"证书制度的高职专业，与企业等用人单位进行了深度合作 　　　　　　　　　　　　　　　　　　　　　　　　　　　（　）

    A.非常不认同　　　　　B.不认同　　　　C.不确定

    D.认同　　　　　　　　E.非常认同

27. 贵校实施了"1+X"证书制度的高职专业，十分注重增进教师对"1+X"证书制度的认识 　　　　　　　　　　　　　　　　　　　　　（　）

    A.非常不认同　　　　　B.不认同　　　　C.不确定

    D.认同　　　　　　　　E.非常认同

28. 贵校实施了"1+X"证书制度的高职专业，十分注重增进退役士兵学生对"1+X"证书制度的认识 　　　　　　　　　　　　　　　　　　（　）

    A.非常不认同　　　　　B.不认同　　　　C.不确定

    D.认同　　　　　　　　E.非常认同

29. 贵校对退役士兵学生实施了单独编班培养 　　　　　　　　　　　（　）

    A.非常不认同　　　　　B.不认同　　　　C.不确定

    D.认同　　　　　　　　E.非常认同

30. 贵校实施了"1+X"证书制度的高职专业，十分重视教师对学校人才培养工作给出的反馈意见 　　　　　　　　　　　　　　　　　　（　）

    A.非常不认同　　　　　B.不认同　　　　C.不确定

    D.认同　　　　　　　　E.非常认同

31. 贵校实施了"1+X"证书制度的高职专业，十分重视退役士兵学生对学校人才培养活动给出的反馈意见 　　　　　　　　　　　　　　（　）

    A.非常不认同　　　　　B.不认同　　　　C.不确定

    D.认同　　　　　　　　E.非常认同

32. 贵校实施了"1+X"证书制度的高职专业，十分重视退役士兵学生对教师的教育教学工作给出的反馈意见 （　　）

    A.非常不认同   B.不认同   C.不确定

    D.认同   E.非常认同

33. 贵校实施了"1+X"证书制度的高职专业，十分关注退役士兵学生的个体需求 （　　）

    A.非常不认同   B.不认同   C.不确定

    D.认同   E.非常认同

34. 贵校实施了"1+X"证书制度的高职专业，已经全面开展分层教学（　　）

    A.非常不认同   B.不认同   C.不确定

    D.认同   E.非常认同

35. 实施"1+X"证书制度的高职专业，应该在退役士兵学生刚入学时举行旨在了解其学习基础的测试 （　　）

    A.非常不认同   B.不认同   C.不确定

    D.认同   E.非常认同

36. 实施"1+X"证书制度的高职专业，应该统筹安排专业课程考试与相关职业技能等级考核，使二者同步 （　　）

    A.非常不认同   B.不认同   C.不确定

    D.认同   E.非常认同

37. 实施"1+X"证书制度的高职专业，没必要根据退役士兵学生的个体差异开展分层评价 （　　）

    A.非常不认同   B.不认同   C.不确定

    D.认同   E.非常认同

38. 贵校实施了"1+X"证书制度的高职专业，在退役士兵学生刚入学时举行了旨在了解其学习基础的测试 （　　）

    A.非常不认同   B.不认同   C.不确定

    D.认同   E.非常认同

39. 贵校实施了"1+X"证书制度的高职专业,已经做到了专业课程考试与相关职业技能等级考核同步　　　　　　　　　　　　　　（　　）

　　　A.非常不认同　　　　　B.不认同　　　　　C.不确定

　　　D.认同　　　　　　　　E.非常认同

40. 贵校实施了"1+X"证书制度的高职专业,已经对退役士兵学生进行分层评价　　　　　　　　　　　　　　　　　　　　　　（　　）

　　　A.非常不认同　　　　　B.不认同　　　　　C.不确定

　　　D.认同　　　　　　　　E.非常认同

41. 高职院校在运用"1+X"证书制度将退役士兵学生培养成复合型技术技能人才的过程中,可以采取哪些措施?需要注意哪些问题?

_____

_____

_____

_____

　　　问卷到此结束,再次感谢你的热情支持!

附录二

基于退役士兵生源的高职"1+X"技术技能人才培养情况调查问卷

（高职传统生源学生）

同学，你好！

非常感谢你抽出时间接受我们的调查！对基于退役士兵生源的高职"1+X"技术技能人才培养问题进行研究，不仅有助于推进"1+X"证书制度的完善与实施，也有助于提高高职技术技能人才培养质量、推进退役士兵职业教育与技能培训工作。在"1+X"证书制度中，1是指学历证书，X是指职业技能等级证书。这份问卷是为了了解你对基于退役士兵生源的高职"1+X"技术技能人才培养的看法以及贵校的相关情况。本问卷不记名，你的选择无对错之分，调查结果仅用于科学研究，请根据你对相关问题的理解和贵校的实际情况认真填写。衷心感谢你的支持！

课题组

2023年7月

一、基本信息

学校类别：＿＿＿＿＿＿＿

A.双高校　　B.非双高校

所在省份：＿＿＿＿＿＿＿

就读专业：_____

A.农林牧渔类专业　　　　　B.资源环境与安全类专业

C.能源动力与材料类专业　　D.土木建筑类专业　　　E.水利类专业

F.装备制造类专业　　　　　G.生物与化工类专业　　H.轻工纺织类专业

I.食品药品与粮食类专业　　J.交通运输类专业　　　K.电子与信息类专业

L.医药卫生类专业　　　　　M.财经商贸类专业　　　N.旅游类专业

O.文化艺术类专业　　　　　P.新闻传播类专业　　　Q.教育与体育类专业

R.公安与司法类专业　　　　S.公共管理与服务类专业

性别：_____　　　　A.男　　　　　　　　B.女

学生类别：_____　　A.在校学生　　　　　B.已毕业学生

年级（如果是"已毕业学生"，请选择毕业时所在年级）：_____

A.大一　　　　B.大二　　　　C.大三　　　　D.大四

上大学前就读学校类型：_____

A.普通高中　　　　B.中职

联系方式（移动电话、微信或QQ）：_____

二、问卷内容（第1～38题请将你想选项目的序号写在题后的括号内，第39题请将答案写在题后的横线上）

1. 国家推行"1+X"证书制度的主要目的在于培养复合型技术技能人才　　（　　）

　　　　A.非常不认同　　　　B.不认同　　　　C.不确定

　　　　D.认同　　　　　　　E.非常认同

2. 实施"1+X"证书制度的高职专业，可以将退役士兵学生培养成复合型技术技能人才　　　　　　　　　　　　　　　　　　　　　　　　　（　　）

　　　　A.非常不认同　　　　B.不认同　　　　C.不确定

　　　　D.认同　　　　　　　E.非常认同

3. 实施"1+X"证书制度的高职专业，实现复合型技术技能人才培养目标的关键在于1（学历证书）和X（职业技能等级证书）相互融通　　（　　）

　　　　A.非常不认同　　　　B.不认同　　　　C.不确定

　　　　D.认同　　　　　　　E.非常认同

4. 贵校实施了"1+X"证书制度的高职专业，培养出来的退役士兵学生是复合型技术技能人才 （ ）

    A.非常不认同   B.不认同   C.不确定

    D.认同   E.非常认同

5. 实施"1+X"证书制度的高职专业，X证书培训内容应该是专业课程内容的补充、强化和拓展 （ ）

    A.非常不认同   B.不认同   C.不确定

    D.认同   E.非常认同

6. 实施"1+X"证书制度的高职专业，应该开发出1和X融通的教材 （ ）

    A.非常不认同   B.不认同   C.不确定

    D.认同   E.非常认同

7. 实施"1+X"证书制度的高职专业，应该建设一个能够实施教学、培训和评价的教师团队 （ ）

    A.非常不认同   B.不认同   C.不确定

    D.认同   E.非常认同

8. 实施"1+X"证书制度的高职专业，没必要根据退役士兵学生职业技能等级证书备考需要加强实训基地建设 （ ）

    A.非常不认同   B.不认同   C.不确定

    D.认同   E.非常认同

9. 在运用"1+X"证书制度将退役士兵学生培养成复合型技术技能人才时，应建立功能完善的"1+X"证书信息管理服务平台 （ ）

    A.非常不认同   B.不认同   C.不确定

    D.认同   E.非常认同

10. 贵校实施了"1+X"证书制度的高职专业，X证书培训内容是专业课程内容的补充、强化和拓展 （ ）

    A.非常不认同   B.不认同   C.不确定

    D.认同   E.非常认同

11. 贵校实施了"1+X"证书制度的高职专业，已经开发出了1和X融通的教材

（　　）

      A.非常不认同　　　　　B.不认同　　　　C.不确定

      D.认同　　　　　　　　E.非常认同

12. 贵校实施了"1+X"证书制度的高职专业，已经建成了一个能够实施教学、培训和评价的教师团队

（　　）

      A.非常不认同　　　　　B.不认同　　　　C.不确定

      D.认同　　　　　　　　E.非常认同

13. 贵校实施了"1+X"证书制度的高职专业，实训基地能够满足退役士兵学生职业技能等级证书备考需要

（　　）

      A.非常不认同　　　　　B.不认同　　　　C.不确定

      D.认同　　　　　　　　E.非常认同

14. "1+X"证书信息管理服务平台的功能已经比较完善

（　　）

      A.非常不认同　　　　　B.不认同　　　　C.不确定

      D.认同　　　　　　　　E.非常认同

15. 实施"1+X"证书制度的高职专业，没必要对企业等用人单位的人才需求进行调查

（　　）

      A.非常不认同　　　　　B.不认同　　　　C.不确定

      D.认同　　　　　　　　E.非常认同

16. 实施"1+X"证书制度的高职专业，应该与企业等用人单位进行深度合作

（　　）

      A.非常不认同　　　　　B.不认同　　　　C.不确定

      D.认同　　　　　　　　E.非常认同

17. 实施"1+X"证书制度的高职专业，应该增进教师对"1+X"证书制度的认识

（　　）

      A.非常不认同　　　　　B.不认同　　　　C.不确定

      D.认同　　　　　　　　E.非常认同

18. 实施"1+X"证书制度的高职专业，应该增进退役士兵学生对"1+X"证书
制度的认识　　　　　　　　　　　　　　　　　　　　　　　　（　　）

  A.非常不认同　　　　　　B.不认同　　　　　　C.不确定

  D.认同　　　　　　　　　E.非常认同

19. 实施"1+X"证书制度的高职专业，应该重视教师对学校人才培养工作给出
的反馈意见　　　　　　　　　　　　　　　　　　　　　　　　（　　）

  A.非常不认同　　　　　　B.不认同　　　　　　C.不确定

  D.认同　　　　　　　　　E.非常认同

20. 实施"1+X"证书制度的高职专业，应该重视退役士兵学生对学校人才培养
活动给出的反馈意见　　　　　　　　　　　　　　　　　　　　（　　）

  A.非常不认同　　　　　　B.不认同　　　　　　C.不确定

  D.认同　　　　　　　　　E.非常认同

21. 实施"1+X"证书制度的高职专业，应该重视退役士兵学生对教师的教育教
学工作给出的反馈意见　　　　　　　　　　　　　　　　　　　（　　）

  A.非常不认同　　　　　　B.不认同　　　　　　C.不确定

  D.认同　　　　　　　　　E.非常认同

22. 实施"1+X"证书制度的高职专业，应该对退役士兵学生的个体需求给予持
续关注　　　　　　　　　　　　　　　　　　　　　　　　　　（　　）

  A.非常不认同　　　　　　B.不认同　　　　　　C.不确定

  D.认同　　　　　　　　　E.非常认同

23. 实施"1+X"证书制度的高职专业，没必要根据退役士兵学生的学习基础开
展分层教学　　　　　　　　　　　　　　　　　　　　　　　　（　　）

  A.非常不认同　　　　　　B.不认同　　　　　　C.不确定

  D.认同　　　　　　　　　E.非常认同

24. 贵校实施了"1+X"证书制度的高职专业，十分重视对企业等用人单位的人
才需求进行调查　　　　　　　　　　　　　　　　　　　　　　（　　）

  A.非常不认同　　　　　　B.不认同　　　　　　C.不确定

  D.认同　　　　　　　　　E.非常认同

25. 贵校实施了"1+X"证书制度的高职专业，与企业等用人单位进行了深度
    合作　　　　　　　　　　　　　　　　　　　　　　　　（　　）
    A.非常不认同　　　　　B.不认同　　　　C.不确定
    D.认同　　　　　　　　E.非常认同

26. 贵校实施了"1+X"证书制度的高职专业，十分注重增进教师对"1+X"证
    书制度的认识　　　　　　　　　　　　　　　　　　　（　　）
    A.非常不认同　　　　　B.不认同　　　　C.不确定
    D.认同　　　　　　　　E.非常认同

27. 贵校实施了"1+X"证书制度的高职专业，十分注重增进退役士兵学生对
    "1+X"证书制度的认识　　　　　　　　　　　　　　（　　）
    A.非常不认同　　　　　B.不认同　　　　C.不确定
    D.认同　　　　　　　　E.非常认同

28. 贵校实施了"1+X"证书制度的高职专业，十分重视教师对学校人才培养工
    作给出的反馈意见　　　　　　　　　　　　　　　　　（　　）
    A.非常不认同　　　　　B.不认同　　　　C.不确定
    D.认同　　　　　　　　E.非常认同

29. 贵校实施了"1+X"证书制度的高职专业，十分重视退役士兵学生对学校人
    才培养活动给出的反馈意见　　　　　　　　　　　　　（　　）
    A.非常不认同　　　　　B.不认同　　　　C.不确定
    D.认同　　　　　　　　E.非常认同

30. 贵校实施了"1+X"证书制度的高职专业，十分重视退役士兵学生对教师的
    教育教学工作给出的反馈意见　　　　　　　　　　　　（　　）
    A.非常不认同　　　　　B.不认同　　　　C.不确定
    D.认同　　　　　　　　E.非常认同

31. 贵校实施了"1+X"证书制度的高职专业，十分关注退役士兵学生的个体
    需求　　　　　　　　　　　　　　　　　　　　　　　（　　）
    A.非常不认同　　　　　B.不认同　　　　C.不确定
    D.认同　　　　　　　　E.非常认同

32. 贵校实施了"1+X"证书制度的高职专业，已经全面开展分层教学 （ ）

    A.非常不认同   B.不认同   C.不确定

    D.认同   E.非常认同

33. 实施"1+X"证书制度的高职专业，应该在退役士兵学生刚入学时举行旨在了解其学习基础的测试 （ ）

    A.非常不认同   B.不认同   C.不确定

    D.认同   E.非常认同

34. 实施"1+X"证书制度的高职专业，应该统筹安排专业课程考试与相关职业技能等级考核，使二者同步 （ ）

    A.非常不认同   B.不认同   C.不确定

    D.认同   E.非常认同

35. 实施"1+X"证书制度的高职专业，没必要根据退役士兵学生的个体差异开展分层评价 （ ）

    A.非常不认同   B.不认同   C.不确定

    D.认同   E.非常认同

36. 贵校实施了"1+X"证书制度的高职专业，在退役士兵学生刚入学时举行了旨在了解其学习基础的测试 （ ）

    A.非常不认同   B.不认同   C.不确定

    D.认同   E.非常认同

37. 贵校实施了"1+X"证书制度的高职专业，已经做到了专业课程考试与相关职业技能等级考核同步 （ ）

    A.非常不认同   B.不认同   C.不确定

    D.认同   E.非常认同

38. 贵校实施了"1+X"证书制度的高职专业，已经对退役士兵学生进行分层评价 （ ）

    A.非常不认同   B.不认同   C.不确定

    D.认同   E.非常认同

39. 高职院校在运用"1+X"证书制度将退役士兵学生培养成复合型技术技能人才的过程中，可以采取哪些措施？需要注意哪些问题？

_____

_____

_____

_____

　　问卷到此结束，再次感谢你的热情支持！

附录三

基于退役士兵生源的高职"1+X"技术技能人才
培养情况调查问卷

（高职教师）

老师，您好！

非常感谢您抽出时间接受我们的调查！对基于退役士兵生源的高职"1+X"技术技能人才培养问题进行研究,不仅有助于推进"1+X"证书制度的完善与实施，也有助于提高高职技术技能人才培养质量、推进退役士兵职业教育与技能培训工作。在"1+X"证书制度中，1是指学历证书，X是指职业技能等级证书。这份问卷是为了了解您对基于退役士兵生源的高职"1+X"技术技能人才培养的看法以及贵校的相关情况。本问卷不记名，您的回答无对错之分，调查结果仅用于科学研究，请根据您对相关问题的理解和贵校的实际情况认真填写。衷心感谢您的支持！

课题组
2023年7月

一、基本信息

学校类别：_____
A.双高校　　B.非双高校
所在省份：_____

任教专业：＿＿＿＿＿＿＿＿＿＿

A.农林牧渔类专业　　　　　　B.资源环境与安全类专业

C.能源动力与材料类专业　D.土木建筑类专业　　E.水利类专业

F.装备制造类专业　　　G.生物与化工类专业　　H.轻工纺织类专业

I.食品药品与粮食类专业　J.交通运输类专业　　K.电子与信息类专业

L.医药卫生类专业　　　M.财经商贸类专业　　　N.旅游类专业

O.文化艺术类专业　　　P.新闻传播类专业　　　Q.教育与体育类专业

R.公安与司法类专业　　S.公共管理与服务类专业

任课类别：＿＿＿＿＿＿＿＿＿＿（可多选）

A.公共基础课　　　　　B.专业理论课　　　　　C.实践教学课

职称：＿＿＿＿＿＿＿＿＿＿

A.正高　　　　B.副高　　　　C.中级

D.初级　　　　E.其他

性别：＿＿＿＿＿＿＿＿A.男　　　　B.女

教龄：＿＿＿＿＿＿＿＿＿＿

A.0～5年　　　B.6～10年　　C.11～15年

D.16～20年　　E.21年及以上

联系方式（移动电话、微信或QQ）：＿＿＿＿＿＿＿＿＿

二、问卷内容（第1～44题请将您想选项目的序号写在题后的括号内，第45题请将答案写在题后的横线上）

1. 与传统生源高职学生相比，退役士兵学生具有丰富的实践经验　　（　　）

　　A.非常不认同　　　　B.不认同　　　　C.不确定

　　D.认同　　　　　　　E.非常认同

2. 与传统生源高职学生相比，退役士兵学生具有较好的技能基础　　（　　）

　　A.非常不认同　　　　B.不认同　　　　C.不确定

　　D.认同　　　　　　　E.非常认同

3. 与传统生源高职学生相比，退役士兵学生身体素质好　　　　　　（　　）

　　A.非常不认同　　　　B.不认同　　　　C.不确定

D.认同   E.非常认同

4. 与传统生源高职学生相比，退役士兵学生纪律意识强   （ ）

    A.非常不认同   B.不认同   C.不确定

    D.认同   E.非常认同

5. 与传统生源高职学生相比，退役士兵学生能够吃苦耐劳   （ ）

    A.非常不认同   B.不认同   C.不确定

    D.认同   E.非常认同

6. 退役士兵学生可以对传统生源高职学生成长为复合型技术技能人才产生积极
影响   （ ）

    A.非常不认同   B.不认同   C.不确定

    D.认同   E.非常认同

7. 与传统生源高职学生相比，退役士兵学生文化基础较差   （ ）

    A.非常不认同   B.不认同   C.不确定

    D.认同   E.非常认同

8. 实施"1+X"证书制度的高职专业，可以将退役士兵学生培养成复合型技术
技能人才   （ ）

    A.非常不认同   B.不认同   C.不确定

    D.认同   E.非常认同

9. 实施"1+X"证书制度的高职专业，实现复合型技术技能人才培养目标的关
键在于1（学历证书）和X（职业技能等级证书）相互融通   （ ）

    A.非常不认同   B.不认同   C.不确定

    D.认同   E.非常认同

10. 贵校实施了"1+X"证书制度的高职专业，培养出来的退役士兵学生是复合
型技术技能人才   （ ）

    A.非常不认同   B.不认同   C.不确定

    D.认同   E.非常认同

11. 实施"1+X"证书制度的高职专业，X证书培训内容应该是专业课程内容的
补充、强化和拓展   （ ）

    A.非常不认同   B.不认同   C.不确定

D.认同　　　　　　　　E.非常认同

12. 实施"1+X"证书制度的高职专业,应该开发出1和X融通的教材　　　　（　）

A.非常不认同　　　　B.不认同　　　　C.不确定

D.认同　　　　　　　　E.非常认同

13. 实施"1+X"证书制度的高职专业,应该建设一个能够实施教学、培训和评价的教师团队　　　　　　　　　　　　　　　　　　　　（　）

A.非常不认同　　　　B.不认同　　　　C.不确定

D.认同　　　　　　　　E.非常认同

14. 实施"1+X"证书制度的高职专业,没必要根据退役士兵学生职业技能等级证书备考需要加强实训基地建设　　　　　　　　　　　　　（　）

A.非常不认同　　　　B.不认同　　　　C.不确定

D.认同　　　　　　　　E.非常认同

15. 在运用"1+X"证书制度将退役士兵学生培养成复合型技术技能人才时,应建立功能完善的"1+X"证书信息管理服务平台　　　　　　（　）

A.非常不认同　　　　B.不认同　　　　C.不确定

D.认同　　　　　　　　E.非常认同

16. 贵校实施了"1+X"证书制度的高职专业,X证书培训内容是专业课程内容的补充、强化和拓展　　　　　　　　　　　　　　　　　（　）

A.非常不认同　　　　B.不认同　　　　C.不确定

D.认同　　　　　　　　E.非常认同

17. 贵校实施了"1+X"证书制度的高职专业,已经开发出了1和X融通的教材　　　　　　　　　　　　　　　　　　　　　　　　　　（　）

A.非常不认同　　　　B.不认同　　　　C.不确定

D.认同　　　　　　　　E.非常认同

18. 贵校实施了"1+X"证书制度的高职专业,已经建成了一个能够实施教学、培训和评价的教师团队　　　　　　　　　　　　　　　（　）

A.非常不认同　　　　B.不认同　　　　C.不确定

D.认同　　　　　　　　E.非常认同

19. 贵校实施了"1+X"证书制度的高职专业，实训基地能够满足退役士兵学生职业技能等级证书备考需要 （ ）

    A.非常不认同　　　B.不认同　　　C.不确定

    D.认同　　　E.非常认同

20. "1+X"证书信息管理服务平台的功能已经比较完善 （ ）

    A.非常不认同　　　B.不认同　　　C.不确定

    D.认同　　　E.非常认同

21. 实施"1+X"证书制度的高职专业，没必要对企业等用人单位的人才需求进行调查 （ ）

    A.非常不认同　　　B.不认同　　　C.不确定

    D.认同　　　E.非常认同

22. 实施"1+X"证书制度的高职专业，应该与企业等用人单位进行深度合作 （ ）

    A.非常不认同　　　B.不认同　　　C.不确定

    D.认同　　　E.非常认同

23. 实施"1+X"证书制度的高职专业，应该增进教师对"1+X"证书制度的认识 （ ）

    A.非常不认同　　　B.不认同　　　C.不确定

    D.认同　　　E.非常认同

24. 实施"1+X"证书制度的高职专业，应该增进退役士兵学生对"1+X"证书制度的认识 （ ）

    A.非常不认同　　　B.不认同　　　C.不确定

    D.认同　　　E.非常认同

25. 实施"1+X"证书制度的高职专业，应该重视教师对学校人才培养工作给出的反馈意见 （ ）

    A.非常不认同　　　B.不认同　　　C.不确定

    D.认同　　　E.非常认同

26. 实施"1+X"证书制度的高职专业，应该重视退役士兵学生对学校人才培养活动给出的反馈意见　　　　　　　　　　　　　　　　　（　　）

    A.非常不认同　　　　　B.不认同　　　　C.不确定

    D.认同　　　　　　　　E.非常认同

27. 实施"1+X"证书制度的高职专业，应该重视退役士兵学生对教师的教育教学工作给出的反馈意见　　　　　　　　　　　　　　　　（　　）

    A.非常不认同　　　　　B.不认同　　　　C.不确定

    D.认同　　　　　　　　E.非常认同

28. 实施"1+X"证书制度的高职专业，应该对退役士兵学生的个体需求给予持续关注　　　　　　　　　　　　　　　　　　　　　　　（　　）

    A.非常不认同　　　　　B.不认同　　　　C.不确定

    D.认同　　　　　　　　E.非常认同

29. 实施"1+X"证书制度的高职专业，没必要根据退役士兵学生的学习基础开展分层教学　　　　　　　　　　　　　　　　　　　　　（　　）

    A.非常不认同　　　　　B.不认同　　　　C.不确定

    D.认同　　　　　　　　E.非常认同

30. 贵校实施了"1+X"证书制度的高职专业，十分重视对企业等用人单位的人才需求进行调查　　　　　　　　　　　　　　　　　　　（　　）

    A.非常不认同　　　　　B.不认同　　　　C.不确定

    D.认同　　　　　　　　E.非常认同

31. 贵校实施了"1+X"证书制度的高职专业，与企业等用人单位进行了深度合作　　　　　　　　　　　　　　　　　　　　　　　　　（　　）

    A.非常不认同　　　　　B.不认同　　　　C.不确定

    D.认同　　　　　　　　E.非常认同

32. 贵校实施了"1+X"证书制度的高职专业，十分注重增进教师对"1+X"证书制度的认识　　　　　　　　　　　　　　　　　　　　（　　）

    A.非常不认同　　　　　B.不认同　　　　C.不确定

    D.认同　　　　　　　　E.非常认同

33. 贵校实施了"1+X"证书制度的高职专业，十分注重增进退役士兵学生对"1+X"证书制度的认识　　　　　　　　　　　　　　　　　　　（　　）

    A.非常不认同　　　　　　B.不认同　　　　　C.不确定

    D.认同　　　　　　　　　　E.非常认同

34. 贵校实施了"1+X"证书制度的高职专业，十分重视教师对学校人才培养工作给出的反馈意见　　　　　　　　　　　　　　　　　　（　　）

    A.非常不认同　　　　　　B.不认同　　　　　C.不确定

    D.认同　　　　　　　　　　E.非常认同

35. 贵校实施了"1+X"证书制度的高职专业，十分重视退役士兵学生对学校人才培养活动给出的反馈意见　　　　　　　　　　　　　　（　　）

    A.非常不认同　　　　　　B.不认同　　　　　C.不确定

    D.认同　　　　　　　　　　E.非常认同

36. 贵校实施了"1+X"证书制度的高职专业，十分重视退役士兵学生对教师的教育教学工作给出的反馈意见　　　　　　　　　　　　　（　　）

    A.非常不认同　　　　　　B.不认同　　　　　C.不确定

    D.认同　　　　　　　　　　E.非常认同

37. 贵校实施了"1+X"证书制度的高职专业，十分关注退役士兵学生的个体需求　　　　　　　　　　　　　　　　　　　　　　　　　（　　）

    A.非常不认同　　　　　　B.不认同　　　　　C.不确定

    D.认同　　　　　　　　　　E.非常认同

38. 贵校实施了"1+X"证书制度的高职专业，已经全面开展分层教学　（　　）

    A.非常不认同　　　　　　B.不认同　　　　　C.不确定

    D.认同　　　　　　　　　　E.非常认同

39. 实施"1+X"证书制度的高职专业，应该在退役士兵学生刚入学时举行旨在了解其学习基础的测试　　　　　　　　　　　　　　　　　（　　）

    A.非常不认同　　　　　　B.不认同　　　　　C.不确定

    D.认同　　　　　　　　　　E.非常认同

40. 实施"1+X"证书制度的高职专业，应该统筹安排专业课程考试与相关职业
技能等级考核，使二者同步　　　　　　　　　　　　　　　　　（　　）

    A.非常不认同　　　　　　B.不认同　　　　　C.不确定

    D.认同　　　　　　　　　E.非常认同

41. 实施"1+X"证书制度的高职专业，没必要根据退役士兵学生的个体差异开
展分层评价　　　　　　　　　　　　　　　　　　　　　　　（　　）

    A.非常不认同　　　　　　B.不认同　　　　　C.不确定

    D.认同　　　　　　　　　E.非常认同

42. 贵校实施了"1+X"证书制度的高职专业，在退役士兵学生刚入学时举行了
旨在了解其学习基础的测试　　　　　　　　　　　　　　　　（　　）

    A.非常不认同　　　　　　B.不认同　　　　　C.不确定

    D.认同　　　　　　　　　E.非常认同

43. 贵校实施了"1+X"证书制度的高职专业，已经做到了专业课程考试与相关
职业技能等级考核同步　　　　　　　　　　　　　　　　　　（　　）

    A.非常不认同　　　　　　B.不认同　　　　　C.不确定

    D.认同　　　　　　　　　E.非常认同

44. 贵校实施了"1+X"证书制度的高职专业，已经对退役士兵学生进行分层
评价　　　　　　　　　　　　　　　　　　　　　　　　　　（　　）

    A.非常不认同　　　　　　B.不认同　　　　　C.不确定

    D.认同　　　　　　　　　E.非常认同

45. 高职院校在运用"1+X"证书制度将退役士兵学生培养成复合型技术技能人
才的过程中，可以采取哪些措施？需要注意哪些问题？

_____

_____

_____

_____

    问卷到此结束，再次感谢您的大力支持！

索 引

后 记

本书是我的第四本独著，是我主持的教育部人文社会科学研究青年基金项目"基于退役士兵生源的高职'1+X'技术技能人才培养体系与机制研究"的最终研究成果。在研究与写作过程中，我经历了让世人痛苦的新冠疫情，也经历了一段长达多年的痛苦、迷茫的时光，故而这本书从开始到完成花费了很多的时间，但也因此与我以往的著作有些不同。此时此刻，回想自己的求学与工作经历，特别是这一段痛苦、迷茫的经历，十分感慨。

读书要趁早。陶渊明在《杂诗》中写道："盛年不重来，一日难再晨。及时当勉励，岁月不待人。"小时候读到这几句诗时，我想到的是要珍惜时间、好好读书，以免虚度光阴，将来后悔。随着年龄的增长，我越来越强烈地感觉到，这几句诗实际上还隐含着一个意思，那就是"读书要趁早"。譬如今日的我，各种牵绊在心头，已经很难再进入以前那样单纯的读书、学习状态了。真是不敢想象，要不是很早就开始努力读书，积累了一定的能量，当遇到那些让人痛苦、迷茫的事情时，我该如何应对？

多读"无字之书"。如今，各种信息呈爆炸式增长。别说是学不进去，就算能学得进去，也学不了那么多。在这样的时代，我们该读一些什么书？与工作相关的专业类书籍，与家庭生活相关的教育类、健康类书籍，等等，这些"有字之书"无疑是我们应该经常读的，但是那些学习、工作和生活中的细节、经验与教训，那些"无字之书"，我们也应该多"读"。在学校教育、家庭教育的长期作用下，我们可能早就习惯了读"有字之书"，特别是那些能够直接或者很快见到效果的"有字之书"，而不愿意在读"无字之书"上耽误时间，但是"磨刀不误砍柴工"，多读读那些"无字之书"，我们或许可以少走很多的弯路，过上更加愉快、美好的生活。

学会自我调节。我老家在农村,小时候村子里没有幼儿园,小孩子读书都是直接上小学。在我上小学以前,爸爸教我识字、数数和背毛主席诗词,我不仅很快就能学会,还会主动地、创造性地学习,经常得到爷爷和亲戚朋友的鼓励。正式上学后,我"不待扬鞭自奋蹄",一直读到了博士。另外在工作方面,我也很快就评上了正高级职称,并且做了一站博士后。可以说,无论是在学习方面还是在工作方面,我都非常积极、努力。但是在前几年,在多方面因素的作用下,我迷茫了,学不进去了,做事的动力和效果也差了很多。有人说我这是"躺平",实际上并不是,而是陷入了"迷雾海"。幸运的是,我并没有完全迷失,而是一直在努力地通过阅读等方式进行自我调节。返回正常状态的过程是漫长的、不断反复的、痛苦的,有时候好不容易挣脱了出来,然而一进入那个情境,又会重新跌入无边无垠、深不见底的"迷雾海"……

在年轻人的成长过程中,尽管很多人想过那种"心中有梦,眼里有光,脚下有路"的日子,但是难免会遭遇各种挫折和磨难,出现倦怠、松懈、心灰意冷甚至绝望的情况。这个时候,一定要学会自我调节。这个过程很折磨人也很耗费时间,但是不要轻言放弃,不然你的人生就有可能留下遗憾,你来人间走的这个"过场"就有可能不完美。曾经有一段时间,我觉得自己很幸运——无论是求学还是工作,总能遇上良师益友,我只管"努力",其他的都会水到渠成。实际上,没有磨难的人生是不完整的,"坑"早就在那里等着我。不过我始终相信,磨难只是暂时的,我必将迎来阳光明媚的新生活。对未来的期盼提供了动能,让我得以在无法避免的艰困时光、沮丧与绝望中继续前行,[①]逐渐走出"迷雾海"……

用了这么多文字记录我生命历程中的这一段真实过往、我登高路上的这一块"垫脚石",希望对年轻的读书人和职场中人有所启发。

能够平安度过那段时光,完成项目研究和书稿写作,在学术道路和人生道路上再向前迈进一小步,我要向很多人表示感谢。

感谢天津职业技术师范大学的王珍教授和杨金梅教授!我只上过王珍教授两节课,但此后却经常得到她的教诲。特别是近几年,知道我状态不佳,王老师经常开导我,鼓励我,为我的前行持续提供"光"和"热"。杨金梅教授是我

---

① 力克·胡哲.人生不设限[M].彭蕙仙,译.武汉:湖北教育出版社,2015:66.

硕士研究生阶段"职业指导"课的老师，她不仅教会了我如何读"有字之书"，也教会了我如何读"无字之书"。感谢你们！

感谢指导我、帮助我开展项目研究的朋友！这几年，我整个人不在状态，项目研究进展也不太理想。你们经常提醒我，好好管理自己的时间，好好调整自己的心情，并给我提供各种指导与帮助。在我情绪低落的时候，你们引导我、鼓励我。在我开展项目调研的时候，你们调动自己的各种资源，在很短的时间内就帮我完成了很多的调查问卷，并搜集了大量的个案资料。每每想到你们，我都非常感动！在此我不公布你们的姓名，但你们对我的好我永远不会忘记。感谢你们！

感谢帮我度过迷茫时期的那些作品的作者！小时候条件有限，能够阅读的书的种类和数量都很有限，等到喜欢读的书的获取方便起来了，阅读时间又变得紧张起来。这几年，在焦虑、迷茫的时候，很多事情都做不下去，于是干脆就放下手头的事情，成系列地借或者购买自己喜欢的作者撰写的书进行阅读，也在网上阅读了几十部连载作品。做这些事情花费了很多时间，但是也在一定程度上消解了负面情绪，帮助我度过了那段艰难的时光。感谢这些作品的作者！感谢你们在我最艰难的这段时间里给予我的支撑！

感谢我的爱人和孩子！在我陷入困境的时候，爱人总是无条件地包容我、支持我、鼓励我，给我信心，给我冲破"迷雾"的力量；孩子们也能乖乖地做好自己的事情，健康成长，为我省去了许多的麻烦。感谢你们！

感谢我参考的所有文献的作者！你们的研究成果为本书的研究与写作提供了重要的基础和支撑，但愿我正确地理解和使用了它们。

本书的出版，得到教育部人文社会科学研究青年基金项目"基于退役士兵生源的高职'1+X'技术技能人才培养体系与机制研究"（项目批准号：20YJC880028）、金华职业技术学院科研经费和金华职业技术学院专著出版基金资助，浙江大学出版社的各位老师为本书的出版付出了很多的心血。在此一并表示衷心的感谢！

何应林

2023年12月